TROISIÈME CONGRÈS JURIDIQUE INTERNATIONAL

DE T. S. F.

1er au 6 Octobre 1928

Organisé par les soins du Comité International de T. S. F.

101, Rue de Prony, PARIS

LIBRAIRIE

DU

RECUEIL SIREY

(Société Anonyme)

22, *Rue Soufflot, PARIS* (5e)

1929

TROISIÈME CONGRÈS JURIDIQUE INTERNATIONAL DE T. S. F.

1er au 6 Octobre 1928

Organisé par les soins du Comité International de T. S. F.

101, Rue de Prony, PARIS

LIBRAIRIE

DU

RECUEIL SIREY

(Société Anonyme)

22, *Rue Soufflot, PARIS (Ve)*

1929

TROISIÈME CONGRÈS JURIDIQUE

INTERNATIONAL DE T. S. F.

EN VENTE A NOTRE LIBRAIRIE

Compte rendu du Premier Congrès juridique international de la T. S. F. (Paris 1925), 1 vol. . . . **25 fr.** (+ frais de port)

Compte rendu du Deuxième Congrès juridique international de la T. S. F. (Genève 1927), 1 vol. . **40 fr.** (+ frais de port)

Revue juridique internationale de la Radioélectricité (publication trimestrielle). Abonnement annuel : **France, 50 fr. ; Étranger, 60 fr.**

TROISIÈME
CONGRÈS JURIDIQUE
INTERNATIONAL DE T. S. F.

ROME, 1er au 6 Octobre 1928

Organisé par les soins du Comité International de T. S. F.

101, Rue de Prony, PARIS

LIBRAIRIE
DU
RECUEIL SIREY
(Société Anonyme)
22, *rue Soufflot*, *PARIS* (*Ve*)

1929

ORDRE DU JOUR

I. — Principes de droit international régissant la T. S. F.

II. — Examen des résolutions adoptées par la Conférence de Washington de 1927.

III. — A) Protection internationale des communications radioélectriques ;

B) Interférences aux sources d'émission.

IV. — La T. S. F. appliquée aux transports. Codification des règles de la T. S. F. appliquée aux moyens de transports aériens, maritimes et terrestres.

V. — La T. S. F. et l'assistance et le sauvetage des navires et des aéronefs.

VI. — Concurrence déloyale et contrefaçon. Développement de l'étude de l'art. 10 *bis* de la Convention de Paris, revisée à la Haye.

VII. — Statut des radiotélégraphistes. Examen des vœux communiqués au Bureau de Berne.

VIII. — Le droit d'auteur et d'artiste en matière radiophonique.

LISTE DES DÉLÉGUÉS ET DES CONGRESSISTES

Afghanistan

GHULAM GHAUS, premier secrétaire de la Légation à Rome, délégué du Gouvernement afghan, 63-A via Nomentana, Rome.

Albanie

FERID DERVISCHI, chargé d'Affaires à Rome, délégué du Gouvernement albanais, 37 via Savoia, Rome.

Allemagne

Baron VICTOR HEINRIC MARCHALL von BIEBERSTEIN, secrétaire de Légation, délégué du Gouvernement allemand, 190 via Emanuele Filiberto, Rome.

DITTENBERGER HEINRICH, avocat, délégué de la Deutsche Studiengesellschaft fuer Funkrecht, 3 Nickischplatz, Leipzig.

Mme GLITSCH ELFRIEDE, professeur à Leipzig.

HOFFMANN WILLY, avocat, 16 Hainstrasse, Leipzig.

MAGNUS KURT, avocat, délégué de la Deutsche Studiengesellschaft, 4 Potsdamerstrasse, Berlin W9.

MARX ERICH, professeur de radiophysique à l'Université de Leipzig, délégué de la Deutsche Studiengesellschaft, 79 Kaiser-Wilhelmstrasse, Leipzig.

WALLAUER KARL, délégué de l'Union internationale des Artistes, 11 Keithstrasse, Berlin W62.

Argentine

S. E. Dr PEREZ FERNANDO, ambassadeur de la République argentine à Rome, délégué du Gouvernement argentin, 2 piazza Esquilino, Rome.

MALERBA LOUIS S., lieutenant de vaisseau, délégué du Gouvernement argentin, 3 Antonio Meucci, Gênes.

Belgique

Van HEEMSTEE, inspecteur technique des Télégraphes, délégué du Gouvernement belge, 188 avenue Van Volxem, Bruxelles

Bolivie

CORTADELLAS ALBERT, délégué du gouvernement bolivien, Rome.

Brésil

THEILER EDUARDO, avocat, délégué du Gouvernement brésilien, 138 Rosario-SOB, Rio de Janeiro.

Bulgarie

Dr STOIL C. STOILOFF, délégué du Gouvernement bulgare, 53 via Adda, Rome.

Chili

DIAZ HECTOR, capitaine de vaisseau, attaché naval, délégué du Gouvernement chilien, Rome.

Cuba

S. E. Dr José ALBERT IZQUIERDO Y CRIHUELA, ministre plénipotentiaire à Rome, délégué du Gouvernement cubain, 56 via Vittorio Veneto, Rome.

D. FORCADE Y JORRON, délégué du Gouvernement cubain, 56 via Vittorio Veneto, Rome.

Danemark

C. I. MONDRUPP, directeur général des Postes et Télégraphes, délégué du Gouvernement danois, Copenhague.

J. C. GREDSTED, chef de bureau à la Direction des Postes et Télégraphes, délégué du Gouvernement danois, Copenhague.

Equateur

Capitaine CARLOS PINTO, délégué du Gouvernement de l'Equateur.

Espagne

José DE VILALLONGA, avocat aux Barreaux de Bilbao et de Madrid, délégué du Gouvernement espagnol, 22 Ibanez de Bilbao, Bilbao.

États-Unis d'Amérique

Commandant HUGH P. LECLAIR, attaché naval à l'Ambassade américaine à Paris, délégué observateur du Gouvernement des États-Unis, 5 rue de Chaillot, Paris.

Colonel REBER SAMUEL, délégué de la Radio Corporation of America, 233 Broadway, New-York.

Finlande

Dr ROLF THESLEFF, ministre plénipotentiaire à Rome, délégué du Gouvernement finlandais, Palazzo Brancaccio, 247 via Merulana, Rome.

France

BOUSQUIÉ, chef de bureau à l'Administration des Postes et Télégraphes, délégué du Gouvernement français, 103 rue de Grenelle, Paris.

AUDISIO EMMANUEL, délégué de la Société des Auteurs et Compositeurs de musique, 155 via Vittorio Veneto, Rome.

BAUDOUIN LOUIS, secrétaire et délégué de l'Union internationale de Radiophonie, 6 rue du Rhône, Genève.

BOUTET, avocat à la Cour, 31 rue Fortuny, Paris.

CHKLAVER, chargé de conférences à l'Institut des Hautes Études internationales, 397 rue de Vaugirard, Paris.

DE BIÉVILLE, secrétaire général de la Société des Auteurs et compositeurs dramatiques français, 12 rue Henner, Paris.

GLEIZE LUCIEN, délégué de la Société des Auteurs et Compositeurs dramatiques français, 12 rue Henner, Paris.

HAUSER F., directeur des services politiques du « Journal », 58 *bis* Chaussée d'Antin, Paris.

HOMBURG ROBERT, avocat à la Cour, délégué du Comité français de la Chambre de Commerce internationale, 101 rue de Prony, Paris.

LABEY, avoué à la Cour, 33 rue de la Bienfaisance, Paris.

MAILLARD, avocat à la Cour, président et délégué de l'Association littéraire et artistique internationale, 258 Bd St-Germain, Paris.

OLAGNIER, avocat à la Cour, vice-président et délégué de la Société des Orateurs et Conférenciers, 3 rue Blanche, Paris.

PALEWSKI, délégué de la Société d'Études et d'Informations économiques, 160 rue de Grenelle, Paris.

PAUL F., délégué de l'Union internationale des Artistes musiciens, 93 rue Cardinet, Paris.

SEYROL, avoué à la Cour, 55 rue de l'Hôtel-de-Ville, Lyon.

Guatémala

GIORGIO DI MONTEFIORE, consul à Rome, délégué du Gouvernement guatémalien, 57 via S. Claudio, Rome.

Hongrie

DIMENY MOISE, directeur supérieur des Postes, chef de section au Ministère du Commerce, professeur aux Cours de communications, délégué du Gouvernement hongrois, 8 Lanchid-utca, Budapest II.

Italie

S. E. SCIALOJA VITTORIO, professeur, sénateur, ancien ministre, délégué de l'Italie à la Société des Nations, délégué du Gouvernement italien, 5 piazza Grazioli, Rome.

S. E. D'AMELIO MARIANO, premier président de la Cour de Cassation, délégué du Gouvernement italien, via Ciro Menotti, Rome.

Sénateur MARCONI GUGLIELMO, ingénieur, délégué du Gouvernement italien, Rome.

S. E. Professeur GIANNINI AMEDEO, conseiller d'État, ministre plénipotentiaire, délégué du Gouvernement italien, 117 via della Scrofa, Rome.

PESSION GIUSEPPE, directeur des Postes et Télégraphes, délégué du Gouvernement italien, 20 via Tevere, Rome.

GNEME GIUSEPPE, directeur des Télégraphes délégué du Gouvernement italien, 134 Torre Argentina, Rome.

AMBROSINI ANTONIO, avocat et professeur, 7 via Varese, Rome.

ANZILOTTI DIONISIO, président de la Cour de Justice de la Haye, 8 via S. Bartholomeo Eustachio, Rome.

BACCHINI ALLOCCHI, Union radiofonica italiana, 13 corso Italia, Milan.

BARDELLONI CESARE, ingénieur, chef de service R. T., 24 via Linneo, Rome.

BARDUZZI LEOPOLDO, avocat, Rome.

BARONE DOMENICO, conseiller d'État, 13 via G. B. Martini, Rome.

BENZI ATTILIO, V. S. de l'Association, 46 Piazza del Gesu, Rome.

BERLINGIERI FRANCESCO, professeur à l'Université, 10 via Roma, Gênes.

BIAMONTI LUIGI, avocat, 21 via Cesare Battisti, Rome.

BORSI UMBERTO, professeur, Rome.

CACOPARDO MELITA SALVATORE, 9 via Mercede, Rome.

CARNELUTI FRANCESCO, professeur, Rome.
CLAUSETTI CARLO, avocat, Milan.
CAVAGLIERI ARRIGO, professeur, 50 via Sardegna, Rome.
CELLONI ACHILLE, ingénieur, chef de service R. T., Rome.
CHIODELLI, ingénieur, 38 via Sette Sale, Rome.
CIARDI LUIGI, député au Parlement, Rome.
COGLIOLO, avocat et professeur, Gênes.
CORBINO ORSO MARIO, sénateur, 89 via Panisperna, Rome.
CORIDORI GIUSEPPE, avocat, directeur de la « Radio Nazionale », 11 via Condotti, Rome.
DE FRANCISCI PIETRO, professeur, 22 via Bartolomeo Eustachio, Rome.
DIENO GIULIO, directeur de l'Institut des Postes et Télégraphes, Rome.
DE GIACOMO GIACOMO, avocat, Rome.
DI PIRRO DIRT, professeur, viale del Re.
FEDOZZI PROSPERO, professeur, Rome.
GARBASSO ANTONIO, sénateur, Rome.
GEMMA SCIPIONE, professeur, Rome.
GIANNINI CARLO TORQUATO, professeur, Ministère des Affaires Etrangères, Rome.
GIORDANI PAOLO, avocat, Rome.
ILARDI, professeur, Rome.
LO FARO FRANCESCO, 26 via F. Crispi, Rome.
MESSINA GIUSEPPE, professeur, Rome.
MOLFESE MANLIO, 9 via della Mercede, Rome.
MONTEFINALE E., Chef des Services R. T., Ministère de la Marine, Rome.
PIERANTONI GINO, avocat, Rome.
S. E. PIOLA CASELLI, vice président de la Cour de Cassation de Rome.
PROTTO EMILIO, avocat, Rome.
RAPISARDI-MIRABELLI ANDREA, professeur, Rome.
ROLANDI RICCI VITTORIO, sénateur, ambassadeur honoraire, Rome.
SACCO LUIGI, ingénieur, Rome.
SALVADORI, administrateur délégué de la Société Italo-Radio, via Agostino Depratès, Rome.
SALVIOLI GABRIELE, professeur, 136 via Germanico, Rome.
SANDICCHI PASQUALE, conseiller d'Etat, Ministère des Affaires Etrangères, Rome.
SCADUTO G., professeur, Rome.
SERRANI AMEDEO, Rome.
SOLARI MAZZINI LUIGI, Société radio-maritime, 11 via Condotti, Rome.
STOLFI NICOLA, professeur, 3 via Bocca di Leone, Rome.
SETTI GIUSEPPE ENEA, 26 via Condotti, Rome.
VALERIO ETTORE, avocat, 51 via Nizza, Rome.
VALLAURI G., Académie navale, Livourne.
VANNI GIUSEPPE, professeur, directeur de l'Institut de Radiotélégraphie militaire, 8 viale Mazzini, Rome.
ZAMBONI GUELFO, secrétaire de légation, 13 via Genova, Rome.

Japon

MORINOSUKE KASHIMA, secrétaire d'Ambassade du Japon à Rome, délégué du Gouvernement japonais, 7 via Giorgio Baglivi, Rome.

Lithuanie

STANEIKA ADALBERT, premier secrétaire de Légation, délégué du Gouvernement lithuanien, 20 via Nicolo Porporo, Rome.

Mexique

COFA PEDRO N., directeur des Communications radioélectriques, délégué du Gouvernement mexicain, Mexico.

Monaco

SAUVAGE RAOUL, Chancelier de la Légation, délégué du Gouvernement monégasque, 39 via Aureliana, Rome.

Norvège

S. E. IRGENS JOHANNES, ministre plénipotentiaire à Rome, délégué du Gouvernement norvégien, 6 via Ferdinando di Savoia, Rome.

Paraguay

BOCCA ALEXANDRE, avocat, consul à Rome, délégué du Gouvernement du Paraguay, 42 via Sistina, Rome.

Pays-Bas

MULLER WOLTERBEEK, avocat, 37 Ernst Casimirlaan, La Haye.

Pérou

OLAECHEA VICTOR GONZALEZ, chargé d'affaires du Pérou, délégué du Gouvernement péruvien, Légation du Pérou, Paris.

Don PEDRO PAULET, ingénieur, délégué du Gouvernement péruvien, 11 avenue Kléber, Paris.

Perse

S. E. ABOLGHACEM AMID, ministre plénipotentiaire à Rome, délégué du Gouvernement persan, 59 via Margheta, Rome.

Pologne

ENRIC KONIC, vice-président du Conseil supérieur de l'Ordre des Avocats de Polonge, délégué du Gouvernement polonais, 5 Kredytowa, Varsovie.

Portugal

S. E. HENRIQUE TRINADE COELHO, Ministre plénipotentiaire, délégué du Gouvernement portugais, 41 via Sallustiana, Rome.

Roumanie

SOLACOLO TEODORO, Avocat, chef du bureau de la presse de la Légation à Rome, délégué du Gouvernement roumain, 48-A via Liegi, Rome.

BEILLER MILLO, docteur en droit, Piazza Cairoli, Rome.

Saint-Marin

Comte ANGELO MANZONI BORGHESE, délégué de la République de St-Marin, St-Marin.

STACCHINI ETTORE, délégué de la République de St-Marin, 36 via Palermo, Rome.

Siam

CANOVA GIUSEPPE, ingénieur, délégué du Gouvernement siamois, Hôtel Plaza, Rome

Suède

STEN HARALD POUSETTE, premier secrétaire de Légation à Rome, délégué du Gouvernement suédois, 10 via Bartholomeo Eustacchio, Rome.

Suisse

HORNEFFER SIEGFRIED CHARLES, avocat, 3 rue de la Monnaie, Genève.

VOGT LOUIS, avocat, 12 Croix d'Or, Genève.

Tchécoslovaquie

HERMANN-OTAVSKY KAREL, professeur, délégué du Gouvernement tchécoslovaque, 5 Petrinska, Prague XVI.

KUCERA OTTO, conseiller ministériel, chef de l'Exploitation télégraphique, délégué du Gouvernement tchécoslovaque, 12 Jungmanova, Prague II.

SULC KAMIL, avocat, 37 Masarykova, Brno.

Turquie

MEHMED FAHRI, directeur général des Postes, Télégraphes et Téléphones, délégué du Gouvernement turc, Angora.

IHSAN DJEMAL, directeur de l'Exploitation télégraphique, délégué du Gouvernement turc, Angora.

U. R. S. S.

Dr HIRSCHFELD EUGÈNE, chef du Département des communications internationales au Commissariat du Peuple des Postes et Télégraphes, délégué du Gouvernement de l'Union des Républiques soviétiques socialistes, 17 Iwerskaja, Narkompotchtel, Moscou.

FICHENWALD LÉOPOLD, ingénieur en chef à la Direction des Services radioélectriques, délégué du Gouvernement de l'U. R. S. S., 17 Iwerskaja, Moscou.

Vénézuéla

S. E. N. CARACCIOLO PARRAPEREZ, ministre plénipotentiaire à Rome, et délégué du gouvernement vénézuilien.

Société des Nations

(Institut de Coopération intellectuelle)

WEISS RAYMOND, chef des services juridiques de l'Institut, 2 rue Montpensier, Paris.

COMPTE RENDU DES SÉANCES DU CONGRÈS

SÉANCE SOLENNELLE D'OUVERTURE

Lundi 1er octobre 1928 (10 heures)

La séance est ouverte à 10 heures au Palais Corsini, dans la grande salle de l'Accademia dei Lyncei. sous la présidence de S. E. Monsieur Mattei Gentili, ministre des Postes et des Télégraphes.

M. le Président. — Signore e Signori, A nome del Governo Italiano ho l'onore di porgere il benvenuto più cordiale ai Delegati del 3e Congresso giuridico internazionale di radioelettricità. L'Italia, che ha il vanti di aver dato i natali a Guglielmo Marconi, e che, come può rilevarsi dagli impianti di cui è in possesso e dalla sua legislazione, ha cercato di dare il maggior impulso alle applicazioni radioelettriche, è lieta di ospitare il Congresso che oggi si inaugura, col concorso di così eletta schiera di studiosi delle questioni giuridiche inerenti alla radio-elettricità.

Il fatto che qui sono intervenuti anche i rappresentanti di molti Stati attesta che, come già fu osservato recentemente a Washington, tranne poche eccezioni, tutti i paesi ormai, in qualunque angolo della terra si trovino, non intendono di disinteressarsi dei problemi radioelettrici. E l'accettazione da parte de quesi tutti gli Stati del principio della collaborazione è certamente da attribuirsi al riconoscimento dei grandi servizi che la radio è ora in grado di prestare sia in ordine alla sicurezza della navigazione, tanto nel mare che nell'aria, sia nei riguardi del traffico commerciale, e delle trasmissioni per fini artistici e culturali.

Tale collaborazione trova la sua ragione d'essere nel fatto che, a causa delle speciali caratteristiche delle applicazioni radioelettriche, i problemi giuridici concernenti il loro sviluppo sona per lo più così complessi e delicati da rendere indispensabili, nell'interesse di tutti, soluzioni improntate ad uno spirito di mutua concessione e di leale cooperazione.

Le norme giuridiche relative alla radioelettricità si innestano nel tronco del diritto delle comunicazioni e dei trasporti, che è tanta parte della multiforme vita moderna, ma hanno necessariamente natura e caratteri speciali.

Il motivo risulta evidente solo che si consideri che, mentre per tutte le altre comunicazioni e perfino nel caso di trasmissioni elettriche ordinarie, si ha un mezzo materiale ben definito per l'avviamento ad una sola stazione ricevente, per le trasmissioni radio si ha invece un mezzo di propagazione immateriale e indefinito, che costituisce una specie di proprietà indivisibile, in cui ciascuno può scegliere la via un onda di qualsiasi lunghezza) che più gli aggrada, per convogliare le proprie trasmissioni, le quali irradiandosi in tutti i sensi possono essere ricevute da innumerevoli stazioni.

Ora il principio della libertà dell'etere, il cui uso, a causa del limitato numero di gamme disponibili, è soggetto a determinate restrizioni che i Governi dei vari Stati s'impegnano di osservare e di fare osservare, a diritti relativi alle stazioni trasmittenti e riceventi, i diritti d'autore, i problemi della proprietà artistica, letteraria, e gli altri complessi rapporti che promanano dalle applicazioni radioelettriche, offrono alla vostra attività un vasto campo di studi e di utili suggerimenti.

Per quanto la conferenza di Washington abbia recentemente sancite, grazie all'elevato spirito di conciliazione dei Governi in essa rappresentati, importantissime norme che, a differenza di quelle contenute nella convenzione di Londra, rispecchiano lo stato attuale delle radiocomunicazioni, tuttavia non poche questioni di carattere internazionale rimangono ancora sul tappeto e sono sicuro che molto si dovrà alla vostra collaborazione se anche esse potranno essere avviate ad una conveniente soluzione. Ed altrettanto deve dirsi nei riguardi della legislazione interna degli Stati, le cui norme, sia per quanto concerne il diritto pubblico che quello privato — anche indipendentemente dalle pressioni derivanti dagli accordi internazionali — potranno, grazie alle vostre indagini, esprimere più adeguatamente le esigenze della vita nazionale.

Nè l'opera vostra di cultori delle discipline giuridiche interessanti la radiotelegrafia si esaurirà nel soddisfacimento delle esigenze attuali poichè, mercè l'organizzazione permanente del « Comité international de la T. S. F. » voi potrete seguire passo a passo il continuo progredire delle applicazioni radioelettriche. — Queste, già limitate alle sole comunicazioni marittime, sono assurte in poco più di trenta anni ad una importanza sociale di primissimo ordine divenendo, anche grazie alla radiodiffusione, uno degli strumenti più potenti di volgarizzazione artistica e culturale. Nè tale progresso accenna ad arrestarsi.

La radiotelefonia fornisce già un mezzo quotidiano di comunicazione tra l'Europa e l'America ; la radiotrasmissione delle immagini e la televisione sono ormai un fatto compiuto e forse in un'epoca non lontana lo stesso trasporte della forza motrice potrà anche esso compiersi per mezzo della radio.

In dipendenza di tale rapido ed incessante progresso le norme di carattere giuridico dovranno forse subire importanti revisioni, anche dopo breve periodo di tempo, ciò che fu tenuto presente dalla Conferenza di Washington che ritenne necessaria di fissare una nuova conferenza dopo soli 5 anni.

La vostra collaborazione ha anche per ciò diritto all'alto apprezzamento dei Governi e merita pieno incoraggiamento, perchè sia sempre più intensa e feconda di utili risultati.

Signore e Signori,

In questa Roma, Augusta a Madre del diritto, che con profonda saggezza ha saputo sempre nel corso delle sue gloriose conquiste dare provvide Leggi ai popoli, possa la vostra opera intesa alla valorizzazione delle conquiste pacifiche della scienza, mercè cui le Nazioni possono stringere tra loro legami sempre più intimi di fratellanza, segnare una nuova e splendida tappa di progresso.

E' con tale augurie che, nel nome di S. M. il Re d'Italia, dichiaro aperto il III Congresso giuridico internazionale di radioelettricità. (*Vifs applaudissements.*)

S. E. Gentili donne la parole à Monsieur Homburg, fondateur du Comité international de la T. S. F., pour la constitution du Bureau du Congrès.

M. Homburg, *secrétaire-général fondateur.* — Messieurs, Notre Comité vous propose de placer notre troisième Congrès juridique international de la Radioélectricité sous la présidence d'honneur de S. E. Monsieur le Professeur Scialoja qui, par sa présence, a tenu à marquer l'intérêt tout particulier qu'il prenait à nos travaux (*Acclamations*), et sous la présidence de S. E. Monsieur le Conseiller d'Etat Amedeo Giannini, ministre plénipotentiaire, qui en veillant par lui même aux détails de la préparation du Congrès, en avait assuré par avance le succès. (*Acclamations.*)

M. le Président du Congrès. — Eccellenza, Il nostro primo pensiero si rivolge alla Maestà de Re, nel cui nome augusto avete ora dichiarato aperto questo Congresso, per eprimergli il nostro ossequio profondo e riverente, ed al Suo Governo, presieduto dall'On. Mussolini, il quale, con la sua consueta larga visione dei grandi problemi nazionali ed internazionali, questo Congresso si è compiaciuto di patrocinare ed ospitare in Roma. Di tale patrocinio ed ospitalità rendiamo vive grazie, ed al saluto augurale, che così fervidamente ci avete rivolto, noi risponderemo con l'azione, ossia con un lavoro operoso e concreto, e, speriamo, utile.

Signori Congressisti, Vi sono assai grato per la cortese designazione alla Presidenza del Congresso, ma, nell'assumerla, io non posso nascondervi che avrei auspicato altra guida ai nostri lavori, e cioè quella del sommo e venerato maestro Vittorio Scialoia, che avete acclamato, con unanimità di consenti, presidente d'onore. Devo però avvertirvi che, relegandomi a fare il padre nobile nella sedia presidenziale, non vi dovete illudere che abbia rinunciato a partecipare attivamente alle discussioni. Voi non avete voluto crearmi certamente un'incompatibilità e io non mi sarei rassegnato ad accettarla.

Poichè sono sulla via dei ringraziamenti, permettetemi di asaurirli. Io desidero esprimere la nostra riconoscenza ai Governi, numerosi, alle organizzazioni internazionali e italiane — dalla Società delle Nazioni alla Camera di Commercio Internazionale — che hanno aderito al Congresso, e sopratutto mi è caro comunicarvi che Guglielmo Marconi, come Presidente appunto della più grande organizzazione scientifica italiana, il Consiglio Nazionale delle Ricerche, ha voluto farci pervenire il suo saluto augurale col seguente telegramma : « occasione seduta inaugurale III° Congresso Giuridico Internazionale Radiotelegrafia esprimole voti augurali per feconda opera Congresso ».

Al grande genio italiano, al quale dobbiamo, fra l'altro, la ragione del nostro Congresso, sicuro interprete dei vostri sentimenti, mi affretterò a trasmettere un messaggio di grazie e di ossequio. Ed infine ringrazio il Direttorio del Partito Nazionale Fascista, che è qui presente, come in tutte le più alte manifestazioni della vita nazionale, e le autorità che questa cerimonia si sono compiaciute di onorare con la loro presenza.

Signori e Signore, ogni presidente, iniziando le sue funzioni, forse anche per tonificare un po' la sua autorità, suole constatare con compiacente fervore l'importanza e le difficoltà dei prossimi lavori. Malgrado ciò, io tengo a dirvi subito che considero questo congresso come una tappa pel regolamento giuridico internazionale della radioelettricità. Sono all'ordine del giorno otto fra i gruppi di questioni più vive che esso ha presente. Sono state solidamente impostate, sono state profondamente studiare da eminenti relatori. Le discussioni saranno ravvivate dal concorso di tecnici e giuristi di molti paesi e di riconosciuta competenza. Tutto ciò induce per ciò ad affrontare i nostri lavori con serena fiducia di buoni risultati.

Permettetemi di constatare il singolare rivolgimento nelle abitudini tradizionali dei giuristi. Essi sono stati spesso considerati prudenti e tardigradi. Cioè coloro che arrivano sempre per ultimi, quando i problemi sono assai maturi e possono racchiudersi nelle formule giuridiche. Ebbene il dominio dell'aria e dell'etere ha rivoluzionato i giuristi, li ha fatti diventare imprudenti, e talora persino pionieri audaci. Di questa imprudenza mi sia consentito fare l'elogio. Di fronte al nuovo mondo dischiuso dal dominio dell'aria e dell'etere, i giuristi hanno voluto compiere lo sforzo di avviare subito un « diritto comune ». Il vecchio ideale, che decenni di fatiche nel campo del diritto privato e pubblico non hanno ancora avviato su solide basi, è stato ripreso, nella speranza che le novità del problema rendano possibile le intese, prima che le tradizioni nazionali si formassero, precludendo anche nel nuovo campo giuridico la possibilità di un diritto comune. A questa grande idealità rispondono le audacie dei giuristi nel diritto aeronautico e radioelettrico. Il successo non è mancato, anche se non totale. I due diritti sono sorti e si sviluppano nel campo internazionale, e, dalle laboriose fatiche, sono nate talune convenzioni che un diritto comune hanno avviato, ovvero hanno creato quell'atmosfera di principi basiliari uniformi nelle leggi nazionali che rendaranno men difficile coordinare e armonizzare le leggi nazionali e prepararle a più profonde intese internazionali. Ci troviamo quindi di fronte ad un'imprudente prudenza, cioè ad una manifestazione di saggezza.

A questo grande ideale si sono inspirati i lavori del Comité International de T. S. F., questo grande ideale intendiamo perseguire nell' attuale Congresso da esso promosso, che è la terza tappa della grande impresa. (*Vifs applaudissements.*)

Messieurs, il reste maintenant à compléter votre Bureau par la désignation de *vice-présidents.*

Je proposerai à vos acclamations :

S. E. Monsieur Perez, ambassadeur et délégué de la République argentine ;

Monsieur le professeur Hermann Otavsky, délégué du gouvernement tchécoslovaque ;

Et Monsieur le Colonel Reber, représentant la Radio-Corporation des Etats-Unis d'Amérique. (*Acclamations.*)

Comme *rapporteur général*, je propose à vos suffrages notre fondateur qui assurera ainsi la continuité et l'unité de nos travaux : Me Homburg, avocat à la Cour de Paris. (*Acclamations.*)

Comme *secrétaire général* : Monsieur le professeur Torquato GIANNINI. (*Acclamations.*)

Et comme *secrétaires* : Messieurs ZAMBONI, LO FARO et SETTI. (*Applaudissements.*)

Le Bureau du Congrès est ainsi constitué.

La séance est levée à 11 heures.

DEUXIÈME SÉANCE

Lundi 1er octobre 1928 (après-midi)

Principes de droit international régissant la T. S. F.

La séance est ouverte à 15 heures, sous la présidence de M. A. Giannini.

M. le Président. — Messieurs, la première question de l'ordre du jour est celle des « Principes de droit international régissant la T. S. F. »

Je donne la parole au Rapporteur, M. le Professeur Arrigo Cavaglieri.

M. Arrigo Cavaglieri, *rapporteur*, développe son rapport (1), et propose au Congrès d'adopter l'ordre du jour suivant :

« Le Congrès,

« convaincu de l'impérieuse nécessité que la sécurité et la continuité « des communications radiotélégraphiques soient assurées le plus pos- « sible et que, par conséquent, l'exercice du droit de chaque Etat de « sauvegarder les exigences légitimes de sa souveraineté territoriale « soit, autant que possible, subordonné au libre développement de « la T. S. F.

« Déclare

« que la réglementation juridique internationale des communications « radiotélégraphiques doit s'inspirer des principes généraux suivants :

« *a*) Chaque Etat, sauf conventions particulières, a le droit de régler « (autoriser, interdire, contrôler, etc...) à son gré l'établissement et le « fonctionnement des stations radiotélégraphiques situées sur son ter- « ritoire, quel qu'en soit le propriétaire ;

« *b*) Il a aussi le droit, sauf limitations conventionnelles, de suspendre « le service de la radiotélégraphie internationale, toutes les fois qu'il « le jugera nécessaire pour la préservation de ses intérêts essentiels « ou pour l'accomplissement de ses devoirs internationaux ;

(1) V. *Revue juridique internationale de la Radioélectricité* 1928, n° 16.

« c) Il n'a, au contraire, aucun droit de s'opposer au simple passage « des ondes hertziennes au-dessus de son territoire ;

« d) L'exploitation des stations radiotélégraphiques d'un État doit « être organisée de manière à troubler le moins possible le service des « stations des autres États. A cet effet, il est désirable que les États « s'entendent à l'amiable par la voie de conventions internationales ;

« e) Si les émissions radiotélégraphiques d'un État causent un « trouble grave aux émissions d'un autre État, ce fait entraîne pour lui « une responsabilité internationale qui l'expose aux sanctions ordi« naires, cette responsabilité devant toutefois être appréciée en consi« dération des possibilités techniques ».

L'État en question peut dire qu'il n'a pas la possibilité technique de faire autrement, même s'il porte préjudice aux services radiotélégraphiques d'un autre État. Il y aura alors contestation et les experts diront leur opinion.

Je crois que, pour le moment, il faut se borner à ces principes généraux, pour ne pas se départir de cette prudence dont notre Président nous parlait ce matin avec tant de raison. (*Applaudissements*).

M. LE PRÉSIDENT. — Je dois, tout d'abord, remercier M. le Professeur Cavaglieri pour son très intéressant rapport. Je voudrais, maintenant, ouvrir la discussion générale, étant entendu que, s'il y a des points particuliers susceptibles de discussion, nous nous en occuperons lorsque nous passerons à l'examen des différents paragraphes.

Je donne la parole à M. Gneme pour la discussion générale.

M. GNEME (Italie). — Je voudrais répondre sur le point de savoir si les dispositions de la Convention et du Règlement télégraphiques sont ou ne sont pas applicables au service de la radiotélégraphie.

Je dois rappeler que, dans le Règlement additionnel de Washington, il y a un article 7 ainsi conçu :

« Les dispositions de la Convention télegraphique internationale et « du réglement de service y annexé sont applicables aux radiotélé« grammes, en tant que les prescriptions de la Convention radiotélé« graphique et des Réglements y annexés ne s'y opposent pas ».

Par conséquent, d'après cette disposition, le service des radiotélégrammes est réglé par toutes les dispositions de la Convenrion internationale s'il n'y a pas de dérogation dans la Convention et les Réglements annexés.

J'indique que cette disposition est une disposition ancienne, car, dans la Convention radiotélégraphique de Londres, il y a un article qui rappelle quelques articles de la Convention de St-Pétersbourg et, à la fin, il y a un article de caractère général ainsi rédigé :

« Les paragraphes (tel et tel) sont applicables aux radiotélé-
« grammes, de même que toutes les dispositions de la Convention télé-
« graphique qui ne sont pas en opposition avec les dispositions de la
« Convention radiotélégraphique ».

M. DE VILALLONGA (Espagne). — Je demande la parole sur une question préjudicielle.

Il y a deux questions à l'ordre du jour : la question des principes de droit international applicables à la T. S. F. et celle de l'examen de la Convention de 1927. Dans mon esprit, je n'arrive pas à bien distinguer entre les deux questions. A mon avis, elles n'en font qu'une. Je sais bien qu'il y a une différence : les principes de droit international sont ceux qui sont déjà en vigueur ou qui ont été incorporés dans des conventions signées. La Convention de Washington rentre bien dans cette définition : elle contient des principes qui vont être appliqués dès que la convention sera ratifiée. Quand nous envisageons les principes en vigueur, nous envisageons l'utilité de maintenir ces principes ou l'opportunité de les modifier ; or, quand nous examinons la Convention de Washington, nous examinons exactement la même question. C'est pourquoi je me demande si les deux questions ne pourraient pas être jointes et faire l'objet d'une résolution commune.

M. LE PRÉSIDENT. — Si notre collègue veut bien me le permettre, je lui ferai remarquer que la Convention de Washington est une convention pour les communications. Il est évident que lorsque nous examinerons les différents chapitres, leur système juridique, nous trouverons des antécédents, des renvois à des principes antérieurs et alors des « interférences » entre toutes les questions sont inévitables. Notre ordre du jour comprend l'examen de la Convention de Washington, parce qu'il s'agit de rechercher les améliorations à y apporter en vue de la Conférence de Madrid qui doit avoir lieu en 1932. Je crois donc que l'on peut examiner les deux questions séparément. Comme vous avez pu le voir par l'ordre du jour, il n'est pas une des questions posées qui ne touche plus ou moins à la Convention de Washington ; et, si on suivait votre manière de voir, il n'y aurait qu'à examiner la Convention de Washington et tout serait fini ; le congrès serait terminé !

M. Cavaglieri a simplement résumé, avec une prudence extrême les principes qu'il a considérés comme fondamentaux. Si vous êtes d'accord avec cette manière de considérer la discussion, je crois que nous pouvons nous cantonner sur la question de savoir si les principes généraux peuvent servir et suffire à établir le Droit de la T. S. F, soit que les règles le concernant soient déjà codifiées dans quelque convention, soit qu'il s'agisse d'établir des principes destinés à figurer dans de nouvelles conventions.

M. DE VILALLONGA (Espagne). — Je suis absolument d'accord et je comprends très bien les raisons qui ont motivé l'inscription de ces questions sous des rubriques distinctes. Vous me permettrez de dire que le rapport de M. Cavaglieri est un exemple de ce que l'école des juristes italiens peut faire au point de vue international. Je suis un grand admirateur de cette école, mais je me permets de faire des réserves sur les conclusions auxquelles elle arrive ; j'aurai occasion de les présenter. Ce que je voulais surtout dire, c'est que dans la Convention de Washington on pourrait trouver des arguments pour discuter les conclusions de M. Cavaglieri et je vous demande la permission d'utiliser ces arguments.

M. HIRSCHFELD (U. R. S. S). — La délégation de l'U. R. S. S. est d'accord avec le Comité International de la T. S. F. Elle estime qu'il faut envisager séparément les principes généraux de droit régissant la T. S. F. et la Convention de Washington.

En effet, ni dans la Convention télégraphique de Londres, ni dans celle de Washington, les principes généraux ne sont définis. Si nous examinons la question très importante de la souveraineté des Etats, nous voyons que le problème n'est pas résolu dans toute son ampleur : les conventions y font simplement allusion. En ce qui concerne la possibilité pour un Etat de contrarier, de réglementer, de contrôler les émissions et les transmissions venant d'un autre Etat, le problème est laissé de côté par les conventions : ce sont donc des organismes internationaux, comme le Comité International de la T. S. F., comme l'Institut International de droit privé, qui doivent s'en occuper. Je me permets, au surplus, de faire remarquer que la fusion des principes généraux, que nous voulons poser, avec les Actes de l'Union télégraphique ne serait pas possible, car il s'agit de deux domaines bien différents. Dans la radiotélégraphie nous avons des questions d'ordre pratique, des questions d'exploitation ; la question de la liberté de l'éther, celle des troubles apportés dans la transmission ou la réception des ondes qui sont résolus, de façon technique, par la répartition des longueurs d'ondes. Mais on n'énonce pas de principes sur la liberté de l'éther, ni sur la souveraineté de l'Etat.

La délégation de l'U. R. S. S. appuie donc l'ordre du jour présenté par le Comité International de la T. S. F.

M. KONIC (Pologne). — Nous sommes dans un congrès de juristes libres. Nous pouvons nous occuper des principes du droit international en général. Les questions réglées par la Convention de Washington et de Londres peuvent venir en supplément ; mais, pour nous, la chose principale, ce sont les principes généraux de droit international.

Je profite de l'occasion pour faire ici une déclaration. Je suis représentant officiel du Gouvernement Polonais : mais puisque, en même temps, j'ai l'honneur d'être membre du Comité international de la T. S. F., je dois préciser que mes paroles n'auront qu'un caractère personnel

M. HOMBURG, *rapporteur général.* — Il semble que les conclusions du Rapporteur pourraient être étendues.

Alors que le rapport rappelle que : « Les principes généraux « adoptés pour la radiotélégraphie peuvent, à notre avis, s'appliquer « même à la radiotéléphonie », l'ordre du jour présenté au Congrès ne vise que la continuité des communications « radiotélégraphiques », et les paragraphes suivants qui sont l'illustration du principe général posé au début de l'ordre du jour, ne visent que les communications « radiotélégraphiques ».

Je crois que nous pourrions compléter l'ordre du jour d'une façon très simple en y incorporant tout ce qui a trait à la radiodiffusion.

M. GNEME (Italie). — Nous pourrions dire : « les communications radioélectriques » ; c'est l'expression employée dans la Convention et le réglement de Washington.

M. PEREZ (République Argentine). — Je voulais faire cette observation au moment de la discussion du paragraphe *d*).

M. LE PRÉSIDENT. — La discussion ne portant que sur les considérants, je vais relire le préambule de la proposition de M. Cavaglieri pour que nous voyions si nous sommes d'accord. Il est entendu que nous substituons le mot « radioélectrique » au mot « radiotélégraphique » :

« Le Congrès,

« convaincu de l'impérieuse nécessité que la sécurité et la continuité des « communications radioélectriques soient assurées le plus possible et « que, par conséquent, l'exercice du droit de chaque Etat de sauvegar- « der les exigences légitimes de sa souveraineté soit, autant que pos- « sible, subordonné au libre développement de la T. S. F.

« Déclare

« que la réglementation juridique internationale des communications « radioélectriques doit s'inspirer des principes généraux suivants... »

M. HOMBURG, *rapporteur général.* — Avant que le Congrès aborde la discussion des principes proposés par notre rapporteur, je crois devoir rappeler que notre premier congrès avait adopté le principe que l'éther est libre, sous réserve du droit de réglementation de chaque Etat. Aujourd'hui, il est proposé un principe différent : l'Etat a le droit de légiférer à son gré, en respectant, autant que possible, les droits de la T. S. F. C'est la formule inverse.

D'autre part, je me demande si la définition contenue dans l'article 1er de la Convention est heureux et si l'expression de « communications radioélectriques » est propre à couvrir toutes les émissions radioélectriques ; je pense en ce moment aux émissions et transmissions par radiodiffusion qui ne sont pas, selon moi, des « communications ».

M. Cavaglieri, *rapporteur*. — Je me rallie à l'observation très juste de M. Homburg, car je dis dans mon rapport qu'il est indifférent de partir du point de vue de la liberté de l'éther ou de celui de la souveraineté de l'Etat.

M Piola-Caselli (Italie). — Vous dites que le droit de chaque Etat de sauvegarder sa souveraineté doit être subordonné au libre développement de la T. S. F. ; un droit ne peut pas être subordonné à l'exercice d'un autre droit. Est-ce que l'on ne pourrait pas dire « concilié avec » ?

M. Cavaglieri, *rapporteur*. — J'accepte la modification.

M. Gneme (Italie). — En ce qui concerne la terminologie, le mot « communication » a une portée très large, car dans l'article 1er de la Convention il est dit :

« Le terme « communication radio-électrique » ou « radio-commu-« nication » s'applique à la transmission sans fil d'écrits, de signes, « de signaux, d'images et de sons de toute nature, à l'aide des ondes « hertziennes ».

M. Perez (République Argentine). — Une communication est une transmission.

M. le Président. — M. Gneme nous dit que la Convention de Washington donne des communications radioélectriques une définition qui répond aux préoccupations de M. Homburg. La conférence de Washington était composée de techniciens et on peut s'en remettre à eux.

M. de Vilallonga (Espagne). — Est-ce que la Convention ne visait pas plus particulièrement les communications *stricto sensu* ?

M. le Président. — C'est ce que l'on a commencé par vouloir faire; puis on s'est mis d'accord sur une définition plus large.

M. Konic (Pologne). — Je crois que le mot « transmission » est plus large que le mot « communication ». Comme juristes, ne pourrions-nous pas remplacer « communication » par « transmission ».

M. le Président. — En cette matière, juristes et techniciens doivent marcher ensemble.

M Gneme (Italie). — La transmission n'est qu'une partie de la question : il y a aussi les réceptions ; par conséquent avec « transmission », vous ne couvrez pas tout.

M. Homburg, *rapporteur général*. — Permettez-moi de faire remarquer que, dans son article I du Règlement général, annexé, la Convention, lorsqu'il s'agit de radiodiffusion, dit ceci :

« Le terme « station de radiodiffusion » désigne une station utilisée pour la diffusion des *émissions radiotéléphoniques* destinées à être reçues par le public ».

M. Gneme (Italie). — C'est un complément nécessaire à la définition générale, parce qu'il s'agit des stations ; mais ceci ne porte aucune atteinte à la définition générale.

Dans la Convention, on parle de radiodiffusion, mais nous mettons le mot « communication » pour couvrir toute espèce de transmission quelle qu'elle soit.

M. Homburg, *rapporteur général*. — A Genève, nous avions émis un vœu pour que cette question de terminologie soit élucidée ; la Convention de Washington n'en a pas tenu compte ; c'est pourquoi je me permets de le reprendre.

M. Perez (République Argentine). — Je crois qu'il faut conserver le mot « communication ». La radiodiffusion, c'est la multiplication des communications ; je crois que le mot « communication » est suffisamment large pour couvrir toutes les formes de transmissions radioélectriques.

M. le Président. — Je crois que nous serons d'accord si M. le Rapporteur veut bien mettre une note, après les mots « communications radioélectriques », pour dire que nous nous basons sur la définition de Washington. (*Adopté*).

M. Eichenwald (U. R. S. S). — La communication comprend toujours deux parties : la partie qui envoie et la partie qui reçoit. On peut, à mon avis, troubler une communication, en gênant involontairement celui qui doit recevoir; mais ce n'est pas la transmission elle-même qui est troublée. C'est la communication.

M. le Président. — La question que vous soulevez est différente. Nous n'avons pas à notre ordre du jour la discussion de la terminologie adoptée par la Convention de Washington. J'ai proposé une solution transactionnelle qui a été acceptée. Le préambule, modifié suivant la demande de M. Pielo Caselli, devait être ainsi rédigé.

« Le Congrès,

« convaincu de l'impérieuse nécessté que la sécuriité et la continuité des « communications radioélectriques soient assurées le plus possible et « que, par conséquent, l'exercice du droit de chaque Etat de sauvegarder « ses exigences légitimes soit, autant que possible, concilié avec le libre « développement de la T. S. F.

« déclare

« que la réglementation juridique internationale des communications « radioélectriques doit s'inspirer des principes généraux suivants :

M. DE VILALLONGA (Espagne). — Je préférerais supprimer le mot « droit » que le mot « souveraineté », parce que le mot « exigence » semble indiquer qu'il y a quelqu'un qui demande quelque chose à autrui, alors que l'Etat est souverain chez lui.

M. CAVAGLIERI, *rapporteur*. — Remarquez que dans les paragraphes *a*) et *b*) nous parlons du droit de l'Etat. Il faudrait alors trouver une formule transactionnelle.

M. THEILER (Brésil). — Je propose que l'on supprime « les exigences » et que l'on mette simplement « de sauvegarder sa souveraineté territoriale ».

M. LE PRÉSIDENT. — C'est ce que l'on demande de supprimer, parce que l'on ne veut pas toucher à la liberté de l'Etat.

M. THEILER (Brésil). — « Les exigences légitimes de sa souveraineté nationale », cela me semble être trop. Si on met « souveraineté territoriale », cela comprend tout.

M. LE PRÉSIDENT — M. Homburg nous a fait remarquer que dans un autre congrès on a adopté le principe de la liberté de l'éther ; si, chaque fois, on détruit ce que l'on a fait précédemment, on n'en finira pas.

M. KONIC (Pologne). — J'irai encore plus loin que mon éminent collègue : je propose de supprimer tous les considérants. Pour prendre une décision, les considérants ne sont pas nécessaires. Je propose de commencer par « Déclare ».

M. LE PRÉSIDENT. — Si les principes appliqués trouvent une explication dans le préambule, je trouve que c'est très utile. Nous devons donc faire un effort pour tomber d'accord sur la formule de ce préambule ; si nous ne pouvons pas nous mettre d'accord, nous poserons simplement les principes ; mais nous sommes des juristes et nous ne pouvons nous contenter d'énoncer des principes sans fournir de raisons.

Il est entendu que M. le Rapporteur va rechercher une nouvelle formule.

J'ouvre maintenant la discussion sur le paragraphe *a*).

« *a*) Chaque Etat, sauf conventions particulières, a le droit de régler « (autoriser, interdire, contrôler, etc..:) à son gré l'établissement et le « fonctionnement des stations radioélectriques situées sur son territoire, « quel qu'en soit le propriétaire. »

M. Gneme (Italie). — A Washington, nous avons étudié la question, même en ce qui concerne les services intérieurs, parce que la station intérieure d'un pays peut troubler les services d'un autre pays Il ne semble pas que l'Etat ait le droit de régler le fonctionnement de ses stations intérieures à son gré, parce qu'il doit observer les conventions internationales qu'on lui impose, même pour ces stations intérieures.

M. le Président. — Mais il y a : « sauf conventions particulières ».

M. Gneme (Italie). — Ce ne sont pas des conventions particulières, ce sont des conventions internationales.

M. le Président. — Nous parlons uniquement de conventions internationales.

M. Cavaglieri, *rapporteur*. — On peut mettre : « conventions internationales » au lieu de « particulières » je n'y vois pas d'inconvénient.

M. Homburg, *rapporteur général*. — Il n'y a qu'à supprimer les mots « sauf conventions particulières ».

M. le Président. — Non, parce qu'alors c'est la liberté absolue.

M. Homburg, *rapporteur général*. — Alors mettons : « sous réserve des dispositions des conventions internationales en vigueur ».

M. de Vilallonga (Espagne). — Je propose de supprimer « à son gré » expression qui semble inciter l'Etat à user et à abuser de sa liberté.

M. Cavaglieri, *rapporteur*. — J'accepte.

M. le Président. — La formule serait donc :

« *a*) Chaque Etat, sous réserve des conventions internationales en vi« gueur, a le droit de régler, etc... (*Adopté.*)

Nous passons au paragraphe suivant :

« *b*) Il a aussi le droit, sauf limitations conventionnelles, de sus« pendre le service de la radiotélégraphie internationale, toutes les « fois qu'il le juge nécessaire pour la préservation de ses intérêts essen« tiels ou pour l'accomplissement de ses devoirs internationaux. »

M. Gneme (Italie). — Si la Convention ne limite pas les pouvoirs de l'Etat, l'action de celui-ci n'est pas limitée ; mais si l'Etat a accepté une limitation, c'est son affaire. Notre préoccupation, ici, n'a pas de raison d'être.

M. Hirschfeld (U. R. S. S.). — Je crois que l'on peut biffer la mention « sauf limitations conventionnelles » parce qu'il est bien évident que ce n'est que la convention qui peut limiter les droits de l'Etat.

M. LE PRÉSIDENT. — Je ne suis pas d'accord avec vous, parce que j'estime que si l'Etat signe une convention, c'est son affaire ; mais, une fois qu'il a signé, il doit exécuter la convention et il n'a plus le droit de dire : je suis libre ! Il faut le préciser.

M. GNEME (Italie). — Alors, mettez la même formule qu'au paragraphe précédent : « sous réserve des conventions internationales en vigueur. »

M. HOMBURG, *rapporteur général*. — Je propose de mettre cette formule en tête de nos textes, ou à la fin, parce qu'elle est commune à tous les paragraphes. Nous commencerions par :

« Sous réserve des conventions internationales en vigueur. »..., puis viendraient les paragraphes *a*) à *e*) (*Approbations.*)

M. LE PRÉSIDENT. — Nous passons au paragraphe suivant.

« *c*) Il n'a, au contraire, aucun droit de s'opposer au simple passage « des ondes hertziennes au-dessus de son territoire. »

M. HERMANN-OTAVSKY (Tchécoslovaquie). — Je me permets de trouver que la formule proposée est trop large. Tout en appréciant les arguments présentés par M. le Rapporteur, on peut se demander pourquoi l'Etat serait mis dans l'obligation de ne pas s'opposer au passage des ondes sur son territoire, si l'émission de ces ondes est dangereuse pour l'ordre public ou sa sécurité. On peut dire que, pratiquement on ne peut pas s'opposer à ce passage ; mais il y cependant l'opposition diplomatique, le système des représentations, puis, il y a aussi l'opposition tirée de moyens techniques — je crois que les techniciens pourront l'affirmer — et sans doute il y en aura d'autres à l'avenir.

Je voudrais donc que l'on corrigeât cette formule en ajoutant :

« Sauf le cas où il s'agirait d'émissions dangereuses pour l'ordre « public ou sa sécurité. »

M. GNEME (Italie). — Il me semble que le paragraphe *c*) est limité par le paragraphe *b*), car un Etat, par l'application du paragraphe *b*), peut obtenir le résultat que vous visez.

M. EICHENWALD (U. R. S. S.). — L'opposition au passage des ondes, c'est, en réalité, ce qui se produit en cas de guerre ; or M. le Rapporteur déclare qu'il ne veut pas toucher aux questions concernant l'état de guerre. Il est impossible de supposer qu'en temps normal un Etat voudra absolument s'opposer au passage des ondes au-dessus de son territoire, à moins, évidemment, que ce passage ne trouble ses propres services.

Je crois donc que la formule pourrait être modifiée dans un sens plus pratique. Il s'agit simplement de savoir si un pays transité par les ondes ne peut pas exiger la censure des transmissions.

M. CAVAGLIERI, *rapporteur*. — J'ai déjà posé la question. Le simple transit des ondes cause-t-il un trouble à la sécurité ou à l'ordre public de l'Etat ? Je crois que non et c'est pourquoi j'ai affirmé dans ma rédaction : l'Etat n'a pas le droit de s'opposer au simple passage des ondes hertziennes au-dessus de son territoire.

Mais si vous pouvez me démontrer qu'il peut résulter de ce simple transit un trouble pour l'ordre public ou pour la sécurité de l'Etat transité, j'adopterai volontiers un autre texte.

M. BERLINGIERI (Italie). — Il faut voir si, en l'état actuel de la technique, il est possible d'empêcher une onde hertzienne de suivre son cours. Les techniciens prétendent que non. Dans ce cas, le paragraphe est inutile.

M. CAVAGLIERI, *rapporteur*. — On m'a dit qu'il était possible de brouiller les ondes.

M. PEREZ (République Argentine). — La Délégation argentine demande la suppression de ce paragraphe, parce que, même si l'Etat voulait suspendre les communications, cela lui serait impossible, d'après mon collègue de la Délégation, qui est un technicien.

M. DE VILALLONGA (Espagne). — J'avais compris d'après le rapport, à mon avis très clair, que la suspension à laquelle il est fait allusion dans la Convention télégraphique, et qui a été reproduite par la Convention de Londres était toujours la suspension des transmissions par des postes établis sur le territoire de l'Etat ; or, le paragraphe que nous discutons vise le passage des ondes au-dessus du territoire et non pas la transmission ou la retransmission. Nous avons ici des techniciens qui nous diront si l'opposition prévue est possible.

M. BERLINGIERI (Italie). — Les technichiens disent que c'est impossible quant à présent.

M. DE VILALLONGA (Espagne). — Peut-être le pourra-t-on un jour ; en tous cas, on peut intercepter les ondes.

Dans un autre passage, je vois ceci : d'après la doctrine — qui, à mon avis, n'est pas le droit international — un Etat pourrait interdire le passage d'ondes qui pourraient constituer des communications dangereuses pour le pays obligé de subir ce passage. Dans ce cas, d'après M. Cavaglieri, l'Etat serait fondé à s'opposer à ce passage. Je ne sais pas si c'est possible ; les techniciens disent que non, aujourd'hui, mais comme nous devons prévoir toutes les possibilités, je suggérerais un petit amendement qui, je crois, donnerait satisfaction à tout le monde : supprimer le mot *simple* et ajouter le mot *inoffensif* après le mot *passage*.

M. MALERBA (République Argentine). — Je crois que, étant donné qu'il est impossible, actuellement, d'empêcher le passage des ondes, il est absolument impossible de conserver ce paragraphe.

M. DE VILALLONGA (Espagne). — Il n'est pas gênant, puisque c'est impossible et il donne satisfaction à un certain nombre d'entre nous qui craignent l'avenir.

M. MALERBA (République Argentine). — C'est une éventualité tellement lointaine que l'on pourrait remettre la question au prochain congrès.

M. EICHENWALD (U. R. S. S.). — Je parle en technicien : rien de plus facile que de brouiller une communication ; mais il faut considérer que le trouble provoqué en entraîne toujours un pour celui qui trouble

Il y a deux façons de troubler : l'une, accidentelle ; c'est une question que l'on règle entre intéressés ; l'autre volontaire : par l'introduction dans l'éther de transmissions d'une station très puissante, c'est l'état de guerre. Mais il y a une autre question qui, celle-là, est d'ordre purement juridique ; c'est la question de savoir si un Etat transit peut exiger une taxe spéciale pour le passage des ondes. C'est la seule question qui me semble de nature à nous intéresser.

M. CHKLAVER (France). — Je me permet d'appuyer l'amendement de M. de Vilallonga au sujet du mot « inoffensif » mais je crois qu'il faudrait ajouter au paragraphe c) un nouvel alinéa. C'est un fait très grave de la part d'un Etat que de s'opposer au passage de transmissions entre deux tiers. Cet Etat, en fait, s'immisce dans les rapports entre deux tiers.

Je propose donc que l'on ajoute à ce paragraphe la fin du paragraphe *e*), c'est-à-dire :

« Le fait par un Etat d'arrêter pour raisons de sécurité ou autres les « ondes transitant sur son territoire entraîne pour lui une responsabilité « internationale qui l'expose aux sanctions ordinaires, etc. »

M. GNEME (Italie). — Cette question du transit a été résolue à Londres dans un sens négatif.

M. TORQUATO GIANNINI, *secrétaire général*. — En examinant séparément les trois paragraphes *b*). *c*), *d*), on perd de vue le point principal, c'est-à-dire l'esprit qui les inspire.

Il s'agit de mettre en application les principes qui ont été déjà votés à Barcelone pour les chemins de fer et pour la navigation maritime. C'est une unité de principes qu'il faut consacrer et c'est le même principe que nous trouvons en *b*) *c*) *d*) : la liberté du transit. On dit d'abord que l'Etat a le droit de suspendre les communications, lorsqu'il juge que c'est nécessaire pour la sauvegarde de ses intérêts essentiels.

Mais il faut une limite à ce droit, autrement l'Etat serait en droit de suspendre toutes les communications quand bon lui semblerait. Alors, nous disons qu'il ne peut le faire que quand il s'agit d'un intérêt essentiel à l'ordre public ou à la défense nationale. C'est déjà une limite, un sacrifice qu'il doit faire à la liberté du transit et aux règles de bon voisinage qui sont la raison d'être du droit international. C'est le même principe que l'on trouve en c) : il n'a pas le droit de s'opposer à ce passage des ondes, qu'il en ait ou non le moyen, à moins qu'il n'ait des raisons à faire valoir, comme il doit avoir des raisons pour la suspension du service intérieur. Il ne peut pas interrompre ni empêcher le passage des ondes s'il n'a pas pour cela des raisons très graves comme celles qui font l'objet du paragraphe précédent.

J'appuie la proposition du Rapporteur et je crois qu'elle doit être maintenue. Le mot « inoffensif » n'implique aucun principe : une chose qui est inoffensive n'a pas de raison d'être vérifiée ou empêchée. C'est le droit de transit que nous devons affirmer.

M. Le Président. — M. le Professeur Torquato Giannini a très bien souligné que, dans les textes proposés par notre Rapporteur nous appliquons le principe de la liberté et je voudrais même ajouter de coopération entre les Etats. Nous ne devons pas isoler les problèmes que nous examinons du problème général du transit ; on ne peut pas appliquer les principes de la liberté du transit dans un domaine et les ignorer dans un autre. Le grand principe posé par notre Rapporteur dans les textes qui nous sont soumis, c'est que l'on ne peut pas s'opposer au passage des ondes hertziennes. Ne disons pas qu'en ce moment on ne peut pas empêcher ce passage, parce que, demain, la chose sera peut-être possible. Au surplus, si actuellement on ne peut pas empêcher le passage des ondes, on peut les troubler et, dans ce cas, on arrive à éliminer complètement le principe de la liberté du transit et de la coopération entre les Etats.

Les trois principes posés dans les trois paragraphes que nous avons sous les yeux doivent être examinés ensemble.

Je prie donc le Congrès de voir s'il y a lieu de se prononcer sur le troisième principe. Si vous avez des doutes à ce sujet, je crois qu'il vaut mieux renvoyer la suite de la discussion à demain. (*Approbation générale.*)

Je voudrais d'autre part vous demander de nommer un comité de rédaction qui tâchera de trouvera une bonne formule pour le préambule. M. Otavsky, notre vice-président, pourrait en prendre la présidence. (*Approbation générale.*)

Je voudrais maintenant passer aux deux autres points de notre ordre du jour :

« *d*) L'exploitation des stations radiotélégraphiques d'un Etat doit « être organisé de manière à troubler le moins possible le service des « stations des autres Etats. A cet effet, il est désirable que les Etats s'en« tendent à l'amiable par la voie des conventions internationales. »

C'est toujours le même esprit : inciter les Etats à la coopération.

M. Gneme (Italie) — La formule, telle qu'elle est présentée, n'est pas acceptable. On dit « de manière à troubler le moins possible... » Ceci semblerait indiquer qu'il y a des stations qui troublent toujours le service des stations des autres Etats. C'est inexact et nous ne pouvons pas le dire.

M. Le Président. — Mettons : « de manière à ne pas troubler... » (*adopté*.)

« *e*) Si les émissions radiotélégraphiques d'un Etat causent un « trouble grave aux émissions d'un autre Etat, ce fait entraine pour lui « une responsabilité internationale qui l'expose aux sanctions ordi« naires, cette responsabilité devant toutefois être appréciée en con« sidération des possibilités techniques. »

M. Chklaver (France). — J'estime que ce principe est très important et qu'on devrait le formuler d'une façon très large, c'est-à-dire appliquer cette sanction éventuelle à toute infraction aux principes précédemment énoncés. J'ajouterais donc au texte proposé, après les mots : « ...d'un autre Etat » cette phrase :

« ...ou en cas de violation des principes sus-indiqués... »

M. Le Président. — Si, pour chaque petit trouble, on cherche une responsabilité, on soulèvera des litiges à chaque instant. Ce n'est pas dans cet esprit que le Rapporteur a conçu le travail. Il a envisagé seulement le cas de troubles graves.

M. Chklaver (France). — Mettons : « en cas d'infraction grave ».

M. le Président. — Il s'agit d'énoncer un principe. En cas de trouble grave, nous retombons dans le principe de la responsabilité ; il n'est pas besoin de le dire. On parle d'une sanction particulière quand une sanction particulière est nécessaire ; dans les autres cas, c'est la sanction commune qui joue.

M. Hirschfeld (U. R. S. S.). — Quelles sont les sanctions ordinaires ?

M. Le Président. — Nous parlons du principe de la responsabilité des Etats en général ; mais si nous voulons étudier ce chapitre, je crois que tout le Congrès n'y suffirait pas !

M. Cavaglieri, *rapporteur*. — Je crois que l'expression « responsabilité internationale » doit donner satisfaction à tous.

M. le Président. — La discussion étant close, l'ordre du jour qui nous a été présenté est renvoyé au Comité de rédaction qui nous proposera demain une formule définitive pour voir s'il y a eu lieu de supprimer le préambule ou si on peut l'améliorer et, ensuite, pour rechercher s'y a lieu de coordonner les observations qui ont été faites sur le paragraphe *e*) avec celles qui ont été présentées pour le paragraphe c).

Je voudrais seulement, que le Congrès se prononçât sur les trois principes qui sont à la base de ces paragraphes, pour permettre au comité de rédaction de travailler. Sommes-nous d'accord sur les trois principes énoncés : libre passage des ondes hertziennes ; interdiction de troubler les ondes des autres Etats ; responsabilité pour troubles graves apportés aux émissions d'autrui ?

M. de Vilallonga (Espagne). — Le premier principe a été renvoyé au Comité de rédaction.

M. le Président. — Si on admet le principe, on renverra au Comité de rédaction pour voir s'il y a une coordination à établir, mais il faut se prononcer sur le fond,

M. de Vilallonga (Espagne). — Je croyais que c'était surtout une question de fond qui était renvoyée au Comité de rédaction.

M. le Président. — Non ; pour le préambule, le comité de rédaction a mandat de voir s'il est possible de trouver une formule qui rallie tout le monde ; autrement, on supprimera le préambule. Ensuite, les deux premiers paragraphes sont acceptés quant au fond, mais il faut modifier la forme. Enfin, nous avons les trois principes sur lesquels il faut nous décider quant au fond, pour nous en remettre ensuite au comité de rédaction qui établira la forme définitive.

M. Perez (République argentine). — J'ai demandé la suppression du paragraphe c) ; je ne peux pas participer à sa rédaction au Comité ! On a proposé d'ajouter le mot « inoffensif » que je trouve inutile.

M. De Vilallonga (Espagne). — L'adjonction de ce qualificatif ne touche pas au fond.

M. le Président. — Non, il y a la question de fond qu'il faut résoudre. Voulez-vous que nous renvoyions la suite de la discussion à demain ? (*Approbation générale.*)

La séance est levée à 17 heures 15.

TROISIÈME SÉANCE

Mardi 2 Octobre 1928 (matin)

Principes de Droit international régissant la T. S. F. (suite)

La séance est ouverte à 10 heures, sous la présidence de S. E. M. GIANNINI.

M. LE PRÉSIDENT. — Messieurs, je donne la parole à M. Otavsky, président du Comité de rédaction.

M. OTAVSKY (Tchécoslovaquie). — Messieurs, le petit comité de rédaction que vous avez désigné hier est tombé d'accord sur le texte nouveau suivant :

« Le Congrès convaincu qu'il est nécessaire de donner à la libre trans-« mission des communications radioélectriques toutes les garanties de « sécurité et de continuité compatibles avec l'exercice de la souveraineté « des Etats déclare :

« Que la réglementation juridique internationale de ces communica-« tions doit être fondée sur l'application des principes généraux sui-« vants : »

M. LE PRÉSIDENT. — Nous commençons par le préambule. Le comité de rédaction a pensé, en effet, qu'il était utile de dire pourquoi nous adoptions les principes contenus dans notre ordre du jour.

Sommes-nous d'accord pour adopter cette rédaction en ce qui concerne le préambule ?

M. DITTENBERGER (Allemagne). — Monsieur le Président, avant que la discussion continue, je dois faire, au nom des Délégués allemands, la déclaration suivante :

Vu que les délégués allemands sont les représentants de la Société d'études (Deutsche Studiengesellschaft für Funkrecht) ;

vu que la « Deutsche Studiengesellschaft für Funkrecht » s'occupe uniquement des problèmes purement juridiques et techniques de la T. S. F,

Les délégués allemands tout en appréciant le rapport de l'éminent rapporteur sont d'avis de ne pas voter, car le problème n'est point purement juridique ou technique, mais aborde le terrain politique.

M. LE PRÉSIDENT. — Monsieur, permettez-moi de vous faire observer que si votre point de vue était adopté, le congrès serait clos immédiatement ; nous ne pourrions voter sur aucune des questions portées à l'ordre du jour, car il n'en est point qui n'ait un aspect politique. Nous cherchons à dégager des principes juridiques, en juristes : si vous ne pouvez pas voter, vous pourrez vous abstenir, mais demander au Congrès de ne pas voter, je trouve que c'est exagéré ; si vous insistez, je soumettrai cette question au Congrès, mais en le priant de ne pas s'y arrêter.

M. PEREZ (République Argentine). — S'agit-il d'une déclaration officielle des délégués officiels de l'Allemagne, ou des représentants d'une entreprise privée ?

M. DITTENBERG (Allemagne). — Nous ne sommes pas délégués officiels de l'Allemagne ; nous représentons des groupements privés. Nous ne disons pas que le Congrès ne doit pas voter, mais seulement que nous, Allemands, nous ne voterons pas. C'est tout autre chose.

M. PEREZ (République Argentine). — Nous pouvons passer outre ?

M. DITTENBERG (Allemagne). — Bien entendu.

M. LE PRÉSIDENT. — Alors, nous examinons le premier paragraphe :

« 1° Chaque Etat, sous réserve des conventions internationales qui le « lient, a le droit de régler (autoriser, interdire, contrôler, etc)., l'éta« blissement et le fonctionnement de toutes les stations radioélectriques « situées sur son territoire ».

Vous voyez que cette rédaction est, à peu de chose près, quant au fond, la proposition de notre Rapporteur. (*Adopté*).

« 2° Chaque Etat a aussi le droit, sous réserve des limitations « conventionnelles, d'interrompre le passage des ondes radioélectriques « sur son territoire toutes les fois que la sauvegarde de ses intérêts « essentiels, de ceux de la défense nationale ou l'accomplissement de « ses devoirs internationaux l'exigent ».

Ce paragraphe comprend, au fond, les paragraphes 2 et 3 de la proposition de M. Cavaglieri. Sur le paragraphe 3 nous étions divisés à la suite de la proposition faite par notre collègue de la République Argentine et qui était la base de la discussion. Nous sommes tombés d'accord sur cette formule qui est un peu plus générale.

M. VANNI (Italie). — Je ne vois pas, au point de vue technique, quels seraient les moyens d'interrompre le passage des ondes hertziennes, à moins que l'on ne puisse établir sur tout le territoire des écrans imperméables, par exemple en cuivre ! Je me demande donc si on doit conserver cet article sous cette forme.

M. LE PRÉSIDENT. — D'après la discussion que nous avons eue hier, je crois que tout le monde est d'accord pour dire que l'on peut brouiller les ondes : c'est un moyen de les interrompre. C'est pourquoi le Comité a pensé qu'il était possible d'envisager le problème, tout en laissant de côté la question technique. Si les techniciens sont d'accord pour dire qu'il est impossible de troubler les ondes, je m'incline.

PLUSIEURS VOIX. — Pas du tout.

M. LE PRÉSIDENT. — Alors, la question se pose. Si vous avez une formule plus élégante, nous allons la voter de suite.

M. VANNI (Italie). — Si on mettait « brouiller le passage des ondes », je crois que tout le monde serait d'accord.

M. HOMBURG, *rapporteur général.* — Au point de vue du français, cette formule suppose une intention méchante, laquelle n'existe pas avec le mot « interrompre ».

M. PEREZ (République Argentine). — Hier, sur la déclaration de mon collègue, qui est un technicien, j'ai dit qu'il était impossible d'interrompre le passage des ondes. Une discussion s'est engagée et je crois que M. le Délégué de la Tchécoslovaquie a déclaré qu'il était possible d'interrompre le passage en brouillant les ondes. J'avais mis dans le texte : « interrompre la libre transmission » ; pourriez-vous accepter cette formule ?

M. VANNI (Italie). — Je préfère « brouiller ».

M. PEREZ (République Argentine). — Dans la situation actuelle de la science, il est impossible d'interrompre le passage. M. de Vilallonga a déclaré que, peut-être, dans quelques années on pourrait les interrompre ; nous avons envisagé les possibilités à venir et nous nous sommes arrêtés à la formule qui vous est soumise. Préférez-vous « interrompre la libre transmission » ou simplement « brouiller le passage des ondes ? »

M. VANNI (Italie). — On pourrait peut-être dire : interrompre la libre transmission.

M. HIRSCHFELD (U. R. S. S.). — On a posé un principe fondamental qni est le droit de contrôle des Etats, basé sur son droit de souveraineté ; ce droit de contrôle est poussé, pour ainsi dire, jusqu'à son extrême limite avec la suspension éventuelle du service.

Vient ensuite le second principe exprimé dans le paragraphe suivant : l'Etat doit organiser ses stations de radioélectricité de manière à ne pas troubler le fonctionnement des stations des autres Etats. Je crois que l'on pourrait se borner à ces deux principes et biffer le reste, c'est-à-dire le passage inoffensif des ondes, car l'état actuel de la technique ne permet pas de discerner le passage des ondes dites de transit et le passage des ondes de service intérieur.

Cette question a un aspect historique ; vous vous rappelez qu'il y a quelques années un pays européen a refusé le libre passage des ondes transitant son territoire et provenant d'un autre pays. Aujourd'hui, avec la technique moderne, on ne peut pas séparer ce problème du transit du problème global de la transmission. Voilà pourquoi je vous demande de nous borner aux deux principes fondamentaux que je viens de rappeler, et qui sont d'un ordre plus général. Il ne faut pas oublier que l'on peut troubler les services voisins, même sans le vouloir. C'est ainsi qu'il nous est arrivé de troubler, involontairement, le service entre la Grande-Bretagne et l'Australie : il ne s'agit pas ici d'un transit, mais seulement du service d'un pays qui peut être troublé par les stations à haut débit d'un autre pays. Naturellement, nous avons arrangé les choses, d'accord avec la Grande-Bretagne, mais c'est un cas qui se produit très souvent, comme le savent tous les techniciens.

M. LE PRÉSIDENT. — Je voudrais prier le Congrès de résoudre d'abord la question posée par M. Vanni, parce que la question posée par la Délégation de l'U. R. S. S. est une question de fond qui touche à l'ensemble.

Nous avons dit que l'Etat avait le droit de régler l'établissement et le fonctionnement de toutes les stations radioélectriques situées sur son territoire. Ensuite nous avons dit que, dans certains cas énumérés, l'Etat avait le droit d'interrompre le passage des ondes. Les deux principes sont liés et l'on ne peut approuver l'un en laissant l'autre de côté.

Nous verrons ensuite la question posée par la Délégation de l'U. R. S. S.

M. KUCERA (Tchécoslovaquie). — Je suis d'accord avec M. Vanni : il faut remplacer le mot « interrompre » par une autre expression. On a proposé « troubler », mais troubler, c'est un moyen technique ; or, il y a d'autres moyens pour empêcher une transmission. Je propose de mettre « empêcher le passage ».

M. VANNI (Italie). — C'est une bonne proposition ; mais au fond c'est la même formule...

M. LE PRÉSIDENT. — Mettez « empêcher le libre passage ».

M. VANNI (Italie). — Ce serait mieux.

M. HIRDCHFELD (U. R. S. S.). — Vous voulez mettre « le libre passage des ondes » ; mais si ces ondes transitaires gênent le service intérieur du pays, vous ne pouvez pas mettre ces ondes transitaires dans une situation plus favorable que le service intérieur du pays.

Ceci prouve que cette question doit être liée à celle de l'organisation générale du service.

M. DE VILALLONGA (Espagne). — J'étais pour l'expression « s'opposer ». S'opposer, veut dire : faire des efforts pour empêcher quelqu'un de faire quelque chose ; cela ne veut pas dire « interrompre », mot qui gêne les techniciens. On peut toujours s'opposer à quelque chose. Moi, je m'oppose à ce que vous entriez dans ce salon : si vous êtes plus fort que moi, vous entrerez tout de même.

Je crois que le paragraphe qui est en discussion ne vise pas exclusivement les ondes qui passent, mais également les ondes retransmises. D'autre part, je crois que le texte vise aussi les ondes transitaires, quand il dit que chaque Etat doit organiser les émissions de ses postes pour qu'ils ne troublent pas les postes des autres Etats : peu importe qu'il s'agisse d'ondes transitaires ou d'ondes destinées à cet Etat.

Enfin, d'un autre côté, il est impossible, comme le disait M. le Délégué de l'U. R. S. S., de distinguer les ondes qui sont transitaires de celles qui ne le sont pas. On ne peut pas empêcher un particulier de capter une onde par un poste qu'il a chez lui. Je pense donc qu'il n'y a pas lieu de faire cette distinction dans le texte.

M. LE PRÉSIDENT. — Je crois que cette discussion est purement théorique, parce que quand l'Etat veut troubler des ondes, il y a déjà des particuliers qui les ont reçues. Cependant, plusieurs congressistes ont demandé que l'on posât la règle et, au point de vue théorique, on ne peut pas empêcher l'Etat de se défendre. Ce qu'il faut, c'est trouver une formule qui contente tout le monde.

M. BAUDOIN (Union internationale de Radiophonie). — Ne croyez-vous pas que le mot « interdire » serait plus juste ? Cela signifie une possibilité juridique ou pratique quelconque.

M. HOMBURG, *rapporteur général.* — Vous ne pouvez pas interdire à une onde qui vient de l'étranger de passer sur votre territoire, mais vous pouvez tenter de vous y opposer. C'est une question de fait et non de droit. Vous pouvez, avec un paratonnerre, vous opposer aux effets de la foudre, mais vous ne pouvez pas interdire à la foudre de tomber.

M. VANNI (Italie). — Je crois que « s'opposer à » est une formule meilleure.

M. KONIC (Pologne). — Je crois que M. Cavaglieri avait raison d'indiquer à part les ondes transitaires ; il se peut qu'au point de vue technique la distinction soit difficile, mais, comme juristes, nous devons émettre l'idée que l'Etat ne peut pas s'opposer au passage des ondes transitaires. Nous nous occupons de la radioélectricité internationale.

M. MEHMED FAHRI (Turquie). — Je crois que nous devrions nous exprimer ainsi :

« Les Etats ne peuvent, en aucune façon, brouiller les émissions « qui n'intéressent pas le pays. »

Alors, il n'y a plus de discussion. On ne peut ni interrompre, ni empêcher les ondes de passer sur le territoire d'un pays, parce que les ondes vont partout.

M. le Président. — Vous créez une difficulté encore plus grande, à savoir qui sera juge de l'intérêt de l'Etat ? C'est arbitraire.

M. Homburg, *rapporteur général.* — Je vais relire les paragraphes 2 et 3 :

« Chaque Etat a aussi le droit, sous réserve de limitations conven-« tionnelles, de s'opposer au passage des ondes radioélectriques sur « son territoire, toutes les fois que la sauvegarde de ses intérêts essen-« tiels, la défense nationale et l'accomplissement de ses devoirs inter-« nationaux l'exigent. »

« Dans toute autre circonstance, l'Etat doit assurer le libre passage « des ondes radioélectriques au-dessus de son territoire. »

Nous visons d'abord les exceptions et nous posons ensuite la règle, alors que nous devrions commencer par dire :

« Les Etats doivent assurer le libre passage .. etc... » et continuer ensuite par l'autre paragraphe. (*Assentiment général.*)

M. le Président. — Alors, je considère que nous sommes d'accord sur ces paragraphes ? (*Adopté.*)

M. de Vilallonga (Espagne). — Je voudrais proposer un petit amendement : ajouter au paragraphe premier devenu le second, après les mots « ses intérêts essentiels », les mots « stipulés par traités collectifs ».

Il ne faudrait pas que les dispositions de ces articles pussent être invoquées par un Etat contre un autre Etat. Il se pourrait qu'un Etat, en dépit des impossibilités techniques, protestât parce qu'un autre Etat aurait laissé passer au-dessus de son territoire des ondes contraires aux intérêts de la défense nationale de l'Etat plaignant.

M. le Président. — Ne pensez-vous pas que dans ces déclarations de principes on ne doit pas entrer dans trop de détails ?

M. de Vilallonga (Espagne). — Je crois que ma proposition donnerait satisfaction aux congressistes qui désirent la liberté de l'éther.

M. le Président. — Mais pourquoi donnez-vous au traité collectif une valeur supérieure au traité bilatéral ?

M. de Vilallonga (Espagne). — Parce que je crains les violations de neutralité. Voilà le fond de ma pensée.

M. le Président. — Il serait très difficile de vous suivre dans cette voie.

M. DE VILALLONGA (Espagne). — J'ai posé la question, je n'insiste pas.

M. LE PRÉSIDENT. — Voici donc quelle serait la formule :

« Chaque État doit assurer le libre passage des ondes radioélectriques « au-dessus de son territoire.

« Toutefois, il a le droit, sous réserve des limitations convention« nelles, de s'opposer au passage des ondes radiolélectriques sur son « territoire, toutes les fois que l'exigent la sauvegarde de ses intérêts « essentiels, de la défense nationale ou l'accomplissement de ses devoirs « internationaux stipulés par traités collectifs. »

M. DE VILALLONGA (Espagne). — Je désire que le passage des ondes au-dessus du territoire ne soit pas considéré comme contraire à la neutralité. Voilà l'éventualité que je crains.

M. CHKLAVER (France). — Je crois que le terme de « traités internationaux » sans qualificatif est un très bon terme.

M. MONTEFINALE (Italie). — En me plaçant au point de vue technique et non pas juridique, il me semble que la seconde partie de votre article devrait être supprimée. Du moment que vous n'avez pas le moyen de vous opposer au passage des ondes, qui peuvent se comparer à la pluie ou au vent, comment pouvez-vous dire, dans un article, qu'un Gouvernement aura le droit « de s'opposer » à ce passage?

M. PEREZ (République Argentine). — J'avais des doutes avant la déclaration du Délégué de l'U. R. S. S., mais depuis cette déclaration, je n'ai plus de doutes : les communications ont pu être brouillées entre l'Angleterre et l'Australie. Par conséquent, cet alinéa doit rester.

M. EICHENWALD (U. R. S. S.). — Je dois préciser la situation. C'est accidentellement que nous avons troublé les communications entre l'Angleterre et l'Australie et, d'accord avec les autorités britanniques, nous avons immédiatement fait le nécessaire. Ce sont des accidents qui se produisent fréquemment en T. S. F. Nous répétons ce que nous avons dit : au point de vue technique, il n'est pas possible de s'opposer au passage des ondes. D'autre part, l'onde n'a pas un chemin déterminé par certains points ; son chemin est indéterminé...

M. GNEME (Italie). — Il me semble que dans une réunion internationale — c'est ce qui s'est fait pour la Convention télégraphique — il faut qu'une proposition d'une Délégation soit appuyée par une autre Délégation pour pouvoir être discutée.

M. LE PRÉSIDENT. — Parfaitement ! c'est pour cela que je demande si la proposition de M. Vilallonga est appuyée. (*La proposition n'est pas appuyée.*)

M. LE PRÉSIDENT. — Par conséquent, nous passons au vote des principes des paragraphes qui vous ont été lus. Il reste entendu que la Délégation allemande s'abstient d'une façon générale.

M. Hirschfeld (U. R. S. S.). — Nous ne nous opposons pas, en principe, au libre passage des ondes.

Mais la Délégation de l'U. R. S. S. doit s'abstenir ; elle ne peut pas accepter cette rédaction, attendu que celle-ci ne correspond pas à l'état actuel de la technique et la Délégation de l'U. R. S. S. estime que la science juridique n'est pas une science morte, mais une science basée sur des choses possibles.

M. Montefinale (Italie). -- J'appuie cette proposition.

M. le Président. — Je vais donc procéder au vote par division.

(*La première partie est adoptée à l'unanimité. La seconde partie est adoptée à la majorité.*)

Nous passons au paragraphe suivant :

« L'exploitation des stations radioélectriques dans un Etat doit être « organisée d'une façon telle qu'il n'en résulte, dans la mesure des « possibilités techniques aucun trouble pour les mêmes services d'un « autre Etat (*Adopté*). »

Nous passons au paragraphe 4 :

« Si dans un Etat, il est apporté un trouble, même involontaire, aux « émissions d'un autre Etat, celui-ci aura le droit d'en référer au « Bureau International de l'Union télégraphique de Berne à toutes fins « utiles et notamment pour rétablir dans la zone troublée le libre pas- « sage des ondes radioélectriques. »

M. Hirschfeld (U. R. S. S.). — Cette rédaction ne correspond pas à la pratique : en principe, nous, administrations radioélectriques, nous évitons les conflits. C'est pourquoi, avant de nous adresser au Bureau de Berne, nous tâchons de régler nos affaires entre administrations. Si nous nous adressons au Bureau de Berne, c'est déjà quelque chose de sérieux. Il nous paraît donc fâcheux d'énoncer un principe qui ne correspond pas aux principes de bon voisinage des administrations, ni à la pratique ordinaire.

M. le Président. — Je voudrais débarrasser le territoire d'une préoccupation que je crois exagérée. Que dit-on dans cette rédaction ? On dit que l'Etat « a le droit »... C'est-à-dire qu'après avoir suivi toute la procédure ordinaire des litiges internationaux : entente, conciliation, etc... il a le droit de demander l'intervention du Bureau International. On pourrait ajouter, si vous voulez : « après avoir épuisé... etc... »

M. Hirschfeld (U. R. S S.). — Je suis d'accord.

M. Gneme (Italie). — C'est en contradiction avec la convention de Washington qui recommande les réclamations directes.

M. LE PRÉSIDENT. — Nous, nous demandons, tout en gardant les dispositions de la Convention, qu'après, les négociations directes, on puisse demander les bons offices du Bureau International.

M. GNEME (Italie). — Le Bureau International n'a aucun rôle dans ces questions : il faut recourir à l'arbitrage. Le Bureau International de Berne n'a pas le droit d'exprimer une opinion, s'il n'y est pas invité par les administrations intéressées.

M. LE PRÉSIDENT. — Mais justement, c'est sur l'invitation des administrations intéressées qu'il interviendra. Actuellement, il y a un système ; on demande à faire un progrès sur ce système et nous disons qu'en dehors des négociations directes, on peut faire appel aux bons offices du Bureau International. Y a-t-il quelque difficulté à le faire ?

M. GNEME (Italie). — Le Bureau International de Berne n'a pas qualité.

M. LE PRÉSIDENT. — On lui donnera qualité. Nous pourrons ajouter à l'article : « Après avoir épuisé les moyens de conciliation visés par l'article 16 de la Convention de Washington. »... (*Assentiment général*).

Je mets ce paragraphe ainsi amendé aux voix. (*Adopté.*)

M. LE PRÉSIDENT. — Nous prenons le paragraphe 5 : « Il est désirable « que l'adoption des principes qui précèdent soit généralisée par voie « de conventions internationales. » (*Adopté sans discussion.*) (*L'en-« semble de l'ordre du jour est adopté.*)

M. LE PRÉSIDENT. — Qu'il me soit permis de remercier encore une fois M. Cavaglieri pour le grand travail qu'il a accompli et aussi le Comité de rédaction et son président qui, sur la base d'une formule présentée par M. Perez, a présenté la rédaction que nous venons d'approuver. (*Applaudissements.*)

Convention internationale de Washington

Messieurs, nous avons maintenant le rapport de MM. Cartault, Homburg et Mihura sur la Convention radiotélégraphique de Washington ; ensuite le rapport de MM. d'Amélio et Gneme. Enfin je signale que M. Vanni a fait une traduction italienne de la Convention de Washington et une table des matières qui méritent tous les éloges.

M. VANNI (Italie). — Quelques mots d'explication pour éviter un malentendu. J'ai fait une traduction de la Convention et du règlement annexe sur les textes définitifs qui ont été préparés à Berne, mais il y a encore un autre texte qui a été préparé à Washington et comme il y a quelques petites différences entre les deux, il faut en tenir compte.

M. le Président. — Avant de commencer la discussion, je voudrais appeler l'attention du Congrès sur les points suivants.

Nous avons à faire de la convention ce Washington un examen technique et un examen juridique. Quelles sont les matières que la Convention de Washington peut aborder ? Voilà une question fondamentale sur laquelle j'appelle votre attention. La Convention de Washington est destinée à réglementer les communications radioélectriques; on ne peut pas demander à une convention qui a un but spécial de s'occuper de tous les problèmes. Comme nous l'avons dit hier et aujourd'hui, il y a plusieurs autres questions qui ne rentrent pas dans la Convention de Washington. Sur ces questions, je passe à l'ordre du jour : le mémoire que j'ai préparé prend occasion de la Convention de Washington, mais ne touche pas au fond. Avant l'examen de mon mémoire, je désire que la discussion se borne à la Convention. C'est-à-dire qu'étant donné que, dans puatre ans, nous devrons réviser la Convention de Washington à Madrid, dès aujourd'hui il faut poser le problème et voir quelles sont les propositions, au point de vue technique, administratif, juridique, que l'on peut faire, pour satisfaire aux besoins qui se sont manifestés après la convention ou qui ne trouvent pas dans cette convention une solution suffisante.

M. Gneme (Italie). — Notre éminent Président vient d'éclaircir quels sont les buts de la Conférence radiotélégraphique internationale de Washington de 1927. Mais, comme j'ai relevé des remarques dans les documents à nous fournis pour le Congrès, je demande votre permission de dire deux mots sur la Conférence de Washington, soit comme Chef de la Délégation italienne et Président de plusieurs Commissions de la dite Conférence, soit au nom de plusieurs Délégués étrangers à cette même Conférence, et qui ont bien voulu honorer de leur présence notre Congrès actuel.

L'Union radiotélégraphique internationale, qui comprend plus de 80 Administrations d'Etats, et à laquelle ont adhéré un grand nombre de Compagnies privées, a pour but d'assurer l'exploitation des Communications radioélectriques dans les meilleures conditions de technique et à des prix raisonnables pour le public.

La Conférence de Washington devait donc poursuivre ce but, sans pouvoir s'arrêter à l'étude et à la résolution de questions de haute science technique ou juridique, et si, quelquefois, elle a dû s'occuper de certaines questions ayant peut-être ces caractères, elle a dû le faire à cause des liaisons très étroites que ces questions avaient avec les nécessités des services.

D'autre part, je tiens à rappeler que certains Pays sont extrêmement jaloux de leurs droits et qu'ils craignent toujours que certaines dispositions de caractère général, technique ou juridique, puissent limiter leur liberté, même dans le service intérieur. Les Compagnies privées, qui dans certains pays jouent un rôle prépondérant, et jouissent de droits très étendus, s'efforcent toujours d'empêcher l'admission de principes, qui, tôt ou tard, peuvent d'une manière quelconque restreindre les limites de leur activité.

C'est pour cela que les Documents de la Conférence de Washington ont dû prendre la forme d'une Convention, d'un Règlement général et d'un Règlement additionnel, présentant peut-être un certain manque d'harmonie. Mais cette rédaction était indispensable, en raison du fait que certains Pays ne pouvaient pas accepter certaines dispositions importantes. Je pourrais citer de nombreux exemples ; je me limite à rappeler que les dispositions sur l'adoption des tarifs radioélectriques, qui étaient comprises dans la Convention de Londres de 1902, ont dû être transférées dans le Règlement additionnel, à cause des Compagnies américaines, qui ont voulu maintenir leur pleine liberté d'action sur la question des taxes, soutenues dans cette question par leurs Gouvernements respectifs.

Cela n'a pas empêché la Conférence de Washington d'arriver, par un travail assidu à vaincre des difficultés, qui semblaient insurmontables, et à rédiger un ensemble de dispositions d'ordre technique et administratif, qui permettent d'assurer l'exploitation régulière et le développement des services radioélectriques, de permettre enfin l'application des progrès scientifiques et techniques, dont nous espérons les meilleurs résultats pour l'augmentation des relations cordiales et pacifiques entre les peuples du monde entier. La répartition des longueurs d'onde entre les différents services, que j'ai entendu qualifier d'essai timide, a été considérée par nous, hommes du métier, comme un gros succès de la Conférence de Washington, ainsi, que cela a été d'autre part reconnu par M. Hoover, Président de la Conférence et Ministre du Commerce des Etats-Unis d'Amérique.

Je pense donc que la Conférence de Washington a bien rempli son but et que c'est au même but, uniquement à ce but, que devra tendre la Conférence de Madrid en 1932, qui aura à réviser la Convention et les Règlements de Washington.

Pour les questions de caractère strictement juridique, il est clair que c'est de la compétence de notre Congrès. Des résolutions qu'il adoptera, il sera certainement tenu le plus grand compte par la Conférence de Madrid dans l'examen des modifications qui seront à introduire dans la Convention et dans les Règlements de Washington

M. HOMBURG, *rapporteur général.* — Messieurs, ce n'est pas à un examen approfondi de la Convention que nous vous invitons, c'est à un examen de principe, c'est-à-dire extrêmement résumé et général.

La dernière Conférence de Washington a établi la Convention du 25 mars 1927, proprement dite, en 24 articles, et deux Règlements, dont le second, qui n'a pu être signé par les Etats-Unis et le Canada en raison de la législation très libérale de ces pays, traite principalement des questions de procédure et de taxes pour les stations mobiles et de procédure radiotéléphonique.

La Convention réglemente le régime des radiocommunications et ses dispositions ne sont, d'après l'article 2, applicables qu' « aux stations « de radiocommunication établies ou exploitées par les Gouvernements « contractants et ouvertes au service international de la correspondance « publique, aux services spéciaux régis par les Règlements annexes et « aux particuliers et entreprises privées autorisés à établir et à exploiter « des stations de radiocommunication du service international ouvertes « ou non à la correspondance publique ».

La radiodiffusion est exclue de la Convention, sauf en ce qui concerne la répartition des longueurs d'onde.

Il semble que, conformément aux vues exprimées au cours du deuxième Congrès de Genève du Comité international de la T. S. F., il y ait lieu d'adopter dans l'étude des questions soulevées par la transmissions des signes, des écrits, des signaux, des images ou des sons, la distinction fondamentale entre : d'une part, les communications entre personnes déterminées (télégraphie ou téléphonie avec ou sans fil) et, d'autre part, les transmissions faites d'un émetteur déterminé à un ensemble de récepteurs indéterminés (radiodiffusion).

Au point de vue des communications, par fil ou sans fil, il y aurait intérêt, dans l'ordre juridique, comme la Conférence de Washington en a déjà émis le vœu dans l'ordre technique (vœu du 22 nov. 1927), à fusionner la Convention télégraphique et la Convention radiotélégraphique, les rapports de droit ne dépendant point du mode de transmission adopté.

Au cours de cette refonte, la question de la responsabilité des Etats devrait être envisagée.

Au point de vue des radiodiffusions, de nombreux problèmes restent en suspens :

Les ondes diffusées peuvent devenir un instrument puissant de propagande politique d'un pays à un autre et il y aurait lieu d'envisager une réglementation à ce sujet.

Dans le même ordre d'idées, un droit de contrôle demanderait à être établi sur toutes les informations d'intérêt général (économiques, financières, etc.) auxquelles il est possible de donner un caractère tendancieux dans des buts de concurrence économique ou de rivalité politique.

L'hypothèse des brouillages, traitée par l'article 10 de la Convention pour les radiocommunications, devra être étendue aux cas de radiodiffusion, et il y aura lieu de prévoir une interdiction formelle pour les stations radiophoniques de troubler les communications ou services voisins.

D'autre part, les tendances divergentes existant dans les divers pays au sujet du régime de la radiophonie sont de nature à donner lieu à des situations inégales au point de vue de l'établissement de services de radiodiffusion par des particuliers et à faciliter dans certains cas l'établissement de monopoles de fait. Un système de dérogations pourrait être prévu en faveur des ressortissants de pays ayant une législation restrictive.

D'une façon générale, il serait souhaitable que, dans la forme, les engagements pris par les États signataires soient obligatoires et non point subordonnés à des possibilités de réalisation laissées à l'appréciation de chacun d'eux, notamment en matière de brouillage.

Il ne s'agit donc pas de critiquer l'œuvre de techniciens ; il s'agit surtout de chercher à la compléter et à l'harmoniser, ce qui est l'œuvre des juristes.

Enfin en même temps que nous vous proposerons d'établir le nouveau projet de convention, nous vous demanderons s'il n'y a pas lieu de compléter l'article 1er, sur la terminologie, article qui semble être resté incomplet, surtout au point de vue de la radiodiffusion et qui, pour les communications proprement dites, ne paraît pas avoir été toujours respecté dans le corps même de la convention. Il faudra donner une définition, si possible définitive, des mots « émission », « transmission », « communication, « retransmission », « relai » etc... sur lesquels, — nous en avons l'expérience, — les membres des congrès ne sont pas toujours d'accord.

Nous pourrions, en ce qui concerne les principes généraux, formuler le vœu

« 1° Que la Convention de Washington soit complétée par des dispositions relatives à la radiodiffusion ;

« 2° Qu'il soit procédé à la fusion de la Convention télégraphique et de la Convention radiotélégraphique ;

« 3° Que les États assurant des communications radiotélégraphiques ou radiotéléphoniques soient soumis à la responsabilité de droit commun ;

« 4° Que des dispositions de droit privé soient intégrées dans la Con-« vention refondue et complétée notamment en ce qui concerne l'utili-« sation des ondes, l'interférence, le brouillage, la concurrence dé-« loyale, etc. »

M. le Président. — Par l'ordre du jour suivant :

« Le Congrès émet le vœu,

« 1° Que soient reprises les études pour préparer convenablement la « prochaine Conférence de revision de la Convention de Washington, afin « qu'elle soit plus complète et plus harmonique ;

« 2° Que l'Etat, où l'on a une majeure expérience sur les radiodiffu-« sions, se fasse promoteur d'ententes afin qu'un règlement juridique « international soit préparé ;

« 3° Qu'une Conférence diplomatique soit réunie pour arriver à des ac-« cords en vue d'un règlement international des problèmes de droit privé « de T. S. F., pour lesquels les ententes sont plus pressées » que j'ai l'honneur de vous proposer, vous voyez que je me rapproche beaucoup des conclusions proposées par M. Homburg ; mais en ce qui concerne la position du problème, je ne suis pas entièrement d'accord avec lui.

En matière de radioélectricité, les juristes ont actuellement plusieurs ordres de questions à étudier ; d'abord, la radioélectricité en temps de guerre. Un travail préparatoire a été fait, mais des raisons que vous connaissez bien ont empêché de donner une suite à ce travail préparatoire et je ne crois pas, étant donné le caractère tout spécial de ce projet, que nous ayons à nous en occuper. Il y a le problème des communications, c'est-à-dire, au fond, la Convention de Washington. Je crois qu'au point de vue technique, tout le monde est unanime à considérer la Convention comme satisfaisante, étant donné qu'elle répond aux exigences techniques du moment. Mais les juristes ne sont pas d'accord sur la bonne formule de la Convention, vous pouvez le voir par les rapports qui vous sont soumis. Il y a certainement lieu d'améliorer la formule et je crois que la solution qui est proposée par M. Homburg ; fusion de la Convention télégraphique et de la Convention radioélectrique, présente des avantages, parce que, si la Communication radiotélégraphique, pour certains problèmes, présente des exigences particulières, il y a un grand nombre de questions qui sont communes aux communications radiotélégraphiques et télégraphiques et peut-être qu'un système général sortira plus aisément de la fusion des deux conventions. Dans ces conditions, je propose aussi dans mon ordre du jour « que soient reprises les études pour préparer convenablement la « prochaine conférence de revision de la Convention de Washington « pour qu'elle soit plus complète et plus harmonique. »

Mais je ne suis pas d'accord avec M. Homburg pour demander que la Convention de Washington soit complétée par des dispositions relatives à la radiodiffusion, parce qu'à mon avis la radiodiffusion présente des aspects tout à fait particuliers qui doivent être traités par des dispositions particulières. C'est dans cet esprit que j'ai rédigé mon deuxième paragraphe, où je propose que l'un des Etats où l'on a une majeure expérience sur les radiodiffusions se fasse promoteur d'ententes afin qu'un règlement juridique international soit préparé.

Enfin, reste mon paragraphe 3, qui est très proche du paragraphe 4 de M. Homburg : je demande qu'une conférence « diplomatique soit convoquée pour arriver à des accords pour un règlement international des problèmes de droit privé T. S. F., pour lesquels les ententes sont plus urgentes.

La conférence diplomatique aura peut-être le même succès que la première conférence de droit privé pour la navigation aérienne ; c'est-à-dire qu'elle ne servira pas à arriver réellement à des conclusions, mais à créer un mouvement d'où résultera la création d'un comité de délégués représentant les divers Etats qui pourront faire un travail soigné. C'est dans cette esprit que je demande la nomination d'une conférence diplomatique.

Vous voyez les différences qui existent entre les deux ordres du jour. Dans le mien vous ne trouvez pas le principe posé dans le paragraphe 3 de l'ordre du jour de M. Homburg, parce que la question posée dans ce paragraphe est justement la conclusion d'une question spéciale que nous devrons envisager lors de la discussion du rapport de M. Giannini. Je ne voudrais pas poser ce problème de la responsabilité dans le cadre général de l'examen de la convention de Washington.

Dans ces conditions, je n'ose pas demander à M. Homburg de sacrifier son ordre du jour, parce que nous partons de points de vue divergents sur le fond, mais je voudrais le prier de laisser de côté son paragraphe 3.

M. Homburg, *rapporteur général.* — Très volontiers.

M. le Président. — Ce paragraphe pourrait être examiné après le rapport de M. Giannini. Puisque M. Homburg accepte, vous voyez que la question se borne simplement aux paragraphes 1, 2 et 4 de l'ordre du jour de M. Homburg et aux 3 paragraphes du mien.

Je suis très embarassé pour ouvrir la discussion parce que vous voyez qu'au fond nos conclusions se rapprochent beaucoup, mais que nos points de départ sont tout à fait différents.

La première question est celle de la Convention de Washington : sommes-nous d'accord qu'il faut commencer dès maintenant à en étudier la révision? Dans ce cas, au cours de notre dernière séance, nous inviterions le Comité à poursuivre les travaux pour la révision de la Convention de Washington, en entrant dès maintenant dans les détails, ou en posant simplement le problème ?

La seconde question est: la radio-diffusion doit-elle être envisagée dans la convention de Washington ou doit-elle former la matière d'un règlement à part ?

Troisième question : pensons-nous que certains problèmes de droit purement privé doivent être envisagés comme matière d'un règlement international ; y a-t-il lieu de proposer une conférence diplomatique ou faut-il envisager la question comme matière d'étude pour la révision de la convention de Washington ?

La discussion est ouverte.

M. Hirschfeld (U. R. S. S.). — Messieurs, avant d'entrer dans le détail de la question, qu'il me soit permis de faire la déclaration suivante :

L'Administration des P. T. T. de l'U. R. S. S. s'est toujours efforcée de contribuer de son mieux au développement de la radiotélégraphie internationale et de mettre dans l'utilisation normale de l'éther la stabilité. L'Administration soviétique de P. T. T. a toujours essayé d'établir un contact étroit, une collaboration effective avec tous les organismes internationaux, même officieux, s'occupant de T. S. F.

Le Gouvernement de l'U. R S. S., étant membre participant de la Convention de Londres de 1922, maintient tous ses droits, en tant que membre participant à cette convention, à appliquer les dispositions contenues dans ladite conventionet le règlement annexe.

La Conférence de Washington de 1927 avait pour but la révision de la Convention de Londres afin de la mettre en concordance avec l'état actuel de la technique radioélectrique et le développement de la T. S. F. Malheureusement, l'U. R. S. S. a été mise dans l'impossibilité de participer à ces travaux extrêmement importants pour le développement futur des communications radioélectriques internationales.

Le Gouvernement de l'U. R. S. S. a formellement protesté contre cette violation de ses droits de participant légal à la Convention de Londres. La conférence de Washington vient de faire un grand travail, dont l'importance est malheureusement considérablement amoindrie par le fait que la Conférence n'était pas à même d'apprécier les besoins d'un membre de la Convention Internationale radioélectrique, d'autant plus que ce membre représente au point de vue de son importance à peu près le sixième du monde entier et possède un réseau radio-électrique remarquable.

Le développement rapide de la radiodiffusion dans l'U. R. S. S. rend la solution du problème de la répartition des ondes extrêmement difficile.

La Délégation de l'U.R.S.S., en participant à la discussion de ce document, doit déclarer qu'elle réserve toute sa liberté au sujet de cette Convention, en raison de l'éviction de l'U. R. S. S. de la Conférence de Washington, pour des raisons qui n'ont rien de commun avec la radioélectricité, avec son développement, qui sont même contraires, si je puis dire, aux intérêts de la radioélectricité mondiale.

En outre, une question juridique très importante et très intéressante se pose pour nous : c'est celle de savoir si cette Convention de Washington a la même valeur juridique que les actes précédents, étant donné l'absence forcée de mon pays, cependant membre légal de la Conférence de Londres.

M. LE PRÉSIDENT. — Cette déclaration est très importante, mais ne rentre pas dans le cadre de nos discussions. Nous en prenons acte. Nous commençons la discussion.

M. MONTEFINALE (Italie). — J'estime que le Congrès devrait adopter l'ordre du jour de M. Giannini et je l'appuie très fortement. Je ferai simplement deux remarques.

En ce qui concerne la radiodiffusion, c'était la première fois qu'elle était traitée de façon internationale dans une convention. Il a été très difficile de mettre d'accord tous les délégués, notamment les délégués des compagnies privées sur un règlement de la radiodiffusion. C'est pour cela qu'on s'est limité à quelques règles.

Relativement à la fusion de la Convention radiotélégraphique avec la Convention télégraphique, je crois que la question est prématurée et qu'il vaut mieux attendre. Les techniciens savent très bien qu'il y a de grandes différences entre la technique télégraphique, téléphonique, et la technique radiotélégraphique. Ce sont des matières qui n'ont que quelques points de contact. La Radio est la matière de l'avenir, parce qu'elle ne comprendra pas seulement la télégraphie, la téléphonie, mais aussi — elle la comprend déjà — la radiogoniométrie, qui est une chose tout à fait différente ; elle comprend la radiodiffusion, qui est vouée à un avenir extraordinaire ; elle comprend la radiomécanique, la télévision : elle est susceptible de développements que l'on ne peut pas prévoir. Je crois donc que la question est prématurée.

M. GNEME (Italie). — Je suis tout à fait d'accord avec l'ordre du jour proposé par notre Président.

Au sujet de la fusion de la convention radiotélégraphique et de la convention télégraphique, c'est un vœu qui a été déposé à Paris en 1925, mais à Washington ce vœu s'est heurté à une très forte opposition ; un Gouvernement s'est absolument opposé à suivre cette idée de la fusion, parce qu'il considérait la radioélectricité comme quelque chose de tout à fait particulier et indépendant du service. La Conférence de Washington qui était prête à émettre un vœu dans ce sens ne l'a donc pas émis et je pense que le moment n'est pas venu de l'émettre à nouveau.

En ce qui concerne la responsabilité de droit commun, c'est une chose qui renverse complètement le système que nous avons et qui signifie pour le public une augmentation notable des tarifs et des difficultés très sérieuses pour le service.

M. le Président. — Le paragraphe est retiré.

M. Homburg, *rapporteur général*. — Provisoirement.

M. Gneme (Italie). — En ce qui concerne le paragraphe 4, je pense que la question est en dehors du cadre de la convention radiotélégraphique internationale.

Par conséquent, j'adhère complètement aux vues exprimées par le Président et je ne puis adhérer à aucun des points de vue exprimés par M. Homburg.

M. Vanni (Italie). — J'adhère également à l'ordre du jour de M. Giannini.

En ce qui concerne la question très importante de la fusion de la Convention radioélectrique avec la convention télégraphique, cette question a été très discutée à Washington et elle a été rejetée d'une manière très heureuse par le Président de la Conférence qui a déclaré : la différence entre la télégraphie et la téléphonie ordinaires et la radiotélégraphie est tellement grande qu'elle doit se refléter dans les mots et dans les idées. En effet, nous avons trouvé convenable de changer le mot de radiotélégraphie en radioélectricité, parce que la radioélectricité n'a rien à faire avec les services radiotélégraphiques. C'est pour cette raison que nous estimons qu'il ne convient pas de proposer cette fusion, du moins pour le moment.

M. Konic (Pologne). — Les orateurs qui m'ont précédé ont montré que les questions traitées dans les deux ordres du jour ne peuvent pas être séparées ; il faut les considérer ensemble. Je crois que, sur les principes, vous êtes d'accord et qu'il n'y a, en réalité, qu'une question de forme. M. Homburg demande : que la Convention de Washington soit complétée par des dispositions relatives à la radiodiffusion. M. Giannini, dans son texte, demande : que soient reprises les études pour préparer convenablement la prochaine Conférence de révision de la

Convention de Washington, pour qu'elle soit plus complète et plus harmonique.

Dans le paragraphe 2, M. Giannini demande que l'un des États où l'on a une majeure expérience sur les radiodiffusions se fasse promoteur d'ententes, afin qu'un règlement juridique international soit préparé. C'est la très large affirmation de ce que M. Homburg demande dans son ordre du jour.

La question la plus grave, au point de vue international, c'est celle qui est soulevée par M. Giannini dans son paragraphe 3 et par M. Homburg dans son alinéa 4. Je suis partisan de l'unification du Code civil notamment en ce qui concerne les questions se rattachant au droit international et je suis certain que nous arriverons à cette unification, mais ce n'est pas une convention spéciale qui peut résoudre semblable question. Il est indispensable que ce soit une conférence diplomatique qui le fasse. Vous savez qu'actuellement une autre conférence entre juristes français et italiens s'occupe de l'unification du code des obligations et que d'autres pays comme la Pologne se rallieront à cette proposition. Nous sommes donc dans le même ordre d'idées. A mon avis, nous devons appuyer l'ordre du jour de M. Giannini.

M. Baudouin (Union internationale de radiophonie). — En tant que représentant de la majorité des sociétés privées de Radiophonie et même des sociétés qui sont sous le contrôle de l'État ou sous le régime du monopole, j'approuve entièrement le premier paragraphe du vœu émis par M. Giannini. Je crois, en effet, que l'introduction d'une réglementation de la radiodiffusion dans le cadre même de la Convention de Washington est prématurée ; certains Gouvernements, d'ailleurs, ont fait savoir à l'Union internationale de Radiophonie qu'eux-mêmes ne se chargeraient pas de réglementer cette question. La réunion d'une conférence diplomatique à cet effet serait donc prématurée ; elle aura son intérêt, mais dans un avenir plus lointain.

M. Homburg, *rapporteur général*. — Je voudrais faire une déclaration qui mettra fin à cette discussion. Le but principal visé dans mon ordre du jour est exactement celui que se propose M. Giannini : l'élaboration d'une législation internationale en ce qui concerne les problèmes de droit privé soulevés par la radiodiffusion. Quel est le meilleur moyen d'y arriver ? Est-ce de compléter la Convention de Washington comme je le demande ? Est-ce, au contraire, comme le propose M. Giannini, de réunir une nouvelle conférence diplomatique ayant pour but de préparer le statut de la radiodiffusion ?

Ce qui m'a étonné dans cette discussion, c'est que les personnalités qui étaient déléguées à la Conférence de Washington viennent dire aujourd'hui : la radiodiffusion n'entre pas dans le cadre de la Convention de Washington ! c'est une matière à part ; par conséquent, associons-nous au vœu de M. Giannini et demandons la réunion d'une conférence diplomatique s'occupant uniquement de la question de la radiodiffusion !

Je préfère, quant à moi, que ces problèmes soient traités dans une nouvelle convention. Mais je croyais faire plaisir aux défenseurs de la Convention de Washington en proposant de compléter la convention sur ce point. Lorsque je disais que la convention ne semblait pas traiter de la radiodiffusion ; il m'ont riposté que le terme de « radioélectrique » qui figure à l'article zéro couvrait tout, aussi bien la radiodiffusion que la radiocommunication :

« Le terme « communication radioélectrique » ou « radiocommunica- « tion », s'applique à la transmission sans fil d'écrits, de signes, de si- « gnaux, d'images et de sons, de toute nature, à l'aide des ondes hert- « ziennes ». Ce qui veut bien dire, en effet, que les auteurs de la convention avaient voulu examiner tous les problèmes de la Radio. Ce qui importe, c'est le but : établir le statut de la radiodiffusion ; quant aux moyens de l'atteindre, je vous laisse le choix.

M. Eichenwald (U. R. S. S.). — La Délégation de l'U. R. S. S. estime que la proposition de M. Homburg a une importance réelle et actuelle. En ce moment les opinions sont encores divergentes sur la possibilité de procéder à une fusion des deux conventions. Cette question a été déjà discutée à Paris en 1925. La Délégation de l'U. R. S. S. a émis le vœu de voir cette fusion s'opérer, attendu qu'au point de vue technique non seulement cette fusion est possible, mais désirable. La pratique montre que la radiotélégraphie, la radiodiffusion, la radiotéléphonie sont indivisibles. Les lois physiques sont les mêmes ; la chose la plus importante en radiodiffusion est le brouillage : c'est la même chose en radiotélégraphie. Il serait donc très intéressant à ce point de vue de compléter la Convention de Washington par quelques dispositions concernant la radiodiffusion.

M. Homburg, *rapporteur général.* — Puisque les défenseurs de la Convention de Washington l'abandonnent aujourd'hui, je ne veux pas être plus royaliste que le roi !

M. Perez (République Argentine). — La Délégation Argentine accepte l'ordre du jour de M. Giannini ; mais en ce qui concerne le paragraphe 2, je crois que l'État qui possède la plus grande expérience en matière de radiodiffusion, c'est les Etats-Unis. Je me permettrai donc de demander à la Délégation des Etats-Unis d'intervenir auprès de son pays pour savoir s'il accepterait cette suggestion.

M. MONTEFINALE (Italie). — Nous sommes du même avis.

M. VANNI (Italie). — Oui, mais il est peut-être convenable de laisser les pays examiner eux-mêmes cette question.

M. PEREZ (République Argentine). — Mais qui indiquera cet Etat ?

M. VANNI (Italie). — Il s'indiquera lui-même.

M. PEREZ (République Argentine). — Nous sommes là pour cela. Dans tous les cas, notre Délégation propose que ce soient les Etat-Unis qui soient désignés.

M. GNEME (Italie). — Il n'y a pas contradiction entre ce que nous avons dit et la non-acceptation de l'ordre du jour de M. Homburg. Tout ce qui intéresse dans les services de la radiodiffusion les administrations, les organismes techniques, est bien dans le cadre de la Convention de Washington ; mais ici on parle de droit privé : c'est une chose très différente et je pense que toutes les questions de droit privé doivent être traitées par une conférence spéciale, Mais il est bien entendu que celle de Madrid aura à s'occuper de la radiodiffusion et, s'il lui est présenté de nouvelles propositions à les étudier.

M. HIRSCHFELD (U. R. S. S.). — Si je ne me trompe, l'ordre du jour de M. Homburg est retiré ?

M. HOMBURG, *rapporteur général*. — Je ne peux que me rallier très vivement à la proposition de M. Giannini en ce qui concerne la réunion d'une conférence diplomatique spéciale concernant le droit privé de la radiodiffusion. C'est en effet cette solution que j'avais moi-même envisagée avant la dernière conférence de Washington. Et je n'avais changé d'opinion qu'en raison des tendances manifestées par certains membres de cette conférence.

M. HIRSCHFELD (U. R. S. S.). — La Délégation de l'U. R. S. S. se rallie à l'ordre du jour de M. Giannini, mais sous certaines réserves.

Tout d'abord, en ce qui concerne la radiodiffusion, vous connaissez notre point de vue : nous estimons qu'il serait logique, rationnel, d'insérer des dispositions concernant la radiodiffusion dans la Convention.

Les questions juridiques de la radiodiffusion ont des aspects différents. Il y a des problèmes d'ordre administratif, de droit public, comme la répartition des ondes et ensuite des problèmes qui ont un caractère de droit privé. Or il nous semble que le paragraphe 2 de l'ordre du jour de M. Homburg vise les problèmes de droit public ou de droit administratif plutôt que les problèmes de droit privé.

M. HOMBURG, *rapporteur général*. — Nous ne discutons pas encore ce point là.

M. HIRSCHFELD (U. R. S. S.). — Le premier paragraphe de l'ordre du jour de M. Giannini ne nous semble pas assez précis. On dit : « pour que la convention de Washington soit plus complète ». Dans quel sens va-t-on la compléter ? Est-ce au point de vue juridique, par l'introduction de dispositions de droit privé ? On dit aussi : « pour qu'elle soit plus harmonique ». C'est une expression qui nous paraît manquer de précision et nous demandons des explications.

M. GNEME (Italie). — Je propose d'arrêter le texte après : « ...révision de la Convention de Washington », et de supprimer tout le reste.

M. de VILALLONGA (Espagne). - Je me permets d'appuyer la proposition de M Perez, pour que ce soient les Etats-Unis qui prennent l'initiative de la Conférence qui devrait traiter des questions relatives à la radiodiffusion. Je crois que c'est le pays qui a le plus d'expérience en la matière et que c'est là qu'on pourrait étudier les questions avec le plus de fruit.

D'autre part, je ferai remarquer au Secrétaire Général du Comité International que je suis absolument de son avis en ce qui concerne le préambule de la convention ; il y a bien, dans l'article premier, que le terme de « radiocommunication » ou « communication radioélectrique » s'applique à la transmission sans fil, à l'aide des ondes hertziennes, d'écrits, de signes, sons, etc... Par conséquent, il semble bien que la radiodiffusion devrait entrer dans ce cadre. Mais j'ai été un peu impressionné par la protestation qui a été faite par le Représentant de l'Union Internationale de Radiophonie et je me permets de soumettre cette considération d'ordre pratique : l'introduction de dispositions relatives à la radiophonie dans la convention de Wahsington serait peut-être dangereuse pour le succès de cette Convention, parce que la radiophonie soulève de nombreux problèmes qui recevront peut-être une solution qui ne plaira pas à tout le monde et il se pourrait qu'une convention qui, actuellement, est ratifiée, ne soit plus ratifiée.

Je pense donc, uniquement pour des raisons d'ordre pratique, qu'il faut disjoindre les deux questions.

M. H. COELHO (Portugal). — Je me range à la manière de voir exprimée par M. Perez au sujet du paragraphe 2 de l'ordre du jour de M. Giannini ; je proposerai simplement de remplacer « majeure expérience » par « la plus parfaite expérience ». Cela définirait mieux notre pensée.

M. LE PRÉSIDENT. — Je crois que tout le monde reconnaît que la Convention de Washington a été faite minutieusement ; mais elle a tout de même laissé de côté certains problèmes ; en outre, dans la disposition des questions, elle ne présente pas beaucoup d'harmonie. C'est le moins que je puisse dire. Cependant, si vous trouvez que je doive encore effacer cette observation de ma rédaction, je n'y vois pas d'inconvénient.

Je réponds à l'observation de M. le Délégué du Portugal qui propose de mettre « l'expérience la plus parfaite » au lieu de « la majeure expérience ». Il y a des petits pays, qui ont une organisation parfaite et, qui cependant, n'ont pas une très grande expérience. Or, ce que nous voulons, c'est une grande expérience.

Sur le paragraphe 3, je crois qu'il n'y a pas eu d'observations particulières. Maintenant, je demande au Congrès si nous devons voter sur l'ensemble du projet ou par divisions ?

M. Vanni (Italie). — Quelles sont les modifications que vous proposez vous-même à votre texte ?

M. le Président. — Au premier paragraphe, je m'arrête à «... la convention de Washington ». Au deuxième paragraphe, je ne fais pas de modification ; au troisième non plus.

Reste la question posée par M. Perez : faut-il faire dans notre ordre du jour une désignation précise ? Nous appartient-il de la faire ?

M. Perez (République Argentine). — Je crois qu'il faut désigner séance tenante les États-Unis, sous réserve, bien entendu, que M. le Délégué des États-Unis consulte son Gouvernement pour savoir s'il accepte.

M. le Président. — Nous pourrions voter le principe et ajouter, à la suite du paragraphe 2 : « Le Congrès émet le vœu que l'initiative soit prise par les États-Unis ». (*Approbations*).

Y a-t-il d'autres observations ?

M Kucera (Tchécoslovaquie). — Je voudrais demander une explication. On dit : « Que soient reprises les études... ». Par qui ?

M. le Président. — Ce congrès est l'émanation du Comité International de la T. S. F ; nous demandons que le Comité reprenne ses études. Ensuite, à la dernière séance, en établissant le programme du prochain congrès, nous pourrons dire que l'on inscrira à l'ordre du jour la révision de la Convention.

M. Hirschfeld (U. R. S. S.). — Sur le paragraphe premier, nous n'avons pas d'observation à présenter. Pour le paragraphe 2, ne pourrait-on pas adopter une procédure plus normale ? Faire, par exemple, ce qu'on fait pour l'Union télégraphique ; c'est-à-dire que la conférence soit convoquée par l'intermédiaire de l'Union Internationale de Berne. En principe, nous admettons la convocation de cette conférence, mais la rédaction ne nous paraît pas assez claire.

M. le Président. — Faites une proposition de rédaction, mais pourquoi passer par le Bureau International de Berne ?

M. Hirschfeld (U. R. S. S.). — Nous estimons que ce Congrès n'est pas à même de faire une désignation.

M. le Président. — Mais le Bureau International n'a aucune compétence en la matière. Le Bureau est l'exécuteur des volontés de l'Union télégraphique ; or il n'y a pas d'Union de la radiodiffusion.

M. Hirschfeld (U. R. S. S.). — Nous n'insistons pas, mais on ne peut dès maintenant désigner un Etat.

M. le Président. — Vous voterez contre, quand on posera la question.

M. Hirschfeld (U. R. S. S.). — Non, mais je m'abstiendrai.

M. Homburg, *rapporteur général*. — Par conséquent, vous vous opposez à la procédure proposée ?

M. Hirschfeld (U. R. S. S.). — Nous ne nous opposons pas, mais nous avons envisagé une idée nouvelle et nous faisons ressortir que notre Congrès n'est pas à même de désigner l'Etat en question.

M. Homburg, *rapporteur général*. — Notre Président propose non pas de désigner, mais de faire une invitation, ce qui n'est pas la même chose.

M. le Président. — Justement, j'ai séparé les deux choses. Il y a l'ordre du jour que j'ai proposé ; ensuite il y a un vœu. Sur un vœu, chaque Délégation a sa liberté. Dans tous les cas, il n'y a pas d'organe qui soit qualifié pour prendre cette initiative ; il faut qu'elle soit prise par un Etat. Lequel ? Un de ceux qui ont la plus large expérience. Je crois que vous pouvez vous rallier à l'ordre du jour. Ensuite, quand il s'agira d'émettre le vœu, vous donnerez votre opinion.

M. Hirschfeld (U. R. S. S.). — Nous n'insistons pas.

M. le Président. — Je mets alors le paragraphe tel que je l'ai lu aux voix. (Les deux premiers paragraphes sont adoptés).

M. Gneme (Italie). — En ce qui concerne la désignation des Etats-Unis, il est vrai qu'ils ont la plus grande compétence, mais ils sont bien éloignés de nous. Je propose un Etat de l'Europe qui aura peut-être la même compétence, mais ne présentera pas l'inconvénient de l'éloignement.

M. Perez (République Argentine). — Vous dites que les Etats-Unis sont très loin d'ici, mais ils peuvent répondre qu'ils sont loin de chez eux quand ils viennent chez vous ! Je crois donc que c'est un argument dangereux. Au surplus, ce sont certainement les Etat-Unis qui ont à la fois la plus grande et la plus parfaite expérience.

M. Hugh P. Leclair (U. S. A.). — Je remercie S. E. M. Perez de sa proposition, mais ne puis prendre aucun engagement sans avoir consulté mon Gouvernement.

M. LE PRÉSIDENT. — Il y a une autre proposition faite pour l'Angleterre.

M. GNEME (Italie). — Je propose l'Angleterre, la France et les Etats-Unis ensemble.

M. PEREZ (République Argentine). — Je renouvelle ma proposition et demande que l'on vote.

M. LE PRÉSIDENT. — Messieurs, quelques membres du Congrès demandent que la séance soit suspendue pendant quelques minutes pour se consulter à ce sujet (*La séance est suspendue pendant quelques minutes. — Reprise de la séance*).

M. LE PRÉSIDENT. — Messieurs, le vote sur la proposition de M. Perez est renvoyé.

M. H. T. COELHO (Portugal). — Messieurs, je crois que je serai votre interprète à tous en priant S. E. M le Professeur Giannini d'accepter et de transmettre à son Gouvernement nos condoléances attristées pour la catastrophe du Marina II que vient de nous apprendre la presse. Je tiens à dire que les malheureux aviateurs étaient très admirés et aimés au Portugal. (*Applaudissements*).

M. LE PRÉSIDENT. — Messieurs, en ma qualité de Président, je dois remercier M. Coehlo au nom du Congrès tout entier de ses paroles ; mais, comme Italien, comme Délégué du Gouvernement Italien, j'ajoute que je suis particulièrement touché des paroles éloquentes et chaleureuses de M. le Ministre du Portugal. Je me ferai l'interprète de ses sentiments auprès du Gouvernement Italien, mais, d'ores et déjà, je remercie le Congrès pour la façon dont il a accueilli les paroles de notre Collègue et je remercie monsieur le Ministre du Portugal de les avoir prononcées. (*Vifs applaudissements*).

La séance est levée à 12 heures 15.

QUATRIÈME SÉANCE

Mardi 2 octobre 1928, (après-midi)

Protection internationale des communications radioélectriques

---

La séance est ouverte à 15 heures, sous la présidence de M. GIANNINI.

M. LE PRÉSIDENT. — Messieurs, nous passons à la troisième question inscrite à l'ordre du jour ; ensuite, nous pourrons discuter les questions que nous avons renvoyées, ce matin, à la séance de cet après-midi.

La 3e question de notre ordre du jour est : « Protection internatio- « nalé des communications radio-électriques. Interférences aux sources « d'émission ».

Nous avons trois rapports : un rapport de MM. Belin et Tabouis, un rapport de M. d'Amélio et enfin un rapport de MM. Lescot et Musche.

C'est un devoir pour moi et pour le Congrès de remercier tout de suite S. E d'Amelio qui, malgré les lourds devoirs de sa charge de Président de la Cour de Cassation, a pris le temps de nous préparer un rapport sur le sujet. (*Applaudissements.*)

M. d'AMELIO donne lecture de son rapport (1) et de ses conclusion

« Le Congrès, considérant :

« Que l'art. 5 de la Convention de Washington a imposé aux Gouver- « nements contractants l'obligation de prendre ou proposer à leurs légis- « lateurs les mesures nécessaires pour réprimer les faits délictueux ou « d'impéritie prévus par les quatre paragraphes du dit article ;

« Que la plupart des législations internes étant antérieures en date à « la Convention, ne contiennent pas de dispositions permettant une ré- « pression suffisante desdits faits ;

« Qu'en considération de l'uniformité de l'intérêt que tous les Etats « ont la protection des transmissions radio-télégraphiques, il y a lieu

(1) V. *Revue juridique internationale de la Radioélectricité*, 1928, n° 16.

« d'établir une loi commune qui soit une application nouvelle du droit « pénal international ;

« Que les faits visés dans l'art. 5 de la Convention doivent être con« sidérés comme punissables, qu'ils soient l'effet du dol, de l'inexpérience, « de l'imprudence ou de l'infraction aux dispositions réglementaires ;

« Que le système des peines à appliquer, selon la gravité des faits, « peut être ainsi établi : *a*) suspension de la licence ou de la concession ; « *b*) révocation définitive de la licence ou de la concession ; *c*) confisca« tion des appareils radio-électriques ; *d*) amende ; *e*) emprisonnement « dans les cas les plus graves et dans ceux de récidive ;

« Qu'au point de vue de la procédure, il y a lieu de permettre la per« quisition domiciliaire sans l'autorisation et hors la présence du juge, « en raison de l'urgence des constatations qu'il peut y avoir à faire ;

« Que pour la réparation des dommages moraux et matériels il y a « lieu, en l'état actuel de recourir aux règles du droit commun (sauf les « dispositions d'ordre administratif) ;

Exprime le vœu

« que les Etats adoptent une loi pénale commune dans le sens susindiqué « et que les Etats qui ne sont pas liés par la Convention de Washington « harmonisent leurs législations respectives avec les principes de cette « loi. »

M. LE PRÉSIDENT. — Je prie M. Baudouin de soutenir par quelques explications le rapport de MM. Belin et Tabouis (1).

M. BAUDOUIN (Union internationale de Radiophonie). — Les idées contenues dans ce rapport sont très simples. Il conclut très nettement que le problème des interférences ne peut pas être résolu pas un juriste, ni par un scientifique, mais qu'il faudrait en réalité une combinaison des deux, étant donné que ce problème touche, par le côté scientifique, à la technique pure et que, d'autre part, comme il s'agit de sociétés qui peuvent être des sociétés privées, ou des monopoles sous la maîtrise de l'Etat, il s'agit d'une question juridique.

Quant à la question technique, il émet bien quelques idées, touchant les divers procédés par lesquels on pourrait empêcher que des interférences se produisent au détriment soit de l'une ou l'autre société intéressée, soit de l'auteur lui-même s'il s'agit de radiophonie. Il fait remarquer qu'en l'état actuel de la science qui n'est pas encore suffisamment développée à ce point de vue, les procédés qu'il indique ne sont pas les seuls et que, peut-être, par la suite, on pourra arriver à trouver d'autres remèdes.

(1) V. *Revue juridique internationale de la Radioélectricité*, 1928 n° 15, p. 181 et s.

Par conséquent, cette question des interférences peut être réglée, lorsqu'il s'agit d'une société privée, en l'obligeant à l'observation de certaines conditions techniques pour ses installations ; d'autre part, en ce qui concerne les postes ou les sociétés d'émission qui sont directement sous le monopole de l'Etat, l'Etat lui-même peut agir en imposant aux postes récepteurs ou d'émissions privés qui sont sous son contrôle certaines conditions techniques.

La conclusion est donc qu'à l'heure actuelle, étant donné que les ressources techniques ne sont pas suffisantes, que, d'autre part, dans chaque pays, les sociétés sont soumises à des législations différentes la meilleure solution serait d'établir entre les Compagnies d'émission et les autres grands services publics une sorte d'entente amiable qui aurait pour but de fixer les conditions d'exploitation, de fixer les conditions dans lesquelles un industriel qui aurait des appareils capables de produire des interférences serait soumis à une sorte de cahier des charges.

Je conclus donc, avec le rapport de M. Tabouis, que c'est dans le domaine pratique bien plus que dans le domaine juridique que la solution peut être trouvée, pour le moment, à ce problème des interférences.

M. le Président. — Il y a enfin le rapport de MM. Lescot et Musche présenté au nom du Comité belge. Ce rapport est fondé sur les considérations suivantes :

I. — *Au point de vue technique* : Le rapport de M. Tabouis sur les multiples espèces de brouillages qui rendent difficiles les réceptions radiophoniques ordinaires, et *a fortiori* les réceptions à longue distance, expose une question qui au fur et à mesure de l'entrée de la T. S. F. dans la vie de tous les jours devient plus urgente.

Pour faire un travail efficace tendant à remédier à la situation actuelle, il est indispensable pourtant de se mettre d'accord une bonne fois sur la terminologie exacte à employer.

Dans ce rapport en effet les mots brouillage, interférence, et d'autres, ne sont peut-être pas employés avec la précision indispensable ici.

Nous proposons d'appeler *brouillage* toute perturbation d'origine électrique, qui gêne une réception radiotélégraphique ou radiophonique, et de réserver le mot *interférence* au brouillage particulier causé par une émission de fréquence voisine de celle qu'il faut recevoir.

C'est d'ailleurs dans ce sens particulier que ce mot est utilisé dans diverses branches de la physique (acoustique, optique, électricité).

Le brouillage par interférence est donc causé par un poste émetteur, et peut par conséquent dans presque tous les cas être évité par l'application stricte des dispositions de Washington.

Les autres brouillages sont de deux natures : 1° les parasites atmosphériques, qu'il faut bien s'efforcer d'atténuer à la réception et 2° les ondes produites accidentellement par les appareils électriques, les lignes de transport de force et de multiples causes, d'ailleurs énumérées dans le rapport de M. TABOUIS.

Ces ondes vagabondes devraient autant que possible être étouffées à la source.

Est-ce possible ? Dans la très grande majorité des cas, oui, et le plus souvent des moyens très simples suffisent à annuler toute émission d'ondes par les dispositifs les plus gênants à ce point de vue.

La difficulté provient surtout du grand nombre d'appareils fautifs et de la difficulté de localiser la source du brouillage.

Dans presque tous les pays des dispositions légales réglementent l'établissement d'émetteurs radioélectriques. Elles déterminent avec tout le soin possible le type d'onde, la longueur d'onde, les heures de travail, etc. Il est inadmissible logiquement qu'il soit permis de produire, accidentellement, je le veux bien, des ondes d'une puissance quelconque, sans longueur d'onde bien définie, sans restriction quant au temps d'émission, sous prétexte que l'appareil qui les produit n'est pas fait pour cela.

Un moteur défectueux, une enseigne lumineuse, constituent des émetteurs radioélectriques au même titre qu'une mitrailleuse ou une scie circulaire sont des appareils sonores.

Ces dispositions légales ont été prises dans deux buts bien distincts : Le premier était de protéger le monopole de l'Etat en matière de télégraphe. Le second est de protéger les communications radioélectriques contre les brouillages par interférence.

Il serait donc bien dans l'esprit du législateur de considérer tout dispositif émettant des ondes radio-électriques comme un émetteur, et de restreindre son emploi en conséquence, quitte à lever les restrictions au fur et à mesure de la suppression par des moyens techniques des ondes émises. Exemple : j'ai un moteur en mauvais état qui empêche toute réception dans mon voisinage. Je puis l'utiliser tel quel, mais par exemple de 1 à 4 heures du matin Libre à moi de le faire réparer et d'obtenir l'autorisation nécessaire à son emploi continu.

Cette mesure, qui semble exagérée aujourd'hui, devra être prise tôt ou tard, car de plus en plus les applications de la T. S. F. pénètrent notre vie et y prennent une place importante.

Ce qui aujourd'hui n'est qu'un amusement pour bien des gens est destiné dans un avenir rapproché à devenir un moyen de communication d'emploi aussi général et fréquent que le téléphone. C'est pourquoi il faut que des mesures soient prises pour balayer ce qu'il est convenu d'appeler l'éther, de cette poussière d'ondes parasites.

II. — *Au point de vüe juridique* : Il existe donc à l'heure actuelle toute une série de causes de trouble, comme vient de l'exposer ci-dessus M. Jos Messche, notre délégué technique.

Les auteurs de ces troubles sont soit des *usagers de la T. S. F.* (émetteurs, transmetteurs, récepteurs, etc.) soit des *tiers*, que les uns et les autres soient des Etats, des services publics, ou de simples particuliers.

Au point de vue juridique, il importe de rechercher si dans le domaine du droit national ou des Conventions internationales, les victimes des brouillages peuvent trouver les moyens de contraindre leurs auteurs à y remédier.

I. — La question paraît assez simple à résoudre lorsqu'il s'agit de brouillages provoqués par des usagers de la radioélectricité, qu'ils soient émetteurs, transmetteurs, récepteurs ou autres.

En effet, la dernière Conférence de Washington, dont les résolutions seront incessamment obligatoires pour tous les usagers des pays signataires, a imposé toute une série de règles dont la non-observation *constitue une faute*. Ce qui engage nécessairement vis-à-vis de toutes les personnes troublées la responsabilité de celui qui enfreint les dispositions existantes.

D'autre part les brouillages peuvent être provoqués par des fautes techniques à l'émission ou à la réception (maniement défectueux des appareils etc.) ou encore par les vices et défauts des appareils émetteurs, transmetteurs, récepteurs ou autres ; ou, enfin, par le défaut d'entretien des dits appareils.

Tous les cas ci-dessus envisagés entraînent nécessairement la responsabilité de leur auteur puisqu'il y a incontestablement une faute de la part de celui-ci. En matière quasi-délictuelle, la faute, même la plus légère, qui cause un préjudice, engage la responsabilité de son auteur.

La Section belge estime, contrairement à l'avis de M. Tabouis qu'il n'y a pas lieu de distinguer si l'auteur de l'interférence est un Etat, un service public ou un particulier, le principe restant absolument le même.

En aucune manière la Section Belge ne peut admettre que les victimes des brouillages seraient sans action contre les auteurs de ceux-ci et qu'elles ne posséderaient de droit que contre l'émetteur et pour autant seulement qu'une redevance fût perçue.

Si les victimes ne trouvaient pas dans la notion de faute et de quasi-délit ci dessus exposés très brièvement la source de leur droit, elles pourraient encore invoquer avec chance de succès la théorie de l'abus de droit qui de plus en plus est accueillie avec faveur par la Jurisprudence de tous les pays. Les nécessités de la vie en société créent des obligations nouvelles que l'homme est obligé de respecter.

Néanmoins, puisque l'installation d'un poste de radioélectricité est, en Belgique comme dans la plupart des pays, subordonné à une autorisation administrative, il serait souhaitable de voir les administrations compétenter subordonner leur autorisation à l'emploi d'appareils non susceptibles de provoquer des interférences ou brouillages quelconques.

II. — La question apparaît comme plus complexe lorsque les brouillages sont provoqués par des tiers.

Deux cas peuvent se présenter :

1° Ou bien les brouillages sont provoqués par des appareils (radiologie médicale, moteurs industriels, centrales électriques, ustensiles de ménage, etc., etc.) qui techniquement répondent aux fins pour lesquels ils sont destinés.

2° Ou bien ils sont provoqués par des appareils qui sont entachés de vices ou défauts, ou dont l'état d'entretien laisse à désirer.

Il semble que si les brouillages sont provoqués, précisément, soit par ces défectuosités techniques, soit par le défaut d'entretien, l'usager desdits appareils est encore une fois en faute et partant responsable du préjudice qu'il provoque.

Si, au contraire, les appareils qui provoquent des brouillages dans le domaine de la radio-électricité, répondent techniquement de façon adéquate aux fins pour lesquelles ils sont destinés, les victimes de brouillages ne peuvent trouver que dans la théorie de l'abus de droit la sanction juridique qu'elles souhaitent.

Il tombe sous le sens notamment que si le locataire d'un appartement fait *méchamment* fonctionner un aspirateur de poussière provoquant des interférences, pour priver les autres occupants d'un immeuble des émissions radiophoniques, les lésés obtiendront facilement une sanction judiciaire.

Il importe cependant de ne point se bercer d'illusions car dans la plupart des autres cas il n'en sera pas aussi facilement ainsi.

L'idéal serait donc, aux vœux de la Section Belge, d'arriver à une solution législative interdisant la *fabrication* et la *mise en vente* et dans un délai plus lointain l'*emploi* d'appareils électriques ou d'autres susceptibles de provoquer des interférences, ou brouillages quelconques.

M. Homburg, *rapporteur général*. — Il faudrait peut-être préciser la position de la question. Le titre : « Protection internationale des communications radioélectriques » est extrêmement large, car il comprend toutes les formes de radiocommunications. Notre Comité, au au cours de ses assemblées générales, avait souligné l'importance plus particulière de certains points et nous avions envisagé les cas concrets suivants : Quelle serait la situation des sociétés émettrices à l'égard des tiers troublant leurs émissions ? — Quelle serait la responsabilité des sociétés vis-à-vis de l'abonné qui, payant une redevance, a le droit de ne pas être troublé dans son audition ? — Quelle serait la responsabilité des tiers vis-à-vis de l'auditeur troublé par ces derniers dans sa réception ?

On a répondu aux juristes qu'il était impossible d'établir des règles juridiques préventives. C'est peut-être vrai. C'est donc à la technique que nous devons demander, dans la mesure du possible, l'adoption de mesures préventives. Et si celles-ci sont violées, c'est aux juristes d'établir qu'elles seront les sanctions à envisager.

M. le Président. — Comme vous le voyez, nous sommes en présence de trois solutions. La première, c'est qu'il n'y a pas là de question juridique : c'est une question d'éducation et de pratique. Dans ce cas, il n'y aurait rien à faire. C'est la conclusion de MM. Belin et Tabouis. D'autre part, MM. Lescot et Musche, dans leur rapport, disent : l'idéal serait d'arriver à une solution législative interdisant la fabrication et la mise en vente d'appareils ou d'éléments pouvant occasionner des interférences. Ici, nous entrons dans une question technique très difficile et je prierai les techniciens de se prononcer.

Enfin, nous avons l'ordre du jour présenté par M. d'Amelio qui, étant juriste, désire une solution juridique. Vous avez vu qu'il a divisé le sujet en deux questions ; en ce qui concerne l'abus du droit, c'est l'application du droit commun ; reste la question du droit pénal, c'est-à-dire l'engagement pris par les Etats signataires de la Convention de Washington de le faire respecter dans leurs lois nationales.

M. Gneme (Italie). — Je voudrais demander une explication. Tout ce que vous avez dit ne se réfère pas aux points laissés en suspens. Ce matin, nous avons dit qu'une conférence serait réunie pour étudier la question de la radiodiffusion. Or, le sujet dont nous parlons en ce moment se réfère presque exclusivement à la radiodiffusion. Par conséquent je pense que nous n'avons pas à nous en occuper pour le moment ; la conférence étudiera cette matière.

M. le Président. — Je vous demande pardon ! Hâter les travaux pour arriver à des accords pour la radiodiffusion est utile, c'est un point de vue général ; mais il y a plusieurs questions particulières sur lesquelles nous avons à donner notre opinion. D'autre part, si le Comité s'en remet entièrement aux initiatives qui pourront être prises demain, il peut considérer sa tâche comme terminée !

M. GNEME (Italie). — Je suis tout à fait d'accord avec l'ordre du jour de M. d'Amelio pour la première partie relative à la radio-diffusion ; je ne pense pas que l'on puisse prendre des mesures au sujet d'une science qui n'est pas au point.

M. LE PRÉSIDENT. — Ce n'est pas la question. Nous avons constaté ce matin qu'il y avait une Convention de Washington, qu'à l'occasion de cette Convention, il fallait pousser les États à prendre l'initiative d'établir un règlement juridique international ; cela ne veut pas dire que le Comité ne s'occupera pas dès aujourd'hui de la radiodiffusion ; s'il y a des problèmes particuliers à étudier, il peut le faire, surtout quand il s'agit d'un problème qui, comme celui-ci, ne peut pas être étudié ni résolu isolément.

M. HOMBURG, *rapporteur général.* — Je voudrais me permettre de faire une observation au sujet du remarquable rapport de S. E. M. d'Amelio. Il semble, d'après ce travail, que les sanctions à appliquer ne soient possibles qu'en vertu de l'article 5 de la convention ; or cet article ne vise que quatre points bien définis : la transmission et la réception sans autorisation, la divulgation, la publication ou l'usage sans autorisation, la transmission ou la mise en circulation de signaux de détresse, etc...

Je rappelais tout-à-l'heure à l'assemblée qu'il y a d'autres questions, notamment les cas de responsabilité vis-à-vis des sociétés émettrices de tiers troublant leurs auditions ; responsabilité des sociétés émettrices et des tiers vis-à-vis des auditeurs. Ces cas n'ont pas été prévus par la convention, sans doute parce que la Convention ne s'est pas occupée de la radiodiffusion. Je crois que S. E. M. d'Amélio est un peu effrayé de ce que nous entendons, dès maintenant, nous occuper de tous les problèmes de droit privé posés par la radio-diffusion. Quant à moi je pense qu'il y a lieu non pas de nous limiter à l'article 5, mais d'envisager tous les faits de responsabilité quels qu'ils soient.

M. D'AMELIO (*rapporteur*). — Je crois qu'il faut faire une distinction entre les responsabilités.

M. GNEME (Italie). — Cette matière de la responsabilité n'est pas encore étudiée.

M. LE PRÉSIDENT. — Si elle était étudiée, elle ne serait pas à notre ordre du jour.

M. d'Amelio (*rapporteur*). — L'observation de Me Homburg est très exacte, mais au point de vue théorique. Aujourd'hui, nous sommes en présence d'une disposition adoptée de la Convention de Washington qui envisage les transmissions radio électriques au point de vue pénal. Cette disposition comporte certaines obligations de la part des Etats contractants. Je me demande si dans le texte que nous avons à examiner sur la protection internationale des communications radio-électriques, nous ne devons pas prendre comme base cette obligation que nous avons acceptée et à laquelle aucun Etat n'a encore satisfait. Je propose d'abord une sanction concernant les obligations prévues par la convention de Washington. C'est la première partie : question pénale. La seconde partie est celle que vient d'indiquer M. Homburg. Mais je crois que ce sont là questions de droit privé qui ne se posent qu'entre sociétés, auditeurs et tiers, et qui ne concernent que la responsabilité civile, c'est-à-dire le dommage ; je ne crois pas que l'on puisse mettre cela dans le code pénal. Je ne crois pas davantage que les Etats aient reconnu cette responsabilité. Il s'agirait, en somme, de troubles semblables à celui que l'on apporte à la jouissance d'une maison et alors, il n'y a pas de difficulté. Nous pouvons laisser au droit commun le soin de régler ces rapports de droit privé.

M. Homburg, *rapporteur général*. — Le rapport de S. E. M. d'Amelio pour les sanctions pénales à appliquer est complet quant au fond et quant à la forme.

Mes remarques ne visent que la fin du rapport dans lequel, d'une façon très brève, il est indiqué qu'en matière de responsabilité civile, le droit commun est suffisant. S'il y a abus de droit, les sanctions seront faciles à trouver dans le droit commun. Mais dans le cas que j'indiquais tout-à-l'heure — et je vais en reprendre un pour préciser — les règles du droit commun seront insuffisantes pour régler les questions de responsabilité. Une société émettrice s'installe dans un quartier où existe déjà une usine d'électricité. La proximité de cette usine va gêner, évidemment, les émissions de la société de radiodiffusion. Quel moyen aura celle-ci d'obliger la société d'électricité à prendre des mesures appropriées pour réduire la gêne au minimum ? Aucun. Elle ne pourra pas invoquer l'abus du droit, puisque la société électrique existait avant elle. Par conséquent, la société émettrice sera désarmée au cas où la société d'électricité ne voudra prendre aucune mesure. Et je ne vois pas comment une sanction pourra être trouvée dans le seul droit commun.

M. d'Amelio, *rapporteur*. — Je me permets de vous faire remarquer que les questions que vous soulevez sont des questions qui l'ont été il y a plusieurs centaines d'années. Vous faites l'hypothèse d'un émetteur qui vient s'installer à côté d'une usine électrique : nous avons déjà le fait d'une maison qui vient à être bâtie à côté d'une fabrique qui, par ses fumées, son bruit, les mauvaises odeurs, nuit à cette maison : il s'agit ici d'une question de voisinage. Il n'y a rien de nouveau dans cette question, et on peut soumettre toutes ces questions aux mêmes règles. Il y a également des dispositions de police à ce sujet. La loi et la doctrine peuvent toujours suffire pour régler ces questions ; nous n'avons pas besoin de faire des lois spéciales pour protéger ces particuliers. C'est une question qui, en Italie, est soumise au juge et nous n'avons pas de difficultés pour trouver les responsabilités.

M. Vanni (Italie). — Le cas dont vient de parler M. Homburg s'est présenté chez nous. Un certain nombre de particuliers avaient payé une redevance à une société d'émissions et, en raison de la proximité d'appareils électriques médicaux, d'une usine de transformation électrique, ne pouvaient pas entendre une note. La question s'est posée et, comme le disait M. d'Amélio, elle s'est résolue ou va se résoudre de façon automatique, sans loi spéciale. En Italie, l'État a le grand mérite de faire étudier par des techniciens les moyens les plus convenables pour éviter ces troubles ; parce que si vous avez un transformateur qui travaille suivant les règles de la technique, vous pouvez être sûr qu'il n'y aura pas de perturbation. L'Institut de recherches scientifiques que j'ai l'honneur de diriger a été chargé de faire cette étude. Il n'est pas douteux que si vous avez une usine de transformation qui fonctionne avec de vieux modèles de machines, ou qui ne soit pas au courant de la technique moderne, vous aurez des brouillages énormes. Il me semble donc que dans ce cas le droit commun et le juge ordinaire peuvent intervenir pour faire prendre les mesures nécessaires en vue d'éliminer les inconvénients, d'autant plus que ces inconvénients peuvent être écartés au point de vue technique.

M. Baudouin (U. I. R.). — Je ne crois pas trop m'avancer en déclarant que la nouvelle loi radiotélégraphique allemande a trouvé un moyen, d'ailleurs remarquable, d'éviter, dans la mesure du possible, ces interférences : on ne peut accepter un appareil que s'il a été d'abord estampillé par l'Administration allemande des P. T. T., c'est-à-dire si cet appareil réunit les conditions exigées par l'Administration pour la réception. Si on peut faire cela au point de vue de la réception, je crois que l'on pourrait le faire pour les transmissions.

J'ai été heureux de constater tout à l'heure la divergence de vues qui existait entre M. Homburg et M. Tabouis ; ceci montre que ce que disait M. Tabouis était exact, que la question, au point de vue technique, est très délicate, parce que nous ne connaissons pas toutes les causes d'interférences. Il se produit tous les jours de nouvelles causes et faire une liste serait fastidieux Le problème technique et le problème juridique sont liés et tant que le premier ne sera pas résolu, il me semble difficile de résoudre le second. Mais étant donné que nous connaissons certaines causes d'interférences, je crois qu'il est nécessaire que certaines mesures administratives soient prises par les différents Etats ; par exemple, pour les tramways, que l'on fasse mettre un charbon, que pour le médecin qui a de gros appareils, on fasse tapisser les murs avec du papier d'argent, etc... Je crois qu'il est nécessaire d'arriver à cela, mais il faut qu'en même temps on procède à l'éducation du public pour montrer à l'émetteur lui-même l'intérêt que présente pour lui cette question des interférences qui le gênent et gênent son voisin.

M. le Président. — Je voudrais fixer un peu la discussion.

Au fond, si je ne me trompe, tout le monde est d'accord sur la proposition de M. d'Amélio en ce qui concerne le côté pénal du problème. Il s'agit de voir s'il y a lieu d'ajouter quelque chose pour les questions de droit privé, c'est-à-dire s'il y a lieu de poser quelques principes qui soient spéciaux à la responsabilité de droit commun. Enfin, je crois que l'on propose de rechercher s'il y a lieu à quelques mesures d'ordre administratif : l'Etat pourrait prendre des mesures pour empêcher que l'on puisse créer le brouillage. Je laisse de côté la question éducation du public, parce que l'éducation est toujours nécessaire pour l'application d'une loi et sur cette matière il n'y a rien à dire.

La question à résoudre est donc : y a-t-il lieu de poser des règles spéciales d'ordre privé et administratif à cet égard ?

M. Hirschfeld (U. R. S. S.). — La Délégation de l'U. R. S. S. se rallie entièrement à la déclaration faite par le représentant de l'Union Internationale de Radiophonie. Les conditions légales et la technique sont très différentes dans les divers pays. Si nous émettons le vœu que l'on établisse une loi commune, au point de vue pratique, nous aboutirons à la standardisation de l'industrie.

M. le Président. — Je ne comprends pas.

M. Hirschfeld (U. R. S. S.). — A l'heure actuelle il n'existe de loi nationale que dans quelques pays. Nous voulons établir des lois universelles, internationales, c'est-à-dire une loi pénale qui va prévoir des sanctions pour des interférences d'ordre technique dans les services radioélectriques : étant donné les grandes différences des conditions techniques dans les divers pays, il est tout à fait impossible d'élaborer cette loi ; on ne pourrait le faire que si dans les différents pays la technique était établie sur les mêmes bases. Vous avez, par exemple, une loi en Allemagne, une loi en Italie, une loi en France : est-ce que vous voulez établir une loi commune à la France, l'Italie, l'Allemagne, alors que dans ces pays la technique n'est pas au même niveau ? Evidemment, vous ne pouvez pas exiger d'un pays où la technique est à un niveau très bas ce que vous pouvez exiger d'un pays où la technique se trouve à un niveau plus élevé. En principe nous sommes tous favorables à cette loi unique, mais il nous semble que le problème est prématuré.

M. LE PRÉSIDENT. — Les observations de notre collègue se réfèrent à une question d'opportunité. En principe, il est d'accord, mais il croit qu'il n'est pas possible actuellement d'arriver à un texte unique. On pourrait peut-être envisager la possibilité d'ajouter quelque chose au texte proposé et dire : « ... préparent des textes sur la base de ces principes généraux ».

M. HIRSCHFELD (U. R. S. S.). — Parfaitement !

M. D'AMELIO, *rapporteur*. — Je ne vois pas de difficulté à accepter cet amendement. Seulement, nous parlons des « Etats contractants » ; peut-être l'U. R. S. S. n'est-elle pas engagée par cette formule ?

M. HOMBURG, *rapporteur général*. — Je crois que l'on pourrait se référer aux dispositions de l'article 5, en indiquant que les cas qui y sont prévus sont ceux qui se produisent généralement et peuvent être réprimés au point de vue pénal ; pour toutes autres circonstances, le Congrès verra s'il faut appliquer seulement le droit commun.

M. LE PRÉSIDENT. — On pourrait ajouter à l'ordre du jour « que les Etats qui ne sont pas liés par la Convention de Washington harmonisent leurs législations respectives avec les principes de cette loi ». M. Hirschfeld accepte-t-il cette rédaction ?

M. HIRSCHFELD (U. R. S. S.). — Parfaitement !

M. DE VILALLONGA (Espagne). — Etant donné la technicité de la question, je propose qu'un comité de techniciens soit constitué pour qu'il puisse donner son avis au Congrès. D'après les indications que nous ont fournies ceux de nos collègues au courant de la technique, il semble qu'ils ne soient pas tout à fait sûrs de l'efficacité des mesures envisagées. Il se pourrait très bien que des gens de bonne foi, en faisant actionner des appareils électriques, produisissent des interférences, sans aucune intention de nuire, ce qui me paraît contraire aux principes généraux qui sont à la base du droit pénal. Dans ce cas, nous tombons dans la responsabilité civile. Je ne vois pas la possibilité d'établir la distinction en pareil cas. En tout cas, c'est une question extrêmement délicate et complexe et je crois qu'il y aurait avantage à constituer un comité de techniciens pour nous donner son avis.

M. LE PRÉSIDENT. — En somme, nous allons constituer un comité de techniciens pour voir s'il y a lieu d'émettre des principes qui serviraient de base à une loi administrative ? S'il s'agit de rechercher le meilleur moyen d'éviter les brouillages, je comprends, mais sur une question de droit civil ou de droit pénal, les techniciens ne peuvent rien nous dire.

M. d'Amélo, *rapporteur*. — Vous vous préoccupez de l'individu de bonne foi. Nous, nous parlons simplement de la contravention qui n'exclut pas la bonne foi ; la pénalité sera moindre, mais il y aura toujours une sanction.

M. de Vilallonga (Espagne). — J'ai eu le tort de parler de la bonne ou mauvaise foi : cette question est accessoire, mais ce que je veux dire, c'est que je ne crois pas que notre religion soit éclairée suffisamment par les débats et je crois que c'est l'impression de nos collègues.

M. le Président — Nous posons une troisième question : celle de nommer un comité de techniciens afin de nous renseigner sur les mesures administratives qui pourraient être prises. Nous pourrions alors envisager la question pénale et nous attendrions la fin des travaux du sous-comité pour les soumettre au congrès. Je prierai S. E. M. Perez de présider le comité des techniciens.

M. d'Amélio, *rapporteur*. — On pourrait ajouter, après « des dommages moraux ou patrimoniaux », « sauf les mesures d'ordre administratif ».

M. le Président. — Nous sommes d'accord sur le premier et le troisième point ? (*Assentiment général*). Nous passons alors au deuxième point, pour voir s'il y a lieu de prendre des mesures spéciales au point de vue civil.

M. d'Amelo, *rapporteur*. — Je crois que nous pouvons réduire les objections en disant, après «... des dommages moraux et patrimoniaux »... « en l'état actuel » parce qu'il faut réserver l'avenir.

M. le Président. — Je vais lire la formule proposée pour le dernier alinéa :

« Pour le dédommagement des dommages patrimoniaux et d'ordre « économique, on doit recourir, à l'heure actuelle, au droit commun...

Ici, on ajouterait, si le comité spécial le juge utile :

« sauf les dispositions d'ordre administratif. »

M. Homburg *rapporteur, général*. — Il ne faudrait peut être pas demander dès maintenant aux congressistes un vote de principe, parce qu'il y a lieu d'attendre le rapport du sous-comité. Il est difficile de distinguer entre les questions purement administratives et les autres ; des dispositions administratives découleront peut-être de nouvelles responsabilités qui nécessiteront elles-mêmes des sanctions d'ordre juridique.

M. LE PRÉSIDENT. — Alors, on pourrait mettre cet alinéa adopté provisoirement.

M. D'AMELIO, *rapporteur*. — Si nous avons des dispositions d'ordre administratif qui établissent tels droits en faveur de tels citoyens, nous retombons dans le droit pénal et le droit pénal établit la source du dommage. Nous devons toujours examiner la question de droit privé dans la situation actuelle : celle-ci ne donne pas les moyens nécessaires pour obtenir le dédommagement.

M. DE VILALLONGA (Espagne). — Si une usine vient s'installer auprès d'un poste émetteur, je ne vois pas comment le poste émetteur pourrait être sûr d'obtenir une réparation quelconque ?

M. HOMBURG, *rapporteur général*. — Les notions de droit commun ne jouent pas. C'est pourquoi je répète que le seul droit commun est insuffisant.

M. D'AMELIO *rapporteur*. — Tous ces cas sont réglés par la jurisprudence ; la jurisprudence recherche les mesures nécessaires pour éliminer le dommage ; s'il est possible de l'éliminer, on peut établir l'obligation pour l'auteur du dommage de prendre les mesures nécessaires et ensuite on fixe l'indemnité due par l'endommageur à l'endommagé. Je ne vois pas pourquoi la question serait plus difficile à régler si, au lieu d'introduire des mauvaises odeurs, on introduit des ondes électriques.

M. DE VILALLONGA (Espagne). — Tout dépend du juge. Heureusement il y en a de bons..; mais les textes valent mieux.

M. SALVIOLI (Italie). — Je ne voudrais pas que l'on dise que l'on *doit* avoir recours au droit commun, mais que l'on *peut*, de façon à laisser toute latitude de faire une loi spéciale.

M. LE PRÉSIDENT. — Oui, on peut dire : on peut appliquer, à l'heure actuelle le droit commun.

M. CHKLAVER (France). — Le principe général auquel se réfère M. le Rapporteur est peut-être celui exprimé par l'article 1382 du Code civil français : quiconque cause un dommage en doit réparation. Ce principe est passé dans les codes de tous les pays et il répond, je crois, complètement aux préoccupations du Congrès.

M. ORAVSKY (Tchécoslovaquie). — Je pense qu'il s'agit seulement ici de la réparation des dommages matériels ; je voudrais appeler l'attention de l'assemblée sur la réparation des dommages moraux. Ceux-ci sont quelquefois plus importants, quand il s'agit de troubles par interférences, que les dommages matériels.

M. D'AMELIO, *rapporteur*. — Votre observation est tout à fait exacte, mais vous savez qu'il y a certaines jurisprudences qui n'admettent pas la réparation des dommages moraux. Nous entendons par dommage moral un phénomène de la pathologie morale : ceci ne peut pas se traduire en argent ; mais si, au contraire, ce dommage moral entraîne quelque dommage matériel, quel qu'il soit, si, par exemple, par l'effet de la maladie, la victime souffre un dommage, nous avons reconnu la possibilité du dédommagement. Je reconnais que dans les législations francaise et allemande il y a la possibilité de réparer le dommage moral, même exlusivement moral. On pourrait peut-être, supprimer le mot « patrimonial » et dire simplement « le dommage ».

M. Konic (Pologne). — En Pologne, nous avons à peu près la même législation qu'en France ; la législation italienne ne l'admet pas encore, mais plusieurs législations l'admettent. Dans ces conditions, je crois que nous pourrions mettre « les dommages matériels et moraux ».

M. d'Amelio, *rapporteur.* — Je crois qu'il faut attendre pour cette question, en raison du grand nombre de systèmes qui existent sur la responsabilité.

M. Salvioli (Italie). — En somme, que reste-t-il du dernier alinéa ?

M. d'Amelio, *rapporteur.* — Nous disons qu'actuellement le droit civil de chaque pays peut régler la question du dédommagement.

M. le Président. — Par conséquent, le texte dit que « pour les dommages matériels on peut appliquer actuellement le droit commun (sauf les dispositions d'ordre administratif) » et on exprime le vœu que les pays adoptent un droit pénal commun.

M. Oravsky (Tchécoslovaquie). — Je reviens sur ce texte. Nous disons « sauf dispositions administratives ». Ce n'est pas clair. Quelle est la portée de cette phrase ? On dit qu'on va appliquer les principes du droit commun sur les réparations de dommages, sauf les dispositions administratives ?

M. le Président. — Ces mots sont entre parenthèses.

M. Oravsky (Tchécoslovaquie). — Alors les mesures administratives pourraient exclure le droit commun ?

M. le Président. — Non. Nous avons dit : il y a trois questions ; la question de droit pénal ; la question de droit civil ; la question de droit adminitsratif. Nous avons réglé les deux premières questions ; reste à régler la troisième, après que la question aura été étudiée par le sous-comité dont nous avons parlé.

M. Gneme (Italie). — Je crois que l'on peut abandonner l'idée de ce petit comité.

M. le Président. — En ce qui concerne la troisième question, M. de Vilallonga a demandé que le problème soit examiné par des techniciens, pour voir s'il est possible de prendre des mesures administratives.

M. DE VILALLONGA (Espagne). — Ma proposition comprenait les mesures relatives au droit pénal et au droit administratif. Je voudrais confier l'étude du fond de la question aux techniciens pour connaître leur avis sur l'opportunité de prendre ces mesures.

M. LE PRÉSIDENT. — Je ne vois pas du tout les techniciens se charger de la question pénale. J ai personnellement le plus grand respect pour les techniciens, mais ils ne sont pas juristes, et si M. Vanni voulait parler de droit pénal, avec tout le respect que j'ai pour lui, je le prierais de se taire ! (*Sourires*).

M. VANNI (Italie). — Et vous auriez raison !

M. LE PRÉSIDENT. — Est-ce que vous croyez nécessaire de nommer un Comité pour voir s'il y a lieu de poser quelques principes d'ordre administratif ?

M. VANNI (Italie). — Je me demande si les techniciens qui sont ici pourrons donner une réponse explicite à cette question.

M. LE PRÉSIDENT. — Vous avez vu le point de départ de la question : dans un rapport on dit que l'idéal serait d'arriver à une solution législative interdisant la fabrication, la mise en vente et, dans un délai plus lointain, l'emploi d'appareils ou autres susceptibles de produire des interférences. Voilà la question. Les appareils existent-ils en ce moment ?

M. DE VILALLONGA. — C'est dans ce sens que je faisais ma proposition. Je pensais que selon la réponse des techniciens, la solution pénale perdait de son urgence, si les mesures administratives étaient possibles.

M. LE PRÉSIDENT. — Je mets aux voix la proposition de M. de Vilallonga de nommer un sous-comité de techniciens. (*Adopté*),

(Il est procédé à la désignation des membres du sous-comité).

M. LE PRÉSIDENT. — Messieurs, il ne nous reste plus qu'à remercier encore une fois S. E. d'Amelio, les autres Rapporteurs qui sont absents et M. Homburg pour sa collaboration. (*Applaudissements*).

Examen des principes de la Convention de Washington (suite)

Messieurs, hier, notre collègue S. E. Perez avait proposé de désigner dès maintenant un Etat que l'on prierait de prendre l'initiative de provoquer une entente internationale au sujet de la radiodiffusion. Nous n'avons pu arriver à une décision ; je dois dire que plusieurs délégués ont exprimé le désir que l'on posât d'abord la question de savoir s'il y a lieu de faire cette désignation, étant donné que le Comité est une organisation purement privée et ne peut pas adresser semblable invitation à un Etat, même sous la forme élégante d'un vœu, et aussi que l'invitation peut être déclinée. Ces messieurs pensent qu'il faut laisser à l'Etat, à l'un des Etats ayant la plus large expérience en la matière, le soin de prendre l'initiative. Nous signalons l'opportunité, mais nous pensons qu'il n'est pas utile de faire une désignation expresse.

Je voudrais que le Congrès résolve cette question. Je demande, d'abord, à M. Perez s'il insiste.

M. Perez (République Argentine). — Je ne peux retirer ma proposition si le Délégué des Etats-Unis ne m'y autorise pas,

M. Hugh P. Leclair (Etats-Unis). — Si S. E. Perez désire retirer sa proposition, je ne puis m'y m'opposer.

M. Perez (République Argentine). — Je ne désire pas la retirer.

M. Hugh P. Leclair (Etats-Unis). — Je dois dire que les Etats-Unis apprécient très vivement les sentiments qui ont été exprimés ce matin à leur égard, mais, pour diverses raisons, nous préférerions que la proposition fût faite à un autre pays.

M. le Président. — Alors, la question reste ce qu'elle était avant la proposition de M. Perez.

Nous prenons la question suivante :

La T. S. F. appliquée aux transports. Codification des règles de la T. S. F. appliquée aux moyens de transports aériens maritimes et terrestres

Je donne la parole à M. Torquato Giannini, Rapporteur (1).

M. Torquato Giannini, *rapporteur*. — Messieurs, l'ordre du jour présenté ne contient pas de proposition définitive.

Le sujet dont on m'avait chargé était très intéressant et très important : la radiotélégraphie appliquée aux transports. Or on sait que la Radiotélégraphie est destinée à bouleverser certains moyens de transports, en particulier ceux pour lesquels on a la perspective qu'à un moment donné on sera isolé de la terre et coupé de toutes communications.

On pouvait envisager cette question au point de vue des rapports entre l'Etat et les entreprises de transports, ou des rapports entre les différents modes de transports ; mais étant donné qu'il s'agissait d'un problème de grande envergure, je me suis borné à ne considérer qu'un

(1) V. *Rev. jur. int. Radioélectricité*, 1928, n° 16.

côté du problème : les rapports entre les usagers et les entreprises de transports à propos des communications radiotélégraphiques et, en particulier, les passagers des navires et des aéronefs, parce que l'application de la radiotélégraphie aux chemins de fer n'a pas une aussi grande importance, étant donné que, là, on n'est jamais coupé de toutes communications.

Ces règles que nous indiquerons, où sont-elles ? Elles sont contenues dans les Conventions télégraphique et radiotélégraphique. Elles ne sont pas nombreuses et elles ne sont même pas très bien formulées au point de vue de la technique juridique. La plupart d'entre elles sont des règles pour les opérateurs. Il suffit de citer un exemple : « Les télégrammes doivent être transmis dans l'ordre de leur présentation ». On ne dit pas que l'on ne doit pas faire admettre son télégramme avant un télégramme présenté par une autre personne. De même pour le secret. Ces règles sont éparpillées, mêlées à des règles de droit public, quelquefois à des règles de caractère technique.

Je ne veux pas par là faire la critique des conventions internationales : les conventions internationales n'ont pas réglé les rapports entre les usagers et les entreprises. Il ne faut pas oublier l'origine de ces conventions. Au commencement, les Etats se sont préoccupés d'assurer les services et ils ont conclu des accords généraux limités à un petit nombre d'États. Il y avait là des règles de caractère politique, des règles administratives ; il s'agissait de rapports entre administrations et, pour le public, on ne s'en souciait guère, parce qu'il s'agissait d'un service monopolisé, et le public était obligé d'en passer par là. D'un autre côté, ces services étaient constitués pour les Gouvernements, pour les Etats, et le public était admis à s'en servir par complaisance des Gouvernements ; ce n'étaient pas, à vrai dire, des services publics.

La situation a changé. L'usage du télégraphe a tellement pénétré dans les masses que l'on ne peut plus s'en passer, non-seulement dans les affaires, mais même dans la vie familiale et, en cas d'interruption, on considère comme un grand malheur le fait d'être privé pendant un jour ou deux de ce moyen de communication.

D'un autre côté, à la place et en marge de ces services publics, nous avons vu surgir des industries, nous avons vu les moyens de communication exploités par des sociétés dans des buts économiques. Ceci montre le développement pris par ces communications rapides. Comme conséquence, il faut changer les idées qui étaient l'Evangile il y a quarante ans. Mais personne n'y a songé et tandis qu'il y avait des progrès extraordinaires dans la technique radiotélégraphique, les rapports avec les usagers n'ont presque jamais attiré l'attention des Délégués des

Gouvernements, des Administrations qui étaient chargés de rédiger ces accords.

Voilà la raison pour laquelle ces usagers sont encore aujourd'hui un peu les parents pauvres.

Quelles sont les sources du droit positif, de ce peu de droits que l'on reconnaît aux usagers ? Les conventions télégraphique et radiotélégraphique. Est-ce qu'il faut dire que ces deux conventions se complètent ? Ce n'est pas exact, parce qu'il y a un renvoi dans la convention radiotélégraphique à la convention télégraphique et ce renvoi est dans le règlement additionnel lequel n'est pas signé par tous les Etats. Ensuite, il y a des Etats qui n'ont pas participé à la Convention et pour lesquels on devrait tout de même établir en principe des règles pour qu'elles puissent servir de modèles au Règlement intérieur, c'est-à-dire au Règlement qui est présenté aux usagers.

Si on pouvait réunir ces deux Conventions, si on pouvait les fondre en une seule convention, le défaut de cette situation resterait le même. Il faut penser à élaborer un texte qui puisse mettre de côté les conventions et, puisque nous sommes ici un congrès de T. S. F, une réglementation spéciale à la T. S. F, car on pourrait dire que la situation des usagers de la radiotélégraphie est la même que celle des usagers du télégraphe il y a quarante ans. Et cependant ce n'est pas la même chose, surtout si on songe aux passagers des avions ou des bateaux, parce que, là, le passager ne peut pas se procurer d'autre moyen de communication. Si on refuse au passager de se servir de la station de T. S. F. du bord : il n'a pas d'autre moyen de communication. La T. S. F. pour les passagers doit donc être considérée d'une façon spéciale.

Il faut commencer, suivant la bonne méthode juridique, par étudier le phénomène par lui-même et voir quelles sont les règles qui peuvent être maintenues, celles qui peuvent être complétées, celles qui peuvent être modifiées.

J'ai indiqué dans mon rapport certains cas où on pourrait modifier ou corriger les lois existantes ; mais pour ne pas abuser de votre patience, je me borne à citer un cas :celui de la responsabilité. Nous avons actuellement le régime de la non responsabilité absolue. Nous avons le remboursement de la taxe quand le service n'est pas rendu : ce n'est pas une responsabilité. On a un agent de mauvaise volonté, un autre qui encaisse l'argent et ne fait pas la transmission ; un autre qui a intérêt à altérer le télégramme : l'Administration est dégagée de toute responsabilité. On pourra peut-être poursuivre cet agent malhonnête, le faire condamner à de la prison, mais cela ne donne aucun avantage à la victime.

M. Gneme nous disait ce matin : établir la responsabilité, c'est faire payer le service plus cher. Oui, le manque de responsabilité permet d'avoir un service bon marché... et encore, quand il n'y a pas de concurrence, ce n'est pas exact. Mais ce n'est pas une raison, parce que l'usager a supporté cette situation pendant cinquante ans, pour qu'il la supporte encore, étant donné l'évolution qui s'est produite dans les services de la radiotélégraphie.

Naturellement le retour au droit commun avec les clauses d'irresponsabilité est bien loin de ma pensée ; je ne veux même pas soulever la question des clauses d'irresponsabilité ou de responsabilité limitée ; mais sans arriver à cette responsabilité de droit commun, qui aurait le gros inconvénient d'obliger les usagers à s'adresser aux tribunaux, il y a peut-être une solution moyenne : la qualification de la responsabilité, une responsabilité proportionnelle aux différentes formes, aux différents cas. C'est le système qui s'impose partout ; il est entré dans la législation sur les accidents de travail ; il va peut-être être adopté pour les assurances maritimes. On peut indiquer les délais à observer; la somme à verser. Dans mon rapport, j'ai indiqué un coefficient : tant de fois le prix du télégramme. Evidemment, ce sont là des détails qu'il faut étudier sur la base des documents et des statistiques, mais c'est le principe. Ce principe n'a d'ailleurs rien d'exorbitant ; nous avons des précédents. Au dernier congrès international juridique de l'Aviation, les Experts techniques ont établi le principe de la responsabilité illimitée dans la navigation aérienne ; il y a un article de la convention qui dit que le transporteur ne peut pas s'exonérer de la responsabilité en matière de transport de personnes. Nous avons aussi l'exemple des compagnies télégraphiques de certains pays qui n'ont pas la règle de l'irresponsabilité ; aux Etats-Unis, notamment, c'est le droit commun qui joue. Par conséquent, nous ne disons pas une chose extraordinaire, en dehors des possibilités, quand nous disons qu'il faudrait rechercher le moyen d'établir la responsabilité en s'inspirant des conditions spéciales du trafic.

Tout cela, bien entendu, doit être étudié. C'est pourquoi je vous disais que mon ordre du jour n'était pas définitif, mais constituait simplement une base pour les études à faire, afin que le Comité reprenne ses études au sujet des règles à appliquer, en fasse une espèce de code qui pourrait servir à régler les rapports entre compagnies et usagers. Ce code aurait certainement une influence lors des conclusions des conventions internationales parce qu'il aurait été établi par un Comité juridique qui n'a pas d'autre intérêt que celui de faire triompher la justice ; il pourrait être le commencement d'un travail pour l'unification des règles régissant les services de transports. Un travail de ce genre a été fait pour les conventions postales. Avant la conférence de 1920 à Madrid, il y avait 8 textes de conventions et 7 accords différents qui répétaient quelquefois de façon différente, la même chose ; d'autres, étaient en contradiction. On a commencé par faire un projet de code pour tous les services ; on a réduit le nombre des articles et on a renforcé les principes de droit qui règlent les rapports avec les usagers. C'est ce même travail que l'on devrait entreprendre et peut-être un jour pourra-t-on essayer de refaire le code des transports maritimes.

ORDRE DU JOUR PROPOSÉ PAR TORQUATO GIANNINI

Considérant que :

« Le règlement des rapports entreusagers et entreprises radioélec« triques (administration d'État ou Compagnie) devrait faire l'objet « d'un chapitre à part, à inclure ou non dans les Conventions, rédigé « dans un langage juridique et dont le contenu serait disposé dans « le même ordre sans lequel les opérations de transmission se suivent.

« Le rapprochement des dispositions analogues pourra seul faire res« sortir les lacunes et les éventuelles contradictions.

« Un travail de ce genre pour les Conventions et les Accords postaux « fut abordé par le Congrès de l'Union postale à Madrid (1920) et pour« suivi dans le Congrès de Stockolm de 1925.

« Les Conférences officielles et les administrations télégraphiques « tiendront le compte qu'il leur plaira de ce Code, qui serait rédigé par « une assemblée de juristes. Mais en tous cas on devra lui reconnaître « la fonction de modèle très utile et de source dont pourraient largement « bénéficier les auteurs des règlements intérieurs.

« Un code pareil pourra en outre contribuer à cette uniformité inter« nationale des règles juridiques concernant le trafic qui a été maintes « fois préconisée.

Nous avons l'honneur de Vous proposer les vœux suivants :

« 1° Que toutes les règles concernant les rapports juridiques entre « les stations radiotélégraphiques, et les usagers soient réunies dans un « texte spécial et complet ;

2° Que dans le texte soient insérées et coordonnées toutes les règles « de droit de radiotélégraphiques privé actuellement en vigueur, qui sont « à présent parsemées dans les Conventions et les Règlements télégra« phiques internationaux et cela, après y avoir apporté toutes les modi« fications ou les compléments que le Congrès estimera convenable à la « suite de la discussion du rapport qui précède. » (*Applaudissements « répétés*).

M. LE PRÉSIDENT. — Messieurs, vos applaudissements me dispensent de remercier plus longuement notre éminent Rapporteur.

Vous avez sous les yeux l'ordre du jour proposé par M. Torquato Giannini. Vous voyez que, dans le paragraphe 2, il renvoie aux propositions contenues dans son rapport. Il faut donc nous prononcer d'abord sur le principe, à savoir s'il y a lieu de confier le travail à faire au Comité, ou bien s'il y a lieu d'examiner ici en détail les principes posés dans le rapport.

Nous allons commencer par la discussion générale.

M. BERLINGIERI (Italie). — M. Giannini ne fait aucune proposition de fond ?

M. T. GIANNINI, *rapporteur*. — Ma proposition, c'est de faire un texte spécial et complet. C'est mon premier point.

M. BERLINGIERI (Italie). — La question de rédiger le texte reste réservée.

M. T. GIANNINI, *rapporteur*. — Le deuxième point, c'est le paragraphe 2 de mon ordre du jour : « que dans le texte soient insérées, etc... »

M. BERLINGIERI (Italie). — Vous avez parlé d'une responsabilité des entreprises ; qu'est-ce que vous proposez comme solution ? Devons-nous nous occuper de cette question ou la réserver ? parce que c'est très important.

M. T. GIANNINI, *rapporteur*. — Mon idée est que l'on aurait pu discuter les points mentionnés dans le paragraphe 7 de mon rapport et les autres modifications qui auraient été suggérées au cours de la discussion. Mais comme mon texte n'a pas encore été traduit en français, je me suis borné à parler des points les plus importants. Je pense que l'assemblée pourrait se prononcer sur ces points, d'autant plus que nous avons déjà une résolution du congrès antérieur qui parle d'une responsabilité limitée des administrations. Il s'agit de préciser un peu plus. On pourrait dire : par exemple, remboursement de X fois la somme payée, en proportion de la gravité de la négligence.

M. LE PRÉSIDENT. — Je voudrais appeler l'attention sur le paragraphe 2 de l'ordre du jour. M. T. Giannini a proposé, sous le n° 7 de son rapport, le système, en quelque sorte, des questions à résoudre. Si vous lisez la liste des questions à résoudre, vous êtes d'accord, je crois, qu'il n'y a pas lieu d'aborder cette discussion maintenant. Nous devons nous borner à poser des principes généraux et inviter le Comité International juridique à poursuivre l'étude du contrat de transport selon le programme de ce paragraphe 7 du rapport. Je crois que c'est tout ce que nous pouvons faire dans ce congrès ; je crois que nous pourrions difficilement, sans avoir un texte sous les yeux, faire ici une discussion très serrée.

M. Konic (Pologne). — Je crois que notre Président a tout à fait raison. Personnellement, ne connaissant pas l'italien, je ne pourrais pas suivre tout le texte. Je crois cependant que nous pourrions aborder la question essentielle, celle de la responsabilité. A ce sujet, permettez-moi de vous citer un fait personnel. Nous avons eu dernièrement à Madrid un congrès juridique concernant l'aviation ; j'ai eu l'honneur d'en faire partie et j'y suis allé en avion, j'étais d'ailleurs le seul voyageur. Il y avait avec moi le pilote, son aide et l'employé de T. S. F. En causant avec ce dernier, je lui ai demandé si les voyageurs avaient le droit de se servir, pour leur usage personnel, de la T. S. F. ; l'employé m'a répondu négativement. Je cite ce fait pour montrer la gravité de la question posée : si, alors que vous n'avez pas d'autre moyen de communication avec la terre, on ne vous permet pas d'en user, c'est très grave.

A Madrid, nous avons admis le principe de la responsabilité du transporteur ; nous avons repoussé le cas de force majeure pour les transports de voyageurs et partiellement pour les marchandises. Nous avons adopté une limite pour le chiffre, mais nous avons dit : la force majeure ne peut pas exister. Et, en effet, autrement, tous les cas pourraient être qualifiés de cas de force majeure. Je crois que la question doit être abordée pour la T. S. F. ; il faut dire qu'il y a une responsabilité très grande, illimitée, même pas limitée par le cas de force majeure. Dans le code que vous proposez de faire, il faut introduire une règle concernant la responsabilité intégrale des compagnies en ce qui concerne la télégraphie sans fil dans la navigation aérienne.

M. le Président. — Nous sommes dans la discussion générale. Il s'agit de savoir si nous sommes d'accord sur les deux principes posés par M. Giannini ; ensuite il s'agira de voir quels sont les moyens pratiques de passer à l'application de ces principes. On pourrait, par exemple, émettre le vœu que la question soit mise à l'ordre du jour du prochain congrès, sur les données du rapport de M. Torquato Giannini (*Approbation générale*).

Dois-je considérer que nous sommes d'accord sur cette idée générale ? (*Approbation unanime*).

Alors, nous passons à la deuxième partie des conclusions. Nous allons examiner le n° 1 de l'ordre du jour :

« I. — Que toutes les règles concernant les rapports juridiques entre « les stations radiotélégraphiques et les usagers soient réunies dans un « texte spécial et complet. »

M. Hirschfeld, (U.R.S.S.). — La Délégation de l'U.R.S.S. est entièrement d'accord avec le rapport de M. Giannini en ce qui concerne la codification des règles, notamment les paragraphes 1 et 2 ; mais, si je ne me trompe, on a posé le problème de la responsabilité. C'est sur ce problème que je voudrais faire quelques remarques.

M. le Président. — Nous verrons cette question ensuite.

M. Kucera (Tchécoslovaquie). — Je pense qu'il faut compléter le texte. Nous disons : « toutes les règles » ; il faut dire : « toutes les règles internationales ». Ensuite on dit : « les rapports juridiques entre « les stations de radiotélégraphie et les usagers ». Il n'y a pas de rapports juridiques entre les stations et les usagers, mais entre les exploitants des stations et les usagers.

M. Homburg, *rapporteur général*. — J'appuierai la proposition de M. Kucera en demandant l'élargissement de ce texte, parce que, en matière de transports, il y a des rapports juridiques, non seulement entre les stations de radiotélégraphie et les usagers : mais encore entre l'Etat et les tiers. Je crois que la formule proposée est trop restrictive.

M. le Président. — Je rappelle que l'ordre du jour est toujours renvoyé au comité de rédaction. L'auteur indique seulement des principes.

M. Homburg, *rapporteur général*. — Le principe, c'est celui d'une codification des règles.

M. T. Giannini, *rapporteur*. — Mon rapport a été rédigé très vite et comme vient de le dire le Président, j'ai indiqué simplement l'idée ; j'ai dit « les stations radiotélégraphiques » pour ne pas dire les administrations. les Gouvernements, etc... C'est simplement l'indication de l'idée.

M. Konic (Pologne). — Je crois qu'il est inutile de dire : « toutes les règles de droit radiotélégraphique privé actuellement en vigueur... » Nous allons supprimer « actuellement en vigueur. »

C'est une question de fond. On dit que toutes les règles actuellement en vigueur doivent être introduites dans le code ; pourquoi, s'il y en a de mauvaises ? Je crois que ce n'est pas simplement une question de rédaction.

M. T. Giannini, *rapporteur*. — On pourrait dire également « toutes « les règles concernant les rapports juridiques entre les exploitants « des stations radiotélégraphiques et les usagers... » sauf rédaction.

M. Salvioli (Italie). — La remarque qui vient d'être faite est juste en ce sens : il se peut que les deux numéros de l'ordre du jour envisagent deux hypothèses différentes. On propose d'abord de faire un texte unique comprenant toutes les règles internationales pour en faire un ensemble. Celui-ci pourrait-être considéré comme un modèle. Mais si nous faisons un code, je crois que le numéro 2 est inutile. Ou nous faisons deux choses différentes, ou nous faisons un code unique.

M. le Président. — Le résultat est le même, Le Rapporteur propose de faire un texte pour les rapports entre exploitants et usagers dans son premier paragraphe, parce qu'il n'y a pas seulement des rapports de droit privé et c'est ce qui explique le nº 2 qui vise les règles de droit privé.

M. T. Giannini, *rapporteur*. — Les règles qui concernent le secret, par exemple, ne sont pas des règles de droit privé. Le dommage causé est soumis à la règle du droit privé.

M. Theiler (Brésil). — Je crois qu'il suffirait de dire : « Le Congrès émet le vœu que soient codifiées les règles de la T. S. F. en relation avec les transports maritimes et aériens. » Cela comprendrait tout. Ce serait un code avec toutes les règles juridiques et ainsi seraient réunis les deux paragraphes de l'ordre du jour.

M. le Président. — La première question et la seconde sont tout à fait différentes.

La préoccupation de notre Rapporteur, c'est que l'usager doit savoir clairement quels sont ses rapports avec l'exploitant ; c'est-à-dire que ces règles, qu'il désire codifier, deviennent peut-être des chapitres de la convention entre l'usager et l'exploitant. Il désire que, pour des raisons pratiques, l'usager puisse savoir comment sont réglés ses rapports avec l'exploitant, soit que ces règles découlent d'une convention internationale, soit qu'elles soient inscrites dans la loi interne.

Ensuite, il y a la question générale à laquelle se réfère le nº 2. Notre collègue du Brésil demande que l'on émette un vœu pour une codification de la T. S. F. Cette proposition se rallie entièrement à celle de M. Konic qui a dit : on ne doit pas s'en remettre aux conventions : nous faisons des règles ; la matière de ces règles est remise au Comité, avec, comme base, le rapport de M. T. Giannini, pour être discutée au prochain congrès.

Y a-t-il encore des observations sur ce premier point ?...

Alors nous le considérons comme adopté. (*Adopté*).

Pour le nº 2 de l'ordre du jour, je crois qu'après les renseignements que j'ai donnés, il est inutile de s'attacher à la formule, parce que le Comité de rédaction aura peut-être à la modifier et nous verrons, à la dernière séance, la conséquence des décisions que nous prenons ; c'est-à-dire que nous verrons s'il y a lieu de mettre la question à l'ordre du jour du prochain congrès. Sommes-nous d'accord ?... Personne ne demande la parole, je considère la proposition comme adoptée. (*Adopté*).

Alors demain matin, le comité de rédaction se réunira. Il comprendra, si vous voulez bien, le Rapporteur, M. Salvioli, M. Homburg et le Président. (*Adopté*).

Reste encore une question. Etant donné que nous avons dit qu'il faut envisager le système tel qu'il est proposé dans le paragraphe 7 du rapport Giannini, je crois que c'est le moment de devancer un peu la discussion sur le problème de la responsabilité et de discuter le paragraphe 3 de l'ordre du jour de M. Homburg que nous avons laissé de côté. C'est l'avis de M. Konic. Le paragraphe est ainsi conçu :

« 3o Que les Etats assurant des communications radiotélégraphiques « ou radiotéléphoniques soient soumis à la responsabilité de droit « commun.

On demande donc que la responsabilité des Etats soit égale à celle des entreprises privées. Il faut considérer aussi que, si on ne parle que des Etats, on ne sait pas quelle est la situation des entreprises privées.

M. Homburg, *rapporteur général*. — L'objection est d'autant plus importante que sur certains télégrammes il est indiqué que ni l'Etat, ni les Compagnies privées, ne sont soumis à aucune responsabilité. Par conséquent la non responsabilité de l'Etat entraîne l'irresponsabilité des compagnies. On pourrait reprendre le problème dans toute son ampleur, quand nous examinerons, un par un, tous les points qui ont été soulevés par le rapport de M. Giannini, au cours du prochain congrès.

M. Hirschfeld (U. R. S. S.). — La Délégation de l'U. R. S. S. regrette de dire qu'elle ne peut pas se rallier à la proposition d'établir une réglementation au sujet de la responsabilité éventuelle des Etats et des Compagnies privées. L'état actuel de la technique de la radioélectricité ne permet pas d'assurer, même dans les services télégraphiques, un service stable et sûr. Nous n'acceptons donc pas le principe de la responsabilité de droit commun.

Je me permets de faire remarquer que M. le Rapporteur a visé le cas des compagnies privées américaines ; mais, d'après ce que je sais, les compagnies américaines n'acceptent la responsabilité que dans le service intérieur. Il y a une décision de la Cour Suprême des Etats-Unis qui écarte formellement toute responsabilité quelconque dans les services internationaux, à l'égard de la clientèle internationale. Donc, même dans ce cas, où la reponsabilité est acceptée, elle est très restreinte.

Nous estimons que le moment n'est pas encore venu de poser la question de la responsabilité normale des Etats et des compagnies privées en T. S. F.

M. le Président. — Nous avons une proposition de M. Homburg qui indique qu'il n'est pas opportun d'examiner cette question très importante dans le congrès actuel, qu'il conviendrait de l'examiner dans le système général des questions posées par le paragraphe 7 du rapport de M. Giannini. Il n'y a donc pas urgence à aborder ce problème sur lequel, vous le voyez, nous ne sommes pas d'accord.

M. Gneme (Italie). — Après la proposition de M. Homburg, je n'ai rien à dire. Pour le compte des administrations italiennes, je devais faire les plus grandes réserves sur cette question de la responsabilité. On a cité les compagnies américaines en ce qui concerne le service intérieur, mais je dois dire que les compagnies américaines qui, dans certains cas, et avec beaucoup de difficultés, acceptent cette responsabilité, la font payer très cher ; le tarif est sept fois plus élevé que le tarif européen. On comprend que, dans ces conditions, la responsabilité puisse être acceptée. grâce au fond que les compagnies américaines ont formé avec ces primes élevées, elles peuvent faire facilement concurrence pour les services internationaux aux autres entreprises !

M. le Président. — Personne ne demandant plus la parole, je mets aux voix la proposition de M. Homburg. (*Adopté*).

La séance est levée à 18 heures 5.

CINQUIÈME SÉANCE

Mercredi 3 octobre 1928 (matin)

Assistance et sauvetage des navires et aéronefs

La séance est ouverte à 9 heures 30, sous la présidence de M. Giannini.

M. le Président. — Messieurs, avant de commencer l'ordre du jour, j'ai l'honneur de vous donner lecture du télégramme que S. M. le Roi nous a fait parvenir en réponse au télégramme que nous lui avons adressé lors de notre première séance.

« Sua Maesta Il Re rende vive e cordiali grazie a lei ed ai congres« sisti augurando fecondi dei piu proficui risultati i lavori della impor« tante reunione. Mattioli » (*Applaudissements*).

Messieurs, notre ordre du jour appelle aujourd'hui la question de la « Télégraphie sans fil et l'assistance et le sauvetage des navires et des aéronefs ».

Je donne la parole au Rapporteur, M. Berlingieri.

M. Berlingieri, *rapporteur*, — donne lecture de son rapport (1). (*Vifs applaudissements*).

M. le Président. — Messieurs, je crois être l'interprète du congrès tout entier en adressant à M. Berlingieri nos remerciments pour son magnifique rapport.

La discussion est ouverte.

M. Perez (République Argentine). — Je voudrais poser une question précise : est-ce qu'il existe, inscrite dans une convention, l'obligation d'aller au secours d'un navire en détresse ?

M. Berlingieri, *rapporteur*. — Oui.

M. Perez (République Argentine). — Vous avez parlé d'une convention de 1914 ; je n'ai pas bien compris, parce qu'on ne peut pas admettre

(1) *Rev. jur. int. de la Radioélectricité*, 1928, n 16.

le principe du remboursement des frais, s'il n'y a pas l'obligation d'accourir au secours.

M. Berlingieri, *rapporteur*. — En 1900, a eu lieu la Conférence de Paris et là, il y a eu lutte entre les idéalistes — on nous appelait les idéalistes — et les matérialistes — car même les Français nous ont abandonnés Il y a eu une majorité au sein de la Conférence pour voter contre le devoir juridique du secours, car les Anglais et les Allemands ne voulaient admettre ce devoir juridique que dans le cas d'abordage. On avait établi ce principe : en cas d'abordage, le navire abordeur qui était en faute avait le devoir juridique de prêter secours à l'autre navire.

En 1905, on a abordé de nouveau la question et le principe qui avait été admis dans la législation italienne depuis longtemps a été admis dans la convention diplomatique. Il n'y a pas eu grandes discussions sur cet article. C'est l'article II de la Convention ; il dit que tout capitaine de navire qui reçoit un appel de secours est obligé de se rendre à cet appel et que les Etats sont obligés de prendre les mesures nécessaires pour édicter des sanctions pénales contre le capitaine qui ne remplirait pas ce devoir juridique.

M. Perez (République Argentine). — En ce qui concerne le premier point de l'ordre du jour, la Délégation argentine accepte la réunion de la conférence dont il s'agit, Sur le second point, en ce qui concerne le principe du dédommagement, je m'associe pleinement à cette indication.

Relativement au troisième point, nous pourrions faire une suggestion. Vous savez que M. le sénateur Ciarolo a présenté un projet de création d'un fonds de secours lorsqu'il se présente des cas de catastrophe mondiale, de grande détresse publique. Ce fonds est, je crois, déjà créé. On pourrait demander que ce fonds Ciarolo, qui est soutenu par toutes les nations, soit étendu aux désastres maritimes. Peut-être pourrait-on donner à ce fonds un caractère qui le mette en dehors de la Société des Nations, parce qu'il y a des nations qui ne font pas partie de la S. D. N. ?

M. Hirschfeld (U. R. S. S.). — Le problème a une très grande importance. La Délégation de l'U. R. S. S. se rallie en général aux conclusions de M. le Rapporteur, mais elle désire présenter quelques observations.

Tout d'abord, en ce qui concerne le signal de détresse, on constate une tendance très fâcheuse à en faire abus. Je ne veux pas nommer une organisation internationale de caractère politique qui s'est occupée, lors d'une de ses conférences, d'une organisation spéciale des services radioélectriques liés au problème des signaux pendant la guerre ; mais lors de cette conférence, on a envisagé la procédure à suivre en cas de crise de guerre et on a envisagé l'emploi du signal de détresse S. O. S.

La Délégation soviétique estime que l'on devrait défendre de la façon la plus expresse l'emploi de ce signal de détresse en dehors des cas prévus par les conventions et les règlements internationaux, lorsqu'il s'agit de la sauvegarde de la vie humaine dans les transports par mer ou par avion.

La Délégation soviétique proposerait d'ajouter à l'ordre du jour :

« La conférence qui doit être convoquée devra s'inspirer de cette « idée que l'on ne doit pas faire abus du signal de détresse ».

Une autre question très importante, très intéressante, est celle de la rémunération. La Délégation soviétique estime que l'on devrait partir de cette idée que le sauvetage de la vie humaine, en raison de la solidarité humaine, ne doit pas être rémunéré en principe. Nous avons des précédents. Nous connaissons un cas où l'Etat dont le navire était en danger s'étant adressé à un autre pays, cet autre pays a refusé nettement de porter secours avant qu'une somme de X... fût versée. J'estime que nous devons lutter contre pareille tendance. J'ai compris l'idée de M. le Rapporteur : le principe est la sauvegarde de la vie humaine, mais, pour stimuler les efforts dans ce sens, on devrait envisager la création d'un fonds spécial.

En ce qui concerne ce fonds spécial, la République soviétique partage la manière de voir du délégué de l'Argentine ; quant à la gestion de ce fonds, la délégation soviétique estime que la Société des Nations, qui est une organisation politique, ne devrait pas s'occuper de ce problème, d'autant plus qu'il y a plusieurs pays qui ne font pas encore partie de cette organisation.

M Homburg, *rapporteur général*. — En ce qui concerne les abus qui pourraient se produire dans l'utilisation des signaux de détresse, la question a déjà fait l'objet des discussions du congrès de Genève où on a abouti à des vœux extrêmement nets. Nos travaux ayant un caractère d'unité, il est inutile de refaire à Rome ce qui a été déjà fait à Genève.

M. Olachea (Pérou). — Je ne crois pas que ce soit la Société des Nations qui doive être chargée de la gestion du fonds dont on envisage la création, parce qu'il y a bien des pays qui ne font pas partie de la Société des Nations. Il semble qu'il y a d'autres institutions ; par exemple j'ai entendu parler du fonds pour les calamités publiques : en temps de guerre, il y a la Croix Rouge qui me semblerait tout indiquée.

M. Torquato Giannini (Italie). — Je partage la manière de voir de notre Rapporteur, seulement au point de vue de la direction à donner à nos vœux, je voudrais rappeler la situation de fait. Le sujet, comme le disait notre collègue, a été traité dans plusieurs conventions. Il y a la convention de Londres de 1914, qui va être révisée au mois de mars ou au mois d'avril prochain, à Londres. Cette convention devait faire l'objet d'une conférence qui avait été préparée pour le mois d'octobre, mais qui a été renvoyée. Cette question de la radiotélégraphie sera au premier plan et peut-être, à cette conférence, pourrions-nous présenter les vœux, non-seulement de ce congrès, mais aussi des congrès, précédents relatifs à l'abus du signal l'alarme. Je dis « peut-être », parce que j'ai des doutes au sujet de la compétence que la conférence se donne à elle-même. En effet, la conférence de Londre et les travaux préparatoires de la nouvelle conférence disent : nous laissons de côté tout ce qui forme la partie technique de l'appel de secours.

La convention de Washington a des articles qui concernent le côté technique, mais elle renvoit à la Convention pour la sauvegarde de la vie humaine, c'est-à-dire à la Conférence de Londres, la définition des bateaux qui doivent être munis d'un appareil pour les appels. La convention de Londres n'a pas voulu régler les rapports de caractère économique et d'après les travaux préparatoires, il semble bien que la prochaine conférence ne voudra pas, tout au moins provisoirement, s'occuper de ces rapports.

On pourrait tout de même présenter le vœu en ce qui concerne l'appel de détresse, parce qu'ici, ce n'est pas un rapport économique qui est en jeu, c'est une question de discipline avec des sanctions, comme il y a des sanctions, dans la convention de 1914, pour le capitaine qui ne répond pas à l'appel au secours. Il peut y avoir des sanctions pour l'abus du signal de détresse ; il y aura toujours la responsabilité du capitaine, soit pour une action positive, soit pour une action négative.

Mais en ce qui concerne les rapports économiques, je crois que l'on devrait s'adresser à la conférence diplomatique pour qu'à la prochaine occasion elle reprenne la question. Il faut considérer en effet les progrès de la T. S. F., aujourd'hui, en une région déterminée, il peut y avoir quatre bateaux munis d'appareils T. S. F., mais dans quelques années il y en aura peut-être, dans la même région 16 et alors, il y aura certainement une partie de ces bateaux qui se déplaceront inutilement, soit parce que lorsqu'ils arriveront le désastre aura été consommé, soit parce que le sauvetage aura été accompli par un autre. Il parait logique de rembourser les frais de ces bateaux qui se sont déplacés, qui ont dépensé du charbon, qui ont perdu du temps etc .. Je me rappelle que, récemment, il y a eu une difficulté entre un capitaine et la compagnie à laquelle il appartenait : le capitaine avait mal compris un appel de détresse lancé sur l'Atlantique et qui n'était pas clair ; la Compagnie l'a débité de la somme assez considérable que représentait le charbon brûlé inutilement. Il faut prévoir tous ces cas ; mais je dis qu'il faut s'adresser d'abord à la conférence de Londres pour qu'elle examine la question et si elle juge que ce n'est pas de sa compétence, à la conférence diplomatique de Bruxelles pour que l'on insère des dispositions dans une convention spéciale.

M. PEREZ (République Argentine). — Y a-t-il au mois de mars une conférence qui traite des questions prévues au paragraphe I de l'ordre du jour?

M. TORQUATO GIANNINI (Italie). — Au printemps il y aura à Londres une conférence qui va traiter de la sauvegarde de la vie humaine ; mais cette sauvegarde ne se borne pas à l'emploi de la T. S. F. ; il y a les appareils de sauvetage, la construction des navires spéciaux, etc... Naturellement, elle ne s'occupe pas des conséquences économiques des rapports qui peuvent s'établir entre les parties à la suite de l'emploi de ces moyens.

M. PEREZ (République Argentine). — Ne pourrait-on pas élargir le programme de cette conférence ?

M. TORQUATO GIANNINI (Italie). — C'est ce que l'on peut demander.

M. BERLINGIERI, *rapporteur*. — Il y a des travaux préparatoires : on peut y ajouter les paragraphes 2 et 3.

M. TORQUATO GIANNINI (Italie). — Oui, seulement je crains que la Conférence trouve que ce n'est pas de sa compétence : on a écarté le côté technique et le côté économique de la question.

M. PEREZ (République Argentine). — Alors, on pourrait émettre un vœu que le programme de la conférence soit élargi.

Je voudrais répondre au Délégué de l'U. R. S. S. Il a fait appel à la solidarité humaine et il a ainsi mis en mauvaise posture ceux qui vont voter le principe de la rémunération. Je me permets de lui demander si en Russie, en ce moment, un médecin est payé quand il accourt au chevet d'un malade ? D'après le principe de la solidarité humaine, il faudrait qu'il accourt sans rémunération. Si le médecin est payé, je ne comprends pas que vous invoquiez cette question de la solidarité humaine !

M. HIRSCHFELD (U. R. S. S.). — Il ne s'agit pas de dire que le médecin doit accourir dans tous les cas, gratuitement : c'est une toute autre question. Nous disons que, si un médecin est appelé au chevet d'un malade, il doit s'y rendre et ne pas commencer par préciser la somme qu'on devra lui verser.

M. Perez (République Argentine). — Mais il peut finir par le demander !

M. Hirschfeld (U. R. S. S.). — J'ai cité un cas qui s'est présenté : l'Etat auquel on s'est adressé pour avoir du secours a tout d'abord posé la question de la somme à verser.

M. Perez (République Argentine). — Mais ici ce n'est pas le navire qui pose la question : c'est nous qui la posons.

M. Hirschfeld (U. R. S. S.). — Posons d'abord le principe que tout capitaine est tenu de porter secours et disons ensuite, si vous voulez, à titre faculatif, que l'on pourra créer ce fonds spécial. On ne doit poser la question de la compensation éventuelle qu'après coup. J'ai cité un exemple, il ne faut pas que l'on introduise des pratiques pareilles quand il s'agit de la sauvegarde de la vie humaine. Il ne faut pas que l'on commence par marchander, parce que, pendant ces marchandages, le navire ou l'aéronef a le temps de se perdre complètement.

Voilà la question que j'ai posée et je ne peux pas comprendre la réponse de M. le Délégué de l'Argentine. Il a envisagé un cas qui n'a rien de commum avec celui que j'ai envisagé.

M. Berlingieri, *rapporteur*. — Je trouve que la question soulevée par M. le Délégué de la République soviétique n'a pas de raison d'être, parce que, comme je l'ai dit, il y a une convention diplomatique ; cette convention n'a pas été ratifiée par l'U. R. S. S., mais il y a chez vous une loi qui a accueilli le principe de la convention...

M. Hirschfeld (U. R. S. S.). — Nous l'appliquons même.

M. Berlingieri, *rapporteur*. — Oui vous avez une loi spéciale. Or, dans cette convention il est dit qu'il n'est dû aucune rémunération par les personnes sauvées en faveur des sauveteurs.

M. Perez (République Argentine). — Aucune rémunération de la part des personnes sauvées.

M. Berlingieri, *rapporteur*. — Donc la question soulevée par M. Hirschfeld a été réglée déjà par le 2e alinéa de l'art. 2 de la convention internationale qui dit :

« Aucune rémunération n'est due si le secours prêté reste sans résul- « tat utile ».

Dans mon rapport, j'indique que j'ai examiné cette question, il y a très longtemps, à l'occasion de la Conférence convoquée par le Comité Maritime International à Paris en 1900 et je cite ce passage de mon rapport établi à cette date :

« .. Il y en a qui soutiennent qu'un tel droit ne peut pas être contesté, « étant injuste de disputer au marin intrépide ce qu'on accorde au « médecin et à l'avocat, et d'affranchir le naufragé d'une obligation qui « incombe par contre au malade ou au prévenu ».

J'ajoutais :

« L'argument est spécieux, mais il ne me paraît point décisif.

« Le médecin et l'avocat ont certainement droit à une rémunération « pour leurs services, mais cette rémunération leur est due à raison de « la profession qu'ils exercent et est évaluée en proportion du travail « fourni, sans qu'il y ait lieu de tenir compte du résultat obtenu.

« En matière d'assistance, au contraire, le service devrait être spé« cialement proportionné au bienfait rendu à la personne par le sauve« tage de sa vie ».

C'est donc une question qui a été examinée.

M. PEREZ (République Argentine). — M. Malerba, qui est officier de marine, me citait, avant d'entrer en séance, le fait suivant : un jour qu'il se trouvait en pleine mer, le navire à bord duquel il se trouvait a reçu l'appel d'un autre navire qui demandait un médecin ; cet appel avait été entendu d'autres navires : aucun n'a répondu ; seul le navire de guerre argentin a répondu et a donné la consultation. Ceci prouve que la solidarité humaine, en pareil cas, ne suffit pas. Ce qu'il faut établir, c'est le principe de la rémunération, après avoir établi l'obligation de répondre et de se porter au secours de celui qui souffre.

M. GNEME (Italie). — Il me semble que le fait cité par le Délégué de l'U. R. S. S. a été dû à ce que la Convention de Londres de 1914 n'a pas été ratifiée par tout le monde et que, par conséquent, le pays auquel s'est adressé le navire en détresse n'était pas obligé de respecter le principe. Nous devons donc exprimer le vœu que la Conférence de Londres et la conférence de l'année prochaine soient ratifiées et appliquées le plus tôt possible. De cette manière seulement nous pourrons arriver au but et mettre en vigueur le secours obligatoire sans demande préalable de rémunération, car c'est un devoir que de donner suite aux dispositions contenues dans la Convention de Washington pour le secours immédiat aux naufragés en détresse.

Je dois rappeler qu'à Washington la délégation de l'Allemagne avait fait des propositions en vue de la sauvegarde de la vie humaine au moyen de la T.S.F. : mais la France a été d'avis que les dispositions qui rendaient obligatoire l'installation de la T.S.F. sur les navires et les aéronefs ne devaient pas être mises dans la convention radioélectrique, mais qu'elles étaient du ressort de la conférence pour la sauvegarde de la vie humaine. La conférence de Washington a pensé, elle aussi, que ce n'était pas de son ressort.

M. Berlingieri, *rapporteur*. — Pour moi, cette question est du ressort de la prochaine conférence ; celle-ci a pour but d'améliorer les dispositions de la précédente Convention de Londres qui n'a pas été exécutée et, naturellement, on devra tenir compte de la navigation aérienne et apporter les modifications adéquates. Je ne connais pas les travaux préparatoires, mais on pourrait ajouter ce vœu.

M. Torquato Giannini a dit qu'il n'y est pas question de dispositions d'ordre économique. Mais si on veut améliorer la convention de 1914, il faut nécessairement que l'on s'occupe de ces questions, parce que l'article dont j'ai donné lecture, rédigé par la Conférence de Londres, et qui réglemente les appels de secours, confirme le principe de l'obligation juridique de l'assistance ; or, en confirmant ce principe, on entre dans la question économique. D'ailleurs le chemin pour arriver à la constitution de ce fonds alimenté par les contributions de tous les États est déjà préparé par la Convention de 1914. Je vous rappelle que la convention a adopté ce système pour assurer la destruction des épaves.

M. le Président. — Personne ne demande plus la parole ? La discussion générale est close. Je crois que tous les membres du congrès sont d'accord et qu'il n'y aura pas besoin de voter par paragraphes. Il n'y a que le dernier alinéa.

M. Perez (République Argentine). — Je voudrais modifier le texte du N° 1. Je voudrais dire :

« Le Congrès émet le vœu que la conférence qui doit se réunir à Londres au mois de mars s'occupe des questions suivantes : »

M. le Président. — C'est clair. Nous dirions donc :

« Le Congrès émet le vœu que la prochaine conférence de Londres, « en 1929, soit saisie des propositions suivantes : »

M. Berlingieri, *rapporteur*. — J'accepte la modification.

M. Theiler (Brésil). — On pourrait dire « la Conférence de Londres ou tout autre conférence qui traite du même sujet », parce que si la conférence de Londres ne se réunit pas, il faut que le vœu reste.

M. le Président. — C'est justement pour cette raison que je demandais que le paragraphe reste le même. Nous parlons de Londres parce que nous croyons qu'il est nécessaire que toutes ces questions soient examinées à Londres si la conférence peut élargir son programme ; dans le cas contraire, restera le recours à la conférence prévue à l'alinéa 2. (*Très bien ! très bien !*)

Il n'y a pas d'autres observations sur le paragraphe 1...? (*Adopté.*)

Quelqu'un a-t-il des observations à présenter sur le paragraphe 2?... (*Adopté.*)

M. LE PRÉSIDENT. — Reste le 3e paragraphe. Nous avons deux propositions. La première est celle de M Perez qui consiste à désigner l'organisation qui serait chargée de gérer le fonds de secours prévu. La deuxième, faite par d'autres délégués consiste à ne pas faire une désignation spéciale, mais à parler simplement « d'une organisation humanitaire internationale ».

M. PEREZ (République Argentine). — J'accepte « une organisation humanitaire internationale ».

M. LE PRÉSIDENT. — Dans ces conditions, il n'y a plus de discussion. Je mets le paragraphe 3 aux voix. (*Adopté.*)

M. LE PRÉSIDENT. — Je mets aux voix l'ensemble de l'ordre du jour. (*Adopté.*)

La séance est levée à 11 heures 20.

SIXIÈME SÉANCE

Jeudi 4 octobre 1928 (matin)

Protection des émissions radioélectriques

La séance est ouverte à 9 heures 30, sous la présidence de M. Giannini.

M. LE PRÉSIDENT. — Messieurs, je donne la parole à M. Reber (E.U.A.), président de la Commission de Techniciens que nous avons nommée hier.

M. REBER (E.U.A.). — Messieurs, le comité s'est mis d'accord sur un texte dont va vous donner lecture le Rapporteur de la Commission, M. Vanni.

M. VANNI, *rapporteur*. — Le texte proposé est le suivant :

« La sous-commission constate que, dans l'état actuel de la technique, « il est très difficile de préciser toutes les causes possibles des pertur« bations apportées aux communications radioélectriques.

« Il en existe pourtant (moteurs électriques, appareils électromédi« caux, sous-stations de transformation d'énergie, etc.) occasionnant « des troubles qui peuvent être évités en grande partie, suivant les « indications de la technique.

« En conséquence, il serait désirable que chaque pays prît des mesures « appropriées pour obliger les installations existantes et futures à « adopter les dispositifs reconnus nécessaires pour supprimer les causes « de trouble aux communications radioélectriques, en tenant compte « autant que possible des droits acquis »

M. LE PRÉSIDENT. — Qu'entendez-vous par « en tenant compte, autant que possible, des droits acquis ? »

M. VANNI, *rapporteur*. — Supposons une personne qui a déjà fait une installation et supposons que les modifications à apporter à cette installation exigent des dépenses considérables : on peut émettre le vœu que des mesures appropriées soient prises pour éviter les causes de troubles, mais en tenant compte des droits acquis, c'est-à-dire du fait que les modifications à apporter ne représenteront pas une dépense minime, mais au contraire des dépenses considérables. Voilà le point de vue auquel nous nous sommes placés.

M. LE PRÉSIDENT. — En somme, vous vous préoccupez des dispositions transitoires à adopter pour l'application de cette nouvelle disposition, c'est-à-dire de la situation que l'on doit faire aux installations déjà existantes, étant donné que l'on va adopter des mesures précises. En réalité, il ne s'agit pas de droits acquis ; il s'agit simplement de voir comment on peut pallier aux conséquences économiques de cette nouvelle disposition.

M. VANNI, *rapporteur*. — C'est l'idée qui nous a guidés ; reste à trouver la meilleure formule.

M. LE PRÉSIDENT. — Nous sommes d'accord.

M. GNEME (Italie). — Nous avons prévu le cas d'un tramway électrique dont la modification entraînerait des dépenses considérables, ou encore, celui d'un chemin de fer. Et nous avons tenu compte de la pratique. Ici par exemple nous avons pu changer les lignes télégraphiques le long des voies ferrées, en raison de l'électrification des lignes : nous avons eu des dépenses considérables Nous avons tenté un accord avec les chemins de fer, mais les chemins de fer nous ont répondu : nous sommes sur notre terrain, nous pouvons faire ce que nous voulons. Si vous voulez vous installer sur notre terrain, c'est à vous de faire les dépenses.

M. VANNI (Italie). — Il se produit encore ce fait qu'une personne qui paie des redevances à une société de radiophonie est dans l'impossibilité de percevoir le moindre son, à cause des tramways. Personnellement j'ai constaté que, dans certaines rues de Rome, il est impossible d'écouter quoi que ce soit, non pas en raison de sous-stations que l'on peut modifier, mais par suite du passage du tramway. Il faut donc avoir recours à la technique ; la technique nous indique qu'avec certains systèmes de trolleys on peut, non pas faire disparaître, mais atténuer les troubles et cette simple atténuation entraîne des dépenses considérables. Voilà encore une question qui est à l'étude ; en Amérique, on a nommé une commission spéciale pour l'étudier à fond ; en Italie, nous sommes également en train de l'étudier, mais nous ne sommes pas encore arrivés à une conclusion définitive.

M. LE PRÉSIDENT. — Alors, pour rester dans le domaine pratique, je crois que le mieux est d'adopter le vœu suivant :

« Le Congrès émet le vœu :

« Que chaque pays prenne des mesures appropriées pour obliger « les exploitants de toutes installations à adopter les dispositifs

« reconnus nécessaires pour supprimer les causes de trouble aux com« munications radioélectriques, en tenant compte, autant que possible, « de la nécessité d'adopter des règles transitoires pour les installations « déjà existantes. » (*Approbation générale.*)

M. Barone (Italie). — On pourrait conserver le préambule.

M. le Président. — Oui, je ne parle que du vœu lui-même.

M. de Villalonga (Espagne). — Je voudrais suggérer que la résolution, qui peut mener très loin, fasse allusion au principe adopté l'autre jour du devoir des États d'éviter les troubles, parce que, autrement, cela pourrait faire double emploi, tandis que, si on se réfère à ce principe, notre résolution ne fera que renforcer celle que nous avons adoptée l'autre jour.

M. Olagnier (France). — Je crois que le Congrès ne devrait pas abandonner cette question du brouillage sans émettre une considération d'ordre général.

Le rapport de nos collègues Lescot et Musche soulève une question d'ordre pratique extrêmement importante : celle du vocabulaire. Je dis que pour faire un travail efficace, pour tenter de remédier à la situation actuelle, il est nécessaire de se mettre d'accord une fois pour toutes sur la valeur des termes. J'ai eu déjà l'occasion de faire cette remarque à propos des mots « relai », « diffusion », « retransmission », « émission », qui sont pris tantôt dans le même sens, tantôt dans un sens différent. Je crois que le Congrès ferait œuvre utile en nommant une sous-commission chargée de préparer pour l'année prochaine un petit lexique contenant la définition exacte des mots employés en T.S.F.

M. le Président. — Le Congrès est tellement d'accord avec vous que, dès le premier jour, sur la proposition de M. Homburg, nous avons pensé à mettre dans le programme du prochain congrès, qui sera fixé à la dernière séance, la question de la terminologie.

Je mets maintenant aux voix les propositions de la commission de rédaction, sous réserve de leur mise au point par le comité de rédaction. (*Adopté.*)

Je donne la parole à M. le marquis Solari, qui a une communication extrêmement importante à vous faire, mais qui se rallie, au fond, au vœu que nous avons adopté hier. M. Solari vient de présider une réunion qui a eu lieu à St-Sébastien et il va vous donner des renseignements très intéressants.

M. Solari (Italie). — Messieurs, j'arrive de St-Sébastien, où se tenait une conférence des principales compagnies de T.S.F., au sujet des services maritimes. Le but de la conférence était le suivant : une collaboration technique, commerciale et même juridique pour le développement de l'application de la T.S.F. aux services maritimes. Jusqu'à présent, les Compagnies avaient leur but commercial, industriel et, en accord avec les compagnies de navigation, cherchaient à faire des affaires, mais il n'y avait aucune liaison entre elles.

On a constitué un comité international dans lequel toutes les grandes compagnies de T.S.F. maritime sont représentées. Ce Comité a précisément pour but de réaliser ce qui forme en partie le but de notre congrès. On a constitué un comité permanent, dans lequel différentes nations seront représentées, et qui aura son siège à Bruxelles. Ce Comité va prévenir immédiatement les différents gouvernements de sa constitution et faire connaître ses buts. Je ne puis pas entrer dans les détails, pour ne pas déflorer la communication officielle qui sera faite par le comité de Bruxelles ; mais j'ai le plaisir de vous annoncer que le Comité a nommé trois commissions : une commission technique, une commission commerciale et d'exploitation, et une commission juridique. Le 15 octobre aura lieu à Londres un nouveau congrès dans lequel les travaux commencés à St-Sébastien seront complétés et comme je présidais la conférence de St-Sébastien, j'aurai l'honneur de communiquer à Londres toutes les délibérations qui seront prises ici et nous apporterons toute notre collaboration pour la mise en pratique des délibérations de ce congrès.

La question technique qui vous préoccupe beaucoup aura toute notre attention. Jusqu'à présent, lorsqu'il y avait un perfectionnement technique, on le gardait secret, pour tâcher de s'en faire un monopole, d'avoir un avantage sur les concurrents et d'en retirer des avantages particuliers ; nous avons décidé désormais de nous communiquer mutuellement tous les perfectionnements techniques ayant trait au sauvetage de la vie humaine sur mer. Vous voyez la grosse importance de cette innovation pour l'uniformisation des services de sécurité maritime : aucun monopole ne pourra s'établir au profit de telle ou telle compagnie ; les intérêts commerciaux des sociétés n'iront pas à l'encontre des intérêts des armateurs ; au contraire, dans le but de donner toutes les facilités possibles aux armateurs, les dépenses seront partagées internationalement entre les compagnies pour réduire au minimum les frais d'exploitation mis à la charge des armateurs. Ainsi, au point de vue des assurances : chaque société assure ses appareils ; s'il y a un Comité pour assurer tous les appareils de toutes les sociétés, les primes payées aux compagnies d'assurances pourront être sensiblement diminuées et, par voie de conséquence, on pourra réduire les conditions faites aux armateurs.

Notre but est donc : établir l'uniformité des moyens techniques employés, une plus grande facilité au point de vue commercial, donner le plus grand appui aux résolutions de ce congrès pour l'application de ses délibérations au point de vue juridique (*Vifs applaudissements.*)

M. LE PRÉSIDENT. — Il me reste à remercier vivement M. Solari de sa communication et je profite de cette circonstance pour réparer un oubli que j'ai commis tout-à-l'heure en ne remerciant pas la sous-commission technique présidée par M. Reber et aussi son éminent rapporteur M. Vanni.

M. PEREZ (République Argentine). — Je vous prierai de donner une reproduction très étendue, très détaillée de la communication de M. Solari, pour qu'elle soit répandue dans le monde entier.

Utilisation commerciale des émissions

Concurrence déloyale

M. LE PRÉSIDENT. — Messieurs, nous avons deux rapports, dont l'un est présenté par M. Tabouis. M. Baudouin soutiendra ce rapport (1).

M. Barone, conseiller d'État, ayant participé à la conférence de La Haye, a eu la bonté d'examiner la question et il a préparé ce qu'il appelle modestement une note, mais en réalité c'est un rapport (2). Je tiens à remercier dès maintenant ces rapporteurs.

M. BAUDOUIN (U.I.R.). — C'est une question des plus délicates ; en effet, la question de l'utilisation commerciale des émissions radiophoniques, conséquence même du droit de propriété des émissions, touche à tout ce qui intéresse la radiophonie, c'est-à-dire la question de la propriété littéraire et artistique, et différentes autres questions, soit au point de vue technique, soit au point de vue juridique.

La question de la protection des émissions et de l'utilisation commerciale des émissions radiophoniques, avait déjà fait l'objet, lors du premier congrès juridique de Paris, d'un rapport extrêmement intéressant, présenté par M. Homburg à Paris (3). Une résolution avait été adoptée à l'unanimité. Cette résolution était conçue dans les termes suivants :

(1) V. TABOUIS, *L'utilisation commerciale des émissions radiophoniques* (*Rev. jur. int. de la Radioélectricité*, 1928, n° 14, p. 101).

(2) V. *Rev. jur. int. de la Radioélectricité*, 1928, n° 16.

(3) Cf. *Compte rendu du premier Congrès juridique international de la T.S.F.*, 1925, p. 66.

« Aucune exploitation commerciale d'une émission radioélectrique « ne peut avoir lieu sans entente avec l'émetteur.

« La répression de la concurrence déloyale reconnue en matière « industrielle et commerciale par la Convention Internationale de Paris « en 1883, revisée à Bruxelles et à Washington, s'applique à toute « utilisation quelconque des informations de presse, de finances, de « publicité, etc , transmises par la voie radioélectrique. »

Or, on parle fort souvent, et cette question a été même sanctionnée ici, lors de la conférence sur la révision de la Convention internationale de Berne, de la question du droit de propriété littéraire et artistique, et on parle assez peu souvent, tout au moins jusqu'à présent, puisqu'il n'y a pas eu de sanction à ce désir, de la question du droit de propriété des émissions commerciales, ou du droit de propriété commerciale des émissions.

Il est bien certain que toute société radiophonique, quelle qu'elle soit, engage des frais considérables pour son installation ; elle paie un loyer pour pouvoir exploiter : il lui faut un terrain ou un immeuble. Elle engage des ingénieurs pour exploiter la station au point de vue technique. Enfin, elle paie aux auteurs qu'elle engage, des sommes déterminées en rémunération de l'apport moral que ces auteurs fournissent.

Étant donnés ces faits, étant donné que la société crée techniquement des ondes qui lui sont propres, puisque les techniciens déterminent chaque station en donnant des longueurs d'ondes différentes, il est normal que l'on reconnaisse, j'oserai dire, le droit de propriété des émissions faites par la société en question. Je parle ici de droit de propriété : le terme fera peut-être sourire les juristes qui sont ici, mais je reviendrai sur la nature même de ce droit que j'appelle un droit de propriété.

Par conséquent, les exploitants d'émissions radiophoniques pourraient, en réalité, concevoir très facilement la renonciation à leurs propres droits, eux-mêmes, vis-à-vis des récepteurs d'ordre privé, de même que les compositeurs ont renoncé à tous droits pour leurs œuvres exécutées chez les particuliers. Mais lorsqu'on vient soutenir ce raisonnement, il me semble que ce raisonnement ne fait que renforcer la nécessité de la reconnaissance même de la propriété commerciale des émissions, parce que, de cette reconnaissance peut découler certainement, dans un avenir plus ou moins lointain, l'abaissement, peut-être même la suppression des redevances imposées aux particuliers pour leurs postes récepteurs dans les pays où il y a une licence obligatoire.

Le droit de propriété des sociétés de radiodiffusion sur leurs émissions peut il être contesté ? Il est certain que, pour des juristes, on peut avoir tendance à déclarer que la situation d'une société de radiophonie est semblable à celle qui se produit si un concert est organisé dans une rue ou sur une place : chacun peut venir sur la place, écouter le concert, sans être obligé de reconnaître qu'il y a un droit de propriété pour celui qui organise le concert.

Je ne crois pas que cette assimilation puisse être soutenue. La différence qui existe entre l'émission radiophonique et le concert, c'est que, pour le concert, il suffit de ne pas être sourd pour l'entendre ; tandis que pour l'émission radiophonique, à moins qu'il n'y ait un haut-parleur, il faut avoir des connaissances spéciales, des instruments spéciaux pour bénéficier de l'audition. La situation de l'auditeur n'est donc plus une situation passive, mais une situation active. Il faut, d'abord, qu'il ait un appareil pour entendre, il faut ensuite qu'il soit à même de tourner les manettes de l'appareil pour entendre sur des longueurs d'ondes différentes Cette assimilation me semble donc inexacte.

On a dit aussi que dans les pays où les usagers n'ont aucun droit à payer pour la licence, il ne semble pas que l'on puisse reconnaître le droit de propriété des compagnies de radiophonie et qu'elles n'ont aucun droit, puisqu'elles ne réclament aucune redevance aux usagers. Il est facile de répondre à cet argument et M. Tabouis le fait dans son rapport : s'il nous fait plaisir de donner 20 francs à un pauvre, est-ce une raison pour dire que nous n'avons aucun droit sur ces 20 francs ?

Je voudrais, entre autres exemples intéressants à ce sujet, en citer un seul. C'est celui qui a été soumis à l'Union Internationale de Radiophonie, en matière de distribution téléphonique des émissions de radiophonie (1).

Si nous voulons parler de la question du droit de propriété des émissions ou, (tout au moins, de protection), je crois qu'il est nécessaire de faire un vœu à sanctionner, dans chaque pays, par une loi, ou, ce qui serait plus agréable et plus utile, je crois, à sanctionner par une convention internationale.

Quelle doit être la base, en réalité, de cette proposition (je parle du droit de propriété) ? J'ai parlé du droit de propriété, mais je rectifie, voici pourquoi : un droit de propriété porte toujours sur une chose

(1) Tabouis, « L'utilisation commerciale des émissions » (*Rev. jur. int. de la Radioélectricité*, 1928, n° 14, p. 107 et 108.

matérielle ou immatérielle, morale, mais une chose qui se manifeste extérieurement, par un objet quelconque, qui peut être produite et extérieurement dans le monde physique ; tandis qu'au contraire, quand il s'agit d'émissions, ces émissions ne peuvent pas se traduire de façon matérielle, à moins qu'elles ne soient matérialisées par un enregistrement phonographique ou un autre moyen. Je ne parle que de l'émission elle-même. Or l'émission elle-même va dans l'éther ; elle est invisible ; elle n'a pas de situation géographique, elle est internationale par excellence. Par conséquent, il semblerait difficile d'appliquer à cette onde un droit de propriété. Il s'agit plutôt, je crois, comme M. Tabouis l'a envisagé, d'appliquer à ce droit de protection le principe de l'action de *in rem verso* qui nécessite, comme condition *sine qua non*, enrichissement d'un côté, appauvrissement de l'autre.

Il est certain que, si les ondes émises sont exploitées par des tiers, que ce soient des tiers usagers privés ou publics, il y a là une sorte d'abus commercial fait au détriment de la société exploitante ; il y a donc appauvrissement d'une part et enrichissement anormal, inéquitable de l'autre *ex æquo bene concepto*, comme disaient les Latins.

J'ajouterai que la reconnaissance de ce droit de propriété de l'émission serait un avantage pour tout le monde : d'abord, pour les compagnies exploitantes qui y trouveraient une sorte de recette justifiée, une recette normale, perçue presque régulièrement sur chaque émission, sur chaque exploitation faite à leur détriment ; les usagers pourraient peut-être obtenir une amélioration à chaque changement de programme ; les auteurs eux-mêmes et les compositeurs y trouveraient leur intérêt, puisqu'ils auraient là un moyen d'obtenir une rémunération supplémentaire.

Les conclusions de M. Tabouis sont que :

La résolution votée par le premier Congrès juridique international de la T.S.F. qui s'est tenu à Paris les 11 et 16 avril 1925, ne vise que l'utilisation commerciale des informations transmises par la voie électrique, en se référant à l'ordre du jour dudit Congrès qui portait sur le « Droit de priorité d'exploitation des informations ».

Des études qui ont été poursuivies par le Comité International comme par l'Union Internationale de Radiophonie à la suite du vote de cette résolution, il apparait clairement que la question soulevée n'est qu'un cas d'espèce important certes, mais néanmoins particulier d'un problème général : que l'utilisation commerciale des émissions peut se présenter suivant les modalités les plus diverses et n'est pas confinée aux informations et nouvelles.

La protection légale qu'il a été reconnu nécessaire d'assurer au droit d'émission, doit avoir la portée la plus générale et le principe même de cette protection légale doit être affirmé et sanctionné sur le plan national comme sur le plan international pour que des solutions juridiques certaines puissent être apportées aux cas particuliers comme celui du « droit de priorité d'exploitation des émissions » sous le couvert duquel, en raison de son acuité, le problème avait été abordé.

Nous pensons à cet égard que les conclusions à tirer de l'étude de ce problème en général et des différentes modalités suivant lesquelles il se pose devant les juristes comme devant les exploitants d'émissions radiophoniques apparaissent suffisamment claires.

Le rapport, que le Dr. Willy Hoffmann, Avocat à Leipzig, a bien voulu présenter à ce sujet, nous apporte au surplus des précisions fort intéressantes :

1. — Le premier alinéa de la résolution votée au Congrès de Paris en 1925, légèrement rectifié comme suit : « *Aucune utilisation commerciale d'une émission radioélectrique, sous quelque forme qu'elle revête, ne peut se faire qu'avec l'approbation de l'émetteur*, » affirme bien le principe général du droit, sur lequel peut et doit se fonder la protection du droit de l'émission.

Ce principe affirme nettement, comme dit le Professeur Hoffmann, que l'émission appartient à la sphère des droits protégés par la législation.

2. — Le premier alinéa ci-dessus doit être ensuite complété pour que soit précisé le caractère des infractions au principe général ainsi posé :

« *Toute utilisation commerciale d'une émission radioélectrique sans l'approbation préalable de l'émetteur constitue un fait de concurrence déloyale.*

Il appartiendra évidemment à chaque État intéressé de fixer les modalités juridiques les plus adéquates à la législation déjà existante pour assurer une protection légale interne effective contre la concurrence déloyale, soit que cette protection se fasse sur la base de principes généraux du droit (en France, en Grande-Bretagne, aux États-Unis d'Amérique, etc.) soit qu'elle résulte d'une loi spéciale (Allemage, Autriche, Italie Japon, Tchéco-Slovaquie, etc.).

3. — Il y a lieu ensuite de viser la répression de ce fait de concurrence déloyale en matière de droit international en tenant compte de ce que les États adhérents à la Convention de Paris pour la propriété industrielle, se sont aux termes de l'art. 10-bis (rédaction de la Haye) engagés sans restriction à assurer sur le terrain national et international une protection efficace contre la concurrence déloyale ; le dernier alinéa de la résolution votée au Congrès de Paris de 1925 devrait être rédigé comme suit :

« *La répression de la concurrence déloyale, en matière d'utilisation com-* « *merciale d'une émission radioélectrique, sera assurée conformément aux* « *dispositions de la Convention internationale pour la protection industrielle* « *et commerciale tenue à Paris en 1883, révisée à Bruxelles, à Washing-* « *ton et à La Haye* ».

4. — Il ne semble pas que du point de vue international une règle précise

et uniforme quelque souhaitable qu'elle apparaisse, puisse être fixée, qui donnerait un fondement indiscutable à certains éléments des principes ci-dessus fixés et notamment déterminerait :

a) celui qui doit être considéré comme « l'émetteur » si l'entreprise qui émet les ondes est la maîtresse de la matière diffusée soit par le droit de propriété, soit par accord avec les auteurs, éditeurs, etc. ;

b) ce qui constitue « l'approbation » de l'émetteur, c'est-à-dire ce qu doit être considéré comme l'affirmation formelle de la volonté de l'émetteur d'autoriser l'utilisation commerciale de ses émissions ;

c) la forme sous laquelle cette approbation pourrait être accordée pour être valable et la mesure dans laquelle des restrictions pourraient être apportées à l'autorisation donnée du fait de cette approbation, pour l'utilisation commerciale des émissions, notamment pour le cas où cette utilisation commerciale du fait des modalités qu'elle revêtirait, porterait préjudice à des tiers (notamment cas d'enregistrement de disques phonographiques à la réception d'une émission).

Pour tous ces éléments des principes généraux, la règle doit, en s'inspirant de ces principes, varier néanmoins suivant les modalités des statuts internes qui règlent dans chaque pays la T.S.F.

Le Comité International de T.S.F. ne peut donc présenter un texte standard et uniforme mais il devrait émettre, au cours de son Congrès de 1927, un vœu ainsi conçu.

« *Le Congrès international de T.S.F. émet le vœu que les divers Gouver-* « *nements sanctionnent par des textes législatifs la reconnaissance inter-* « *nationale des principes ci-dessus posés et apportent, dans leur statut* « *interne, des dispositions qui en facilitent l'application, notamment en* « *déterminant... etc* ».

Je crois personnellement que l'on peut conclure en disant :

Le Congrès émet le vœu que les différents Gouvernements se mettent d'accord sur les points suivants :

« Aucune utilisation commerciale d'une émission radioélectrique, « quelque forme qu'elle revête, ne peut se faire qu'avec l'approbation « de l'émetteur ;

« Toute utilisation commerciale d'une émission radioélectrique sans « l'approbation préalable de l'émetteur consiitue un fait de concur- « rence déloyale ;

« La répression de la concurrence déloyale, en matière d'utilisation « commerciale d'une émission radioélectrique, sera assurée confor- « mément aux dispositions de la Convention Internationale pour la

« protection industrielle et commerciale tenue à Paris en 1883, ré« visée à Bruxelles, à Washington et à La Haye ».

M. Barone (Italie), *rapporteur*. — Au fond, je suis d'accord avec les conclusions de M. Tabouis, à part quelques petites différences de détail. Je crois que nous pouvons maintenant, nous occuper de beaucoup de questions qui sont liées à la question principale et qui ont des aspects tout à fait particuliers ; par exemple, nous pouvons renvoyer à la séance de demain tout ce qui touche plus particulièrement la question des droits d'auteur. Je fais cette observation parce que je crois que cette question, bien qu'elle soit réglée par le principe du droit d'auteur, est liée à la question principale dont il s'agit actuellement : la question de savoir en quoi consiste, au point de vue juridique, l'émission que fait une société de radio émissions. S'agit-il d'une production qui est une œuvre matérielle susceptible d'être protégée par le droit ? C'est une question fondamentale. Cette question fondamentale doit être examinée même au point de vue de la protection du droit d'auteur lorsqu'il s'agit de voir si les auteurs ont le droit d'empêcher la reproduction par radiotélégraphie, même lorsqu'il s'agit d'examiner s'il y a vraiment des droits spéciaux qui méritent d'être protégés et qui touchent aux œuvres artistiques.

Je crois que nous pouvons laisser même de ce côté une autre question plus spéciale, qui touche aux nouvelles de presse, question qui a été déjà examinée par le premier congrès. La loi italienne a établi le principe que l'on peut utiliser les nouvelles de presse, même si elles ont été transmises par radio, à condition d'indiquer la source de ces nouvelles.

Alors se pose la question examinée par M. Tabouis dans son très intéressnat rapport : celui qui a fait une émission a le droit de demander que les tiers ne puissent pas utiliser cette émission dans un but commercial.

Ici, je crois qu'il s'agit d'un problème qui, une fois posé, est résolu. Il n'est pas possible d'admettre, contrairement à tous les principes d'honnêteté, à tous les usages de l'équité, que des tiers puissent utiliser, dans un but commercial, le fruit des efforts, des dépenses de l'initiative d'une entreprise. Je crois que tout le monde est d'accord sur ce point. On peut discuter du point de vue juridique, pour savoir quel est le fondement de ce droit. Personnellement, je suis assez disposé à admettre qu'il s'agit d'un droit très proche du droit de propriété, comme les droits des auteurs sont très proches du droit de propriété. Supposez un auteur qui fasse une conférence non écrite : tout le monde peut écouter cette conférence, mais il n'est pas permis à des tiers de reproduire cette conférence, de quelque manière que ce soit. Ce principe, qui était à la base des lois antérieures des Etats a été reconnu, confirmé dans la conférence de Rome, parce que, parmi les travaux artistiques et littéraires, objet de cette convention, on a inclus les conférences. Un monsieur fait une conférence ; celui qui fait une émission de cette conférence fait quelque chose qui peut être écouté par tout le monde ; mais, si des tiers par des actes positifs peuvent utiliser cette production ils font quelque chose de contraire à l'honnêteté, parce qu'ils rentrent dans la sphère d'activité réservée à celui qui a eu l'initiative de l'émission.

On doit reconnaitre et protéger le droit de celui qui a fait l'émission ; il a le droit d'empêcher que des tiers, dans un but commercial, puissent utiliser ses émissions.

Nous pouvons obtenir la reconnaissance de ce droit avec les règles qui ont été établies pour la répression de la concurrence déloyale, parce que ce sont des règles d'ordre général. On a beaucoup discuté à La Haye sur la définition que l'on pourrait donner à la concurrence déloyale. On avait fait bien des propositions à cet égard, pour que les les Etats puissent se mettre d'accord et, à la fin on accepté le principe que l'on pouvait considérer comme constitutif de concurrence déloyale l'acte comportant quelquechose de contraire aux usages honnêtes du commerce. On a même cherché à préciser les actes de concurrence déloyale et on a donné beaucoup d'exemples, mais il n'a pas été possible d'arriver à un accord entre les différents Etats.

Je me rallie donc à la proposition qui est faite d'étendre la notion de concurrence déloyale à ces faits qui portent atteinte au droit que nous devons reconnaître aux auteurs de diffusions. J'accepte cette solution, parce que je crois qu'à l'heure actuelle il sera difficile de faire l'accord sur une protection générale, unique, sur la base du droit.

Ceci nous amène à la partie de l'ordre du jour dans laquelle on propose de déclarer que toute utilisation d'une émission faite sans entente avec l'auteur de cette émission constitue un acte de concurrence déloyale. Je crains qu'il ne soit dangereux de faire une déclaration aussi catégorique. Dans la plupart des cas, il s'agit de faits qui peuvent être considérés comme des actes de commerce déloyale, mais je ne crois pas qu'il soit utile d'accepter cette formule s'il s'agit de faits qui doivent être considérés suivant le temps, les conditions dans lesquelles ils se sont produits : en pareille matière, la question juridique va se modifier.

M. LE PRÉSIDENT — Avant d'aborder la discussion je crois utile de rappeler les diverses propositions dont le congrès est saisi.

Vous avez entendu la proposition de M. Tabouis qui reproduit les propositions votées par le premier congrès juridique international de T.S.F. en en remplaçant le dernier alinéa par le texte suivant :

« La répression de la concurrence déloyale en matière d'utilisation « commerciale d'une émission radioélectrique sera assurée confor« mément aux dispositions de la Convention Internationale pour la « protection industrielle et commerciale tenue à Paris en 1883 révisée « à Bruxelles, à Washington et à La Haye. »

M. Tabouis juge que ces principes ne sont pas suffisants et qu'il faudrait les compléter par l'ordre du jour suivant :

« Le Comité international de T. S. F. émet le vœu que les divers « Gouvernements sanctionnent par des textes législatifs la reconnais« sance internationale des principes ci-dessus posés et apportent dans « le statut interne, des dispositions qui en facilitent l'application, no« tamment en déterminant (1) . .

Ensuite, nous aurons à déterminer celui qui doit être considéré comme l'émetteur etc. (2)

Nous n'avons pas ici de texte précis, mais nous avons le rapport de M. Tabouis et pour la rédaction définitive on s'en remettrait au Comité de rédaction.

D'autre part, M. Barone nous propose un ordre du jour plus simple, que je vais lire :

« Le Congrès, confirmant et développant les principes admis dans le « premier congrès juridique international de Paris, adopte la résolu« tion suivante :

« Aucune exploitation commerciale d'une émission radioélectrique « ne peut avoir lieu sans entente avec l'émetteur.

« La répression de la concurrence déloyale reconnue en matière com« merciale et industrielle par la convention internationale de Berlin « de 1883, révisée à Bruxelles, à Washington et à La Haye, s'applique « à l'utilisation commerciale d'une émission radioélectrique.

J'ouvre la discussion sur ces ordres du jour.

M. Homburg, *rapporteur général.* — La question qui vous est soumise a été déjà discutée au congrès de Paris, au cours duquel j'étais le rapporteur de la question.

Comme vous le verrez, l'ancien texte est beaucoup plus restreint que les propositions qui vous sont soumises actuellement, car nous n'envisagions alors la question de la répression sur les bases de la concurrence déloyale qu'en matière d'utilisation d'informations de presse,

(1) et (2) V. p. 100.

de publicité, etc... Nous avions bien limité la question et l'étendue de l'application de la notion de concurence déloyale.

Le rapport de M. Tabouis demande que soit interdite toute utilisation c'est-à-dire l'utilisation d'émissions artistiques aussi bien que l'utilisation d'émissions ayant un caractère purement économique. D'où il suit que la concurrence déloyale jouera dans tous les cas, qu'il s'agisse de concerts, de discours transmis par un poste émetteur ou de nouvelles d'information n'ayant aucun caractère artistique...

Nous avions fait au début une distinction entre les deux sortes d'émissions : émissions artistiques et émissions économiques, et nous avions dit : au point de vue des émissions économiques, il est nécessaire de faire jouer la concurence déloyale, parce que, en vertu du droit commun, dès qu'une nouvelle est rendue publique, elle appartient à tout le monde et n'importe qui a le droit de s'en servir ; une nouvelle publiée par un journal quelconque peut être reproduite dès qu'elle a paru. D'où danger extrêmement grave pour un émetteur d'informations économiques ou de presse ; l'émission étant rendue publique par le fait qu'elle est émise, il n'y a aucune protection dans le temps pour l'émetteur d'une émission qui perd tout droit de priorité d'exploitation. Une information émise de Tokio peut, une seconde après être, retransmise, sous une autre étiquette, sur de nouvelles longueurs d'ondes, comme étant une information provenant d'une maison concurrente.

Nous avions proposé — nous n'avons d'ailleurs pas été suivis par le Congrès — que, pendant un certain temps, pendant 24 heures, délai adopté par la jurisprudènce américaine, la première émission lancée par un poste de T. S. F. demeurât protégée par la Convention de Paris.

Aujourd'hui, on vous demande d'étendre la notion de la concurrence déloyale aux émissions purement artistiques, concerts, discours, auditions théâtrales. Nous n'avons pas voulu suivre et je me refuse encore à suivre M. Tabouis sur ce terrain, car quelles sont les sanctions envisagées dans le cas de reproduction d'une émission artistique?

Que feront alors les artistes, les auteurs dont les œuvres seront diffusées? Que deviendront les droits d'auteurs? Ils seront noyés, car, la société emettrice, devenant, en quelque sorte, un éditeur d'un nouveau genre, par le fait de son droit exclusif sur l'émission, sera subrogée implicitement aux droits des auteurs et des artistes. Il faut donc une réserve expresse des droits intellectuels et artistiques.

M. Otavsky (Tchécoslovaquie). — Je partage tout à fait la manière de voir de M. Tabouis ; je me permettrai simplement de faire quelques remarques. La question de la concurrence déloyale n'est pas toujours facile à élucider, même quand il y a utilisation commerciale. Celui qui possède un poste récepteur fait participer ses amis à l'audition à l'aide d'un haut parleur. Vous avez des établissements publics, (restaurants, cafés), qui communiquent à leurs visiteurs les émissions reçues du poste émetteur et transmises aux abonnés, soit par radio, soit par téléphone, comme le fait se passe dans certaines villes ; vous avez l'impression de disques phonographiques d'après les émissions : je pense qu'il y a là des actes de concurrence déloyale. Mais il y a d'autres cas où la situation n'est pas aussi claire. Par exemple, un vendeur d'appareils de T.S.F. se sert d'émissions pour montrer aux acheteurs les avantages de ses appareils ; c'est une utilisation commerciale : est-ce de la concurrence déloyale ? On peut en douter. Le professeur de langues se sert d'émissions, avec plusieurs casques ou un haut-parleur pour apprendre la prononciation, à ses élèves ; c'est une utilisation commerciale sans aucun doute. Est-ce de la concurrence déloyale ? Je ne sais pas. Le professeur de déclamation se servira de la même façon de la radio pour son enseignement. Est-ce de la concurrence déloyale ? Certes non.

Je pense donc qu'il y a plusieurs cas d'utilisation industrielle à distinguer. Pour le premier cas dont j'ai parlé, il n'est pas douteux qu'il y a nécessité urgente de protéger les sociétés d'émissions ; mais pour les autres, c'est une autre question. La concurrence déloyale est une notion déjà fixée, internationalement, dans l'article 10 bis de la Convention de Paris. Cette notion est également fixée dans plusieurs législations, dans la loi allemande, dans la loi belge, dans la loi tchécoslovaque, dans la loi hongroise, dans d'autres encore.

Je proposerai donc de compléter simplement l'article 10 bis de la Convention par l'addition suivante :

« Notamment, devront être interdits tous faits quelconques de « nature à créer la confusion, par n'importe quel moyen, avec les « productions du concurrent »

Et on ajouterait à l'énumération de l'alinéa 3 de l'art 10 bis :

...« L'utilisation commerciale d'une émission radioélectrique sans « l'approbation préalable de l'émetteur. »

Alors, nous ne poursuivons l'utilisation commerciale que si elle est caractérisée comme cas de concurrence déloyale. C'est une grande différence avec la proposition qui parle de toutes les utilisations commerciales. Il est peut-être ennuyeux de se contenter de notions qui sont déjà fixées, mais j'ai le sentiment qu'il serait peut-être dangereux de tenter d'étendre la notion de concurrence déloyale comme on le propose.

M. DIMES, (Hongrie). — En Hongrie le Télégraphe, le Téléphone et la radio servant à l'usage public, sont propriété, de l'État.

En 1925 une loi — en quelques lignes, — a autorisé le ministre du commerce de régler le broadcasting dans sa sphère d'action à lui.

En vertu de cette autorisation, le ministre a décrété qu'en Hongrie l'État, seul, est autorisé à établir des postes de diffusion ; pour les postes receveurs une licence de la poste est exigible.

L'État a cédé l'exploitation du broadcasting à une société concessionnaire privée, qui fournit le programme et est rétribuée par une partie des taxes d'abonnement versées par les abonnés.

Pour répondre à l'obligation qui lui incombe, la société est tenue de se soumettre aux dispositions du comité de contrôle de programme, nommé par l'État.

Dans ces conditions, la concurrence déloyale ne peut se faire en Hongrie, d'autant moins, que dans le sens du réglement. les postes receveurs ne peuvent exploiter industriellement et ne peuvent transmettre les communications reçues des stations de diffusion.

Néanmoins dans l'intérêt commun, il est désirable d'autoriser les postes de diffusion à recevoir et à transmettre entre eux des communications reçues, sans être sous le coup de la concurrence déloyale. — Admettant ce principe, 1° on rendrait service aux abonnés du Radio, qui ayant payé la taxe d'abonnement, arriveraient plus vite en possession des communications; 2° les postes de diffusion ne seraient pas lésés non plus, car selon le principe de réciprocité, chaque poste de diffussion pourrait utiliser les nouvelles des postes similaires ; 3° il ne faudrait pas non plus une surveillance coûteuse de perception des taxes, si en général la perception était possible. Naturellement il ne serait permis de publier dans les journaux les nouvelles et communications des stations de diffusion qu'après un certain délai. A cet égard le contrôle pourra être exercée par le poste de diffusion de tout État intéressé.

M. KONIC (Pologne). — Je dois déclarer, pour compléter les informations de M. le Professeur Otavsky qu'en Pologne nous avons la loi sur la concurrence déloyale, basée sur les principes admis à La Haye ; d'autre part, nous avons une loi spéciale sur les droits d'auteurs ; cette loi a même été discutée à Rome au printemps de cette année. On a l'intention d'améliorer sur ce sujet toutes les prescriptions et règles internationales.

J'appuie tout à fait les observations présentées par M. Homburg. On ne peut pas étendre le principe de la concurrence déloyale au droit d'auteur : ce sont deux choses tout à fait distinctes. La concurrence déloyale concerne la propriété industrielle et commerciale, mais pas le droit d'auteur. Le droit d'auteur doit être protégé par une loi spéciale, une convention internationale aussi, mais spéciale.

M. Tabouis a posé la question du droit de propriété et il se demande si la protection de la radiophonie est une protection du droit de propriété. Il faut bien reconnaître que la doctrine admet aujourd'hui la propriété de droits immatériels. Le mot n'est pas encore admis, mais je crois qu'il va l'être. Voilà des droits qui ne peuvent pas être matériellement reconnus, mais qui existent en fait. Nous avons le droit, par exemple, de ne pas permettre aux autres de nous photographier : c'est un droit immatériel, mais positif. Si nous passons à la radiophonie on ne peut pas empêcher les émetteurs d'être protégés dans leurs droits ? Je crois que, sous ce rapport, avec la distinction faite par M. Homburg, on devrait accepter les propositions faites par le rapporteur. (*Très bien ! Très bien !*)

M. Willy Hoffmann (Allemagne). — Discuter le problème de la TSF et de la concurrence déloyale, c'est discuter le droit d'émission.

Cette vérité incontestable on l'a méconnue à la réunion de l'Association internationale pour la protection de la propriété industrielle, à Rome en 1928. L'ordre du jour prévoyait le problème du droit d'émission, mais une seule proposition sur les quatre qui ont été présentées à la réunion, s'occupait de ce droit. Les trois autres ne discutaient que des cas spéciaux appartenant directement ou indirectement à ce droit d'émission, mais qui ne sont pas essentiels pour la nature réelle de ce droit. La production de MM. Paul Carteron et Darras s'occupait seulement du cas de diffamation par voie de radiophonie, la proposition de M. Garriel ne s'occupait que des nouvelles radiodiffusées et la proposition de M. M. J. Cameron Renne, envisageait seulement la radiodiffusion des œuvres protégées.

Le droit d'émission est le droit de la société d'émission d'exploiter l'émission de toutes façons. En examinant ce problème, nous constatons qu'il y a deux moyens d'exploiter une émission, d'une part ce sont les ondes hertziennes elles-mêmes qu'un autre capte, d'autre part un tiers exploite ce qui est radiodiffusé par des ondes. Ainsi on peut distinguer une exploitation directe et une indirecte. C'est dans ce sens que j'ai déjà discuté autrefois, et que M. Smoschewer a fait son rapport à la réunion de l'Association internationale pour la protection de la propriété industrielle.

L'exploitation directe se fait pratiquement de trois manières.

1° Par haut-parleur. La plupart des juristes en Allemagne et en France sont d'avis que celui qui fait la communication de l'émission au public au moyen d'un haut-parleur radio-diffuse lui-même, et qu'il commet ainsi une contrefaçon s'il s'agit d'une œuvre protégée. Au contraire j'ai répété plusieurs fois, notamment au deuxième Congrès du Comité International de la T. S. F. qui s'est mis de mon côté, que ce que fait le haut-parleur n'est pas une radiodiffusion, parce qu'il ne fait que propager ce qu'a émis la société d'émission.

Et pour l'idée de la radiodiffusion l'émission des ondes hertziennes est indispensable. Celui-là seulement qui émet ces ondes, est émetteur et lui seul diffuse. Celui qui au moyen d'un haut-parleur ou au moyen de plusieurs appareils de réception permet que plusieurs personnes reçoivent l'émission ne radiodiffuse pas ; il élargit la diffusion déjà exécutée.

Ainsi ce n'est pas le délit de contrefaçon qu'on commet par haut-parleur ; c'est une atteinte au droit d'émission. Car, dans tous ces pays où l'on ne reçoit pas librement et gratuitement, mais où l'on doit payer une redevance, le droit acquis par le payement ne concerne que le droit de recevoir l'émission, et non le droit d'exploiter cette émission d'une façon quelconque.

Je ne connais pas de jugement en matière de haut-parleur.

2° Les « Rundfunkvermittlungszentrale ». C'est une sorte d'exploitation assez nouvelle, du moins en Allemagne. On a commencé à construire, pour un grand nombre d'appareils de réception, placés dans des logements tout à fait voisins une antenne unique dont on se sert pour tous les appareils de réception. L'antenne est la propriété d'une société d'électricité qui place dans tous les logements les appareils de réception et les loue aux locataires, qui de leur côté paient la redevance due à la société d'émission. Ainsi la société d'émission ne subit pas de perte, car elle perçoit ses redevances. Néanmoins il y a une exploitation de l'émission faite par la société d'électricité, parce que c'est elle qui utilise l'émission en louant, pour en tirer profit, des appareils de réception.

L'action *de in rem verso* — remède qu'on a recommandé pour empêcher l'atteinte faite au droit d'émission, — ne sert ici à rien. Mais, en fixant le droit d'émission pour les sociétés émettrices on peut éviter le danger imminent de ce nouveau mode.

3° Nous connaissons des cas, où l'émission a été fixée par des disques de gramophone.

C'est ici que la jurisprudence allemande a fait ses premiers pas. Le cas jugé est si intéressant que je veux vous en donner les détails :

La société d'émission de Berlin avait radiodiffusé, en octobre 1928, un match de boxe ; le speaker annonçait à chaque instant les mouvements des boxeurs et les coups portés par eux. Les paroles du speaker étaient accompagnées par le bruit de la foule assistant à ce match de boxe. Une société avait, sans aviser la société d'émission de Berlin, capté cette émission et l'avait fixée sur des disques de gramophone. Et ces disques furent vendus.

J'ai formé une action contre cette société. Le Tribunal de première instance et la Cour d'appel à Berlin ont condamné la société de gramophones sous les motifs suivants :

« La défenderesse a capté les émissions de la demanderesse, en les « fixant par des disques, sans produire elle-même de travail, sans dé- « penser d'argent et par cela elle a causé un dommage à la deman- « deresse. »

Tout en niant le droit d'émission de la demanderesse, la Cour d'appel constate qu'il y a un acte de concurrence déloyale.

Ainsi par ce jugement les sociétés d'émission sont en Allemagne protégées, mais hélas ! C'est le droit d'émission qui manque et nous n'aurons de cesse que nous n'ayons abouti à le faire reconnaître !

La seconde manière d'exploiter l'émission est indirecte. Ce ne sont pas les ondes elles-mêmes qu'on capte, qu'on fixe et dont on tire profit, mais c'est leur contenu qui est exploité. Un exemple, qui en Allemagne a motivé un procès va vous expliquer cette forme d'exploitation. La société d'émission de Berlin radiodiffuse à midi, les prix des denrées du marché central de Berlin et chaque abonné qui, moyennant redevance, a le droit de recevoir l'émission, peut fixer par écrit ces prix.

Un journal de province qui parait le soir et qui ne peut publier que les prix de la veille, à moins de demander ces prix par téléphone à ses propres frais, fit ainsi : le rédacteur nota les prix en les recevant par T. S. F. et les publia le jour même, il devança ainsi les journaux concurrents. J'ai porté plainte contre ce journal, mais il n'y a pas eu de jugement parce que le défendeur a donné satisfaction à la demanderesse.

Vous voyez, Messieurs, que le droit d'émission a une valeur pratique.

Il ne suffit pas — à mon avis — que ce droit d'émission soit reconnu par une législation ou par une autre : Il faut un règlement international et l'article 10 *bis* de la convention de Paris est la *sedes materiae*. A la conférence de la Haye, la Serbie avait fait la proposition de mentionner dans l'énumération des cas de la concurrence déloyale l'exploitation des nouvelles du jour et des faits divers, ayant le caractère de simples informations de presse, par d'autres journaux. Convaincu que l'exploitation de ces nouvelles, quand elles sont radiodiffusées, est un des modes d'exploitation du droit d'émission, il faut proposer, en élargissant la proposition de la Serbie, que l'atteinte au droit d'émission est un cas de concurrence déloyale, vu que, par l'article 10 *bis* alinéa 1, les pays contractants sont tenus d'introduire la protection contre la concurrence déloyale soit par une loi spéciale, soit par modification de la législation existante.

M. Perez (République Argentine). — Comme l'a dit M. le Délégué de la Pologne, il y a deux questions bien distinctes : la protection du droit d'auteur et la protection du droit de l'émetteur. D'un côté vous avez la pensée, de l'autre vous avez la transmission de la pensée. D'un côté vous avez un processus biologique, de l'autre côté, un processus qui peut être biologique quand la transmission se fait par le langage parlé, mais cette transmission peut aussi avoir le caractère commercial ou industriel quand elle se fait par radioélectricité, radiotélégraphie ou radiotéléphonie. Comme la République Argentine n'a pas pris part à la réunion pour la protection des droits d'auteur, je crois qu'il m'est impossible de prendre part à ces débats, et je prie M. le Président de le noter.

M. Eichenwald (U.R.S.S.). — La question qui se discute en ce moment ne présente pour nous qu'un intérêt académique, attendu qu'en l'état actuel, la retransmission est presque impossible chez nous ; les lignes ont une portée de mille kilomètres et les programmes arrivent dans un tel état qu'on ne peut pas les transmettre aux abonnés. D'autre part, dans l'U.R.S.S. la radiophonie se trouve entièrement entre les mains du Commissaire du Peuple, c'est-à-dire du Ministère, et toute retransmission doit être sanctionnée par celui-ci.

Dans ces conditions, nous ne pouvons pas nous faire une idée très claire sur la portée d'une loi, ni sur la possibilité de la formuler exactement. Il faut établir une différence entre le droit d'émission et le droit d'auteur. Mais nous n'avons pas encore assez d'expérience en la matière ; c'est pourquoi la Délégation de l'U.R.S.S. s'abstiendra dans le vote.

M. Olagnier (France). — De la discussion, il semble ressortir que nous sommes à la recherche d'une définition du droit de l'émetteur.

Ce n'est pas un droit d'auteur, évidemment et la proposition de M. Tabouis, qui est basée tout au long sur le droit de propriété de l'émetteur me semble méconnaître ce que c'est que le droit de propriété. Nous sommes tous d'accord pour dire que le droit de propriété est un droit *in rem*, lequel s'exerce sur une chose, que cette chose doit être limitée dans l'espace et, avec une certaine durée, ce qui n'a aucun rapport avec des émissions radiophoniques. Par conséquent, rien que pour cette raison, il faut écarter nettement la question du droit de propriété.

Comme le faisait ressortir justement Me Homburg, il y aurait également un inconvénient dirimant à adopter la notion du droit de propriété, parce que ce serait un empiètement sur le droit d'auteur.

Alors, il faut rechercher ce qu'est le droit d'émission.

Une émission, c'est la transformation d'ondes sonores en ondes hertziennes. Si nous nous en tenons à cette opération, il me semble que le droit d'émission sera un droit *sui generis*, analogue, en quelque sorte, au droit du transporteur. Évidemment, à première vue, cette assimilation semble choquante, mais à la réflexion, en tenant compte des différences — d'un côté il y a un transport matériel, de l'autre un transport de sons — je crois que c'est dans cette voie que l'on pourrait trouver la définition de ce droit *sui generis* qu'est le droit de l'émetteur.

Peut-on assimiler les empiètements faits au droit de l'émetteur à de la concurrence déloyale? Je ne le crois pas.

Qu'est-ce qu'un concurrent déloyal? C'est celui qui essaie de se faire passer pour un autre que lui-même, au moyen d'apparences plus ou moins trompeuses. Ce n'est pas le cas ici. Qu'est-ce que c'est que le droit de protection de l'émetteur? C'est le droit d'empêcher qu'un autre poste s'empare de l'émission et la transmette. Je crois que c'est la notion de faute du *faustum usus* qui serait la plus exacte et alors c'est l'article 1382 du C. C. français qui semblerait s'imposer et non pas la loi sur la concurrence déloyale.

M. Solari (Italie). — Je voudrais attirer l'attention du Congrès sur un cas particulier qui concerne les bateaux. Vous savez que les bateaux publient un journal, mais les considérations que l'on a envisagées pour la radiodiffusion n'ont pas tout à fait la même valeur sur les bateaux. Nous avons entendu Me Homburg proposer d'autoriser la reproduction des nouvelles au bout de 24 heures seulement, en donnant le nom de la source de ces nouvelles. Vous comprenez que pour un bateau ce délai de 24 heures ne va pas. Je demande donc que la question des bateaux soit réglée par un article spécial.

M. de Vilallonga (Espagne). - J'ai beaucoup admiré toutes les interventions qui ont eu lieu et je me trouve dans une situation tout à fait particulière. Le rapport de M. Tabouis est basé sur l'équité; les réflexions de M. Barone sont inspirées par le bon sens et les limitations suggérées par M. Homburg sont également tout à fait justifiées; je ne parle pas des interventions lumineuses de M. Otavsky, ni de l'intéressante communication faite par M. Hoffmann. Cependant, je me permets de répéter ce qui a été déjà dit c'est-à-dire qu'il convient de ne pas confondre la concurrence déloyale avec le droit d'auteur ; or, l'emploi du terme de droit de propriété semble bien confondre les deux droits.

La concurrence déloyale est une notion souple, qu'il appartient au Tribunal d'apprécier, et si la Convention de La Haye, ou, plutôt, de Paris, a donné quelques exemples, elle a tout de même établi une formule qui permet au juge de déterminer, dans certains cas, s'il y a eu manœuvre déloyale constituant concurrence déloyale. Mais voici un point que je crois devoir signaler : il y aurait peut-être — je ne dis pas certainement, parce que je suis dans une grande perplexité en raison des nombreuses interventions qui ont eu lieu ici — cette constatation à faire que le droit d'auteur en radiophonie a été fortement limité par la Conférence de Rome de 1928, qu'en conséquence de cette limitation, l'auteur ne peut pas s'opposer à la radiodiffusion de son œuvre, l'Etat pouvant décider, dans chaque pays, que cette diffusion aura lieu moyennant le paiement d'une redevance.

Je me demande alors si on peut allouer une propriété à celui qui transmet, alors qu'on ne l'attribue pas à celui qui crée ?

Evidemment, il y a une question d'équité et je me demande si la solution ne serait pas que le Congrès émette un vœu indiquant qu'en tous cas les faits de concurrence déloyale devront être punis. Ensuite on pourrait ajouter, que, de toute manière, il conviendrait de dédommager la Compagnie et les postes émetteurs.

C'est, en somme, le même principe que pour les auteurs. Je pense que l'on ne pourrait pas aller au delà, mais je n'en suis pas absolument sûr et c'est pour voir faire disparaître mes doutes que je suis intervenu.

En outre, il faut constater que dans certains pays la radiophonie fait l'objet d'un monopole d'Etat. A qui seront alors soumises les demandes d'indemnité en concurrence déloyale. Je ne sais pas si la convention de Paris de 1883, qui vise des intérêts privés, peut viser des intérêts publics. Or la radiophonie est considérée dans les pays comme d'intérêt public ; pour des raisons d'ordre pratique, on en a confié l'exploitation à des compagnies, mais la question se pose de savoir si ce régime est définitif ou s'il ne va pas être modifié. C'est pourquoi je me trouve dans la nécessité de faire des réserves, comme M. le Délégué de l'Argentine, pour d'autres raisons, puisque l'Espagne a ratifié la Convention de Rome. Je crois qu'il n'y aurait pas d'inconvénient à adopter la première partie de la proposition Tabouis, mais je vois quelques difficultés à sanctionner la nécessité d'une autorisation préalable de la société émettrice.

M. LE PRÉSIDENT. — Nous écartons la question de savoir : quel est le droit de l'émetteur, s'il s'agit d'un droit de propriété ou d'un droit spécial. C'est une question à laisser de côté, parce qu'elle nous entraînerait dans des questions d'ordre général, sur lesquelles il est difficile de nous mettre d'accord. Nous devons faire des formules pratiques. Nous faisons un peu œuvre de législateurs et, nous devons laisser de côté les questions théoriques.

M. CHKLAVER (France). — La différence essentielle entre les deux propositions qui nous sont faites réside en ce qui suit. L'ordre du jour proposé par M. Tabouis et développé par M. Baudouin contient une définition expresse de la concurrence déloyale, tandis que l'ordre du jour présenté par M. Barone évite cette difficulté.

Par conséquent, d'accord avec M. le Professeur Otavsky, je crois qu'il vaut mieux rester sur le terrain de l'article 10 *bis* et ne pas donner une définition de la concurrence déloyale. Cependant, je ne cèle pas que j'ai été impressionné par les cas cités tant par M. Hoffmann que par M. Otavsky. Je proposerai donc que le terme d'utilisation commerciale qui se rencontre dans les deux ordres du jour, soit remplacé par « utilisation dans un but lucratif ». Cette expression plus large couvrirait les cas qui ont été cités.

En ce qui concerne la définition de la propriété, conformément aux indications données par M. le Président, je ne voudrais pas entrer dans une controverse à ce sujet, mais je regrette de ne pas être d'accord avec M. Olagnier.

En terminant, je voudrais signaler, pour répondre à l'observation de M. de Vilallonga que, si l'Etat avait le monopole, il serait dans la même situation qu'une société privée, puisque, toutes les fois que l'Etat s'occupe d'exploitation commerciale, il est ou doit être dans la situation d'un entrepreneur privé ; par exemple, quand l'Etat est armateur, et qu'il possède des bateaux. C'est le régime de la plupart des pays.

M. LE PRÉSIDENT. — Messieurs, je suis saisi d'une demande de clôture de la discussion. Je mets la clôture aux voix. (*Adopté.*)

Je donne donc la parole à M. Gleize, et ensuite au Rapporteur.

M. GLEIZE (France). — Je n'entamerai pas une discussion juridique, étant donné que je ne serais pas à la hauteur des juristes éminents qui m'entourent. Je veux simplement indiquer l'opinion, le sentiment des auteurs et compositeurs dramatiques français sur la question de la séparation très nette qui doit toujours exister entre le droit d'auteur et le droit commercial.

J'abonde, au nom des Auteurs et Compositeurs français, dans le sens des conclusions de Me Homburg. Le droit d'auteur est un droit d'une espèce toute particulière qui gagne à ne pas être mélangé à des droits d'essence tout à fait autre.

Les auteurs sont d'autant plus fondés à maintenir cette distinction qu'ils se sont aperçus que chaque fois qu'on voulait créer un rapprochement entre leur droit et un droit de reproduction quelconque, il se produisait ce phénomène très curieux qui se passe toujours lorsqu'on met dans un sac deux choses très différentes — en ce cas le droit d'auteur et le droit de propriété commerciale — qu'on ferme le sac et qu'on l'agite... quand on ouvre le sac, il n'y a plus de droit d'auteur !.. L'autre droit a mangé le droit d'auteur.

Nous souhaitons qu'il n'en soit pas ainsi, cette fois, et c'est pourquoi nous nous associons aux conclusions de Me Homburg.

M. LE PRÉSIDENT. — Messieurs, avant de donner la parole aux Rapporteurs, je dois vous signaler que nous avons un autre rapport de M. de Vilallonga sur la question du droit d'auteur. M. de Vilallonga, qui a fait un rapport, a eu le courage, tout à l'heure de nous dire qu'il n'avait pas le courage d'avoir une opinion! Comme le Congrès a fait jusqu'ici un effort dont je le félicite pour faire des choses pratiques, je pense qu'il continuera cet effort de rester sur le terrain pratique. Je vous propose donc de nommer dès maintenant un petit comité, sous la présidence de S. E. Perez, qui se réunirait demain matin et, dans l'après-midi, pourrait nous faire des propositions. (*Adopté*).

Je donne la parole à Me Homburg, *rapporteur général.*

M. HOMBURG, *rapporteur général:* — Notre collègue Olagnier propose de substituer la notion de faute simple à la notion de la concurrence déloyale. Si nous avons proposé la notion de la concurrence déloyale en la matière, c'est pour des raisons extrêmement graves. En effet, en matière de contrefaçon ou de concurrence illicite enmatière de T. S. F., il est extrêmement difficile de faire des constatations matérielles des faits de concurrence et, particulièrement, de démontrer la mauvaise foi. C'est pourquoi nous avons posé pour principe qu'a priori tout fait d'utilisation illicite constituerait par lui-même un fait de concurrence déloyale et entrainerait une sanction juridique ; de sorte que la preuve de la mauvaise foi n'incomberait pas à la société lésée, tandis qu'avec la notion de faute vous mettez à la charge de la partie lésée la preuve qu'elle sera, la plupart du temps, incapable de faire.

En ce qui concerne la proposition de M. Chklaver : dire « exploitatation lucrative » au lieu d'utilisation commerciale, cette question a été longuement étudiée. Si à Paris nous avons adopté l'expression « utilisation commerciale » c'est que le terme a paru plus compréhensif.

M. BAUDOUIN (U. I. R.). — M. le Professeur Barone et moi, nous sommes d'accord pour reconnaître qu'il existe tout de même un droit à l'émission. Appelez-le : droit de propriété, ou appelez-le : droit d'utilisation commerciale, il n'en existe pas moins. J'ai fait une comparaison avec le droit de propriété littéraire, parce que cette comparaison me paraissait la plus juste : dans les deux cas, il y a création. Elle n'a peut-être par la même valeur, mais la création littéraire se traduit aussi par l'utilisation commerciale de l'émission, donc par un avantage pécuniaire.

M. LE PRÉSIDENT. — Nous avons un texte qui, au fond, est le texte de M. Barone, avec des amendements présentés par M. Homburg, acceptés par M. Barone et peut-être, aussi, par M. Baudouin, ce qui simplifirait les choses :

« Le Congrès,

« Considérant qu'il serait équitable que fût reconnu au profit des « exploitants des postes d'émission radiophonique un droit privatif « sur leurs émissions.

« Emet le vœu

« Qu'aucune exploitation commerciale d'une émission radioélectrique « ne puisse avoir lieu sans entente avec l'émetteur ;

« La répression de la concurrence déloyale reconnue en matière « industrielle et commerciale par la Convention Internationale de « Paris en 1883, révisée à Bruxelles, à Washington et à La Haye s'ap- « plique aux utilisations commerciales des émissions radioélectriques « sans préjudice de l'exercice des droits des auteurs et de ceux des « artistes interprètes ou exécutants. »

D'autre part, nous avons l'ordre du jour un peu compliqué de M. Tabouis et enfin nous examinerons à part, parce que c'est une question spéciale, celui soulevé par M. Solari :

M. LE PRÉSIDENT. — Je suis saisi d'un amendement de M. Otavsky ainsi conçu :

« Que l'article 10 *bis* de la Convention de Paris, révisée à la Haye « en 1925, soit complété dans l'énumération de son alinéa 3 par la « disposition suivante :

« Toute utilisation commerciale d'une émission radioélectrique sans « l'approbation préalable de l'émetteur. »

M. BARONE, *rapporteur*. — C'est la propositon qu'avait faite M. Tabouis dans son rapport.

M. OTAVSKY (Tchécoslovaquie). — Je trouve qu'il y a une grande différence, parce que, dans cet article 10 *bis* il y a une énumération qui ne contient pas le cas que nous voulons viser ; je propose de l'ajouter à l'article. En somme, ce que je propose, c'est la clause générale des lois autrichienne, allemande, polonaise, hongroise, tchécoslovaque. Nous avons là une notion qui est déjà à peu près fixée. La grande différence qui existe entre nous, c'est que vous dites : chaque utilisation commerciale est un acte de concurrence déloyale. Moi je dis : si elle remplit les conditions de la concurrence déloyale, elle est soumise aux sanctions de l'article II. J'ajoute pour répondre à une observation qui a été faite que l'on ne peut pas présumer la fraude ; dans presque toute les législations, il y a pour la fraude des sanctions pénales.

M. CHKLAVER (France). — Je maintiens la demande que j'ai faite de substituer « utilisation lucrative » à « utilisation commerciale », parce que tout acte de commerce, est un acte lucratif, mais il y a des actes à but lucratif qui ne sont pas des actes de commerce.

M. DE VILALLONGA (Espagne). — Je voudrais préciser le sens de l'amendement qui est proposé.

Si j'ai bien compris, la proposition consiste en ceci : si le caractère de concurrence déloyale existe dans un acte de retransmission, si cette retransmission a été faite sans autorisation, elle est soumise aux tribunaux ?

M. LE PRÉSIDENT. — Il s'agit de faire rentrer la retransmission dans le cadre de la concurrence déloyale. M. Otavsky pense que, pour y arriver, il suffit d'introduire une addition à l'article 10 *bis*.

Nous allons commencer par l'ordre du jour de MM. Tabouis et Baudouin. Cet ordre du jour est-il appuyé ?...

Personne ne l'appuyant, nous passons aux ordres du jour suivants. L'ordre du jour de M. Barone est-il appuyé ?

PLUSIEURS VOIX. — Oui !... oui !

M. HOMBURG, *rapporteur général*. — Je crois être l'interprète de M. Barone en disant que nous sommes d'accord avec M. Otavsky, mais c'est une question d'interprétation. En tout cas, il me paraît difficile d'admettre qu'on pose le principe d'une sanction de la Convention de Paris, sous la forme d'un nouvel alinéa à l'article 10 *bis*, alors que le principe de droit d'émission n'a pas été posé. C'est seulement lorsqu'on aura dit que ce droit existe, qu'on pourra décider que, dans certains cas déterminés, les atteintes à ce droit constitueront des faits de concurrence déloyale.

M. LE PRÉSIDENT. — Insistez-vous sur votre proposition, Monsieur Otavsky ?

M. OTAVSKY (Tchécoslovaquie). — Je trouve qu'il y a une grande différence entre les deux formules, mais si nous nous rapprochons, tant mieux !

M. HOMBURG, *rapporteur général*. — D'autre part, je demande que les droits des auteurs et les droits des interprètes soient réservés ; admettez-vous cette réserve ?

M. OTAVSKY. — (Tchécoslovaquie). — Nous sommes d'accord.

M. DE VILALLONGA (Espagne). — M. Otavsky exige la fraude, mais si on a donné l'autorisation ou si on a demandé l'autorisation à la société émettrice il n'y a pas fraude.

M. HOMBURG, *rapporteur général*. — Dans ce cas, le tiers montre qu'il est de bonne foi et la Convention ne joue pas.

M. LE PRÉSIDENT. — Nous passons au vote sur l'ordre du jour de M. Barone ; nous commençons par le préambule :

« Le Congrès,

« Considérant qu'il serait équitable que fût reconnu au profit des « exploitations des postes d'émissions radiophonique un droit privatif « sur leurs émissions,

« Emet le vœu ».....

M. DE VILALLONGA (Espagne). — Je propose de dire : « un droit privatif ou tout au moins un droit à redevance... »

M. HOMBURG, *rapporteur général*. — Ce n'est pas la même chose !

M. KONIC (Pologne). — Je propose de voter le principe et de renvoyer au comité de rédaction.

M. LE PRÉSIDENT. — Pardon ! la question soulevée par M. Vilallonga n'est pas une question de forme : c'est une question de fond.

M. OTAVSKY (Tchécoslovaquie). — Je ne peux pas me rallier à la proposition du droit privatif sur l'émission. C'est une question tellement difficile que je ne voudrais pas que ce soit fixé dans une formule.

M. DE VILALLONGA (Espagne). — Je propose d'adopter l'ordre du jour de M. Tabouis avec un amendement que je vais proposer.

M. le PRÉSIDENT. — Impossible : nous avons déjà voté sur l'ordre du jour de M. Tabouis.

M, GNEME (Italie). — Si M. Barone n'insiste pas sur son ordre du jour, je propose de mettre aux voix l'ordre du jour de M. Otavsky.

M. BARONE, *rapporteur*. — Je ne peux pas l'accepter, il est contraire à tout ce que j'ai dit.

M. LE PRÉSIDENT. — Étant donné que c'est une question théorique qui nous divise, je propose de supprimer le préambule de l'ordre du jour.

M. OTAVSKY (Tchécoslovaquie). — Parfaitement !

M. LE PRÉSIDENT. — Je mets donc aux voix la suppression du préambule. (*Adopté.*)

M. LE PRÉSIDENT. — Nous passons au premier alinéa :

« Aucune exploitation commerciale d'une émission radioélectrique ne « peut avoir lieu sans entente avec l'émetteur. »

Nous commencerons par voter sur les propositions du Rapporteur ; nous verrons ensuite s'il y a lieu d'accepter l'amendement de M. Cklaver.

M. OTAVSKY (Tchécoslovaquie). — Je ne pourrai pas accepter cet alinéa, puisque je pense que la notion d'utilisation commerciale est une notion trop vague ; j'admets l'utilisation commerciale seulement avec la concurrence déloyale.

M. DE VILALLONGA (Espagne). — Depuis Paris, il y a eu la conférence de Rome où le droit d'auteur n'a pas été entièrement reconnu, pas plus que les droits des artistes dont M. Homburg nous parlait tout à l'heure ; nous en parlerons demain sans doute ; on reconnaîtra ou on ne reconnaîtra pas ces droits : je demande que, dès maintenant, un droit soit reconnu à l'émetteur.

M. LE PRÉSIDENT. — La préoccupation de M. de Vilallonga rentre dans la radiodiffusion : c'est-à-dire que l'on pourrait faire l'exploitation, sauf à donner une redevance à l'émetteur. Il croit que ce n'est pas incompatible avec ce qui avait été décidé à Paris.

M. DE VILALLONGA (Espagne). — Non, je crois que nous pouvons revenir sur les décisions du congrès de Paris. Je demande que l'on ajoute simplement à ce paragraphe :

« Aucune exploitation commerciale d'une émission radioélectrique « ne peut avoir lieu sans entente avec l'émetteur ou sans lui verser « une juste compensation. »

Ceci pour que chaque Etat soit libre de prendre les mesures qu'il voudra.

M. LE PRÉSIDENT. — De sorte que si, dans un Etat, on autorise l'exploitation des émissions sans le consentement de l'émetteur, pour des raisons d'ordre public, il faudra dans tous les cas payer une redevance à l'émetteur.

M. HOMBURG, *rapporteur général.* — Je propose un amendement à cet amendement. Accepteriez-vous de dire : « sans compensation préalable » ?

Me OLAGNIER (France). — Pratiquement, c'est impossible.

M. HOMBURG, *rapporteur général.* — Ou le texte proposé par M. de Vilallonga est la conséquence du principe que vous avez posé, ou c'est un principe qui, au contraire, détruit le principe posé par

M. Barone. Dans le premier cas, il faudra que l'émetteur soit maître de discuter le prix, il faut donc entente préalable.

M. DE VILALLONGA (Espagne). — Il appartiendra à chaque Etat de décider le système à prendre.

M. LE PRÉSIDENT. — Il est entendu que nous établissons la licence abligatoire, mais nous l'appliquons aussi, en fait, aux auteurs.

M HOMBURG, *rapporteur général*. Vous démolissez complètement le système de M. de Barone.

M. LE PRÉSIDENT. — Je propose que cet alinéa soit remis au Comité de rédaction avec mission de faire concorder cette première partie de l'ordre du jour avec l'article 10 *bis*. (*Approbation*).

Nous passons au deuxième alinéa.

M. BARONE, *rapporteur*. — Pour faire disparaître les préoccupations de M. Otavsky, je ne verrais aucune difficulté à substituer à la formule de mon ordre du jour la formule suivante :

« La répression de la concurrence déloyale en matière d'utilisation « commerciale sera assurée conformément aux dispositions de la loi sur la convention de Washington, etc. » .

Avec ce texte s'il y a concurrence déloyale, on s'inspirera de la Convention.

M. OTAVSKY (Tchécoslovaquie). — Cette formule étend la notion de la concurrence déloyale à tous les cas qui n'en font pas partie et je crois qu'il serait très difficile pour les législations nationales de l'adopter. Je voudrais que l'on ne soumit aux sanctions que les cas caractérisés comme étant des cas de concurrence déloyale.

M. LE PRÉSIDENT. — Nous mettons le paragraphe dont vous avez parlé dans la convention de La Haye ; puis, ensuite, nous disons : s'il y a concurrence déloyale, la répression se fera d'après la Convention de La Haye.

M. OTAVSKY (Tchécoslovaquie). — Alors, on pourrait peut-être insérer la définition de la concurrence déloyale de la Convention ?

M. HOMBURG, *rapporteur général*. — La définition de la Convention est tellement générale qu'elle ne veut rien dire.

M. LE PRÉSIDENT. — Reste la dernière question. Il reste entendu que la question ne touche pas aux droits d auteur, mais pour écarter tous les doutes, M Homburg propose d'ajouter à la formule : « sans préjudice de l'exercice des droits des auteurs et de ceux des artistes interprètes ou exécutants ». Voulez-vous insérer cette formule ?

M. DE VILALLONGA (Espagne). — Vous avez fait une proposition que tout le monde a acceptée ; le comité de rédaction n'a qu'à trouver une formule.

M. LE PRÉSIDENT. — C'est une question de fond.

M. OLAGNIER (France). — Est-ce que vous n'allez pas restreindre les droits des auteurs avec cette formule ?

M. HOMBURG, *rapporteur général*. — Mon but, c'est que par notre texte les sociétés ne se trouvent pas subrogées dans l'exercice des droits des auteurs et des artistes dans les cas d'une diffusion contrefaite.

M. OLAGNIER (France). — Je crois qu'il faudrait renvoyer cette proposition au Comité de rédaction.

M. LE PRÉSIDENT. — Je mets aux voix la proposition de M. Homburg, sauf renvoi au Comité de rédaction. (*Adopté.*)

Il nous reste la proposition de M. Solari.

« Le Congrès émet le vœu que les États se mettent d'accord pour « régler, par des dispositions spéciales aux services maritimes, et « s'appliquant notamment aux armateurs et aux commandants de na- « vires, la captation et la publication des informations et l'utilisation des « communications radioélectriques à destination de navires déterminés.

« Je la mets aux voix. (*Adopté.*)

(*La séance est levée à 12 h. 55.*)

SEPTIÈME SÉANCE

Vendredi 5 octobre (matin)

Droits des auteurs et des artistes

La séance est ouverte à 10 heures sous la présidence de M. GIANNINI.

M. LE PRÉSIDENT. — Messieurs, nous abordons aujourd'hui la question des droits des auteurs et des artistes, en ce qui concerne la diffusion littéraire et artistique.

Sur la question des droits d'auteur, il n'y a que mon rapport. Sur la question des droits des artistes, il y a un rapport de M. de Vilallonga (1) un rapport de M. Quintin et enfin mon rapport Pour le rapport de M. Quintin, nous entendrons M. Homburg, Rapporteur Général.

Je crois qu'il faut commencer d'abord par la question des droits des auteurs.

La question des droits des auteurs en matière de radiodiffusion a fait l'objet de longues discussions à la Conférence de Rome. Je crois qu'il est utile pour le Congrès de savoir comment les choses se sont passées, parce que si l'article II *bis*, à travers tant de difficultés, est passé dans la convention, on le doit aux efforts remarquables faits pour arriver à quelques règles et pour éviter que les lois nationales ne se développent librement, ce qu aurait rendu tout à fait difficile, sinon impossible, la solution du problème dans une conférence de révision.

Je ne traiterai pas longuement la question, parce que, dans la Conférence de Rome, elle a eu déjà une longue histoire, mais il y a ici peu de personnes qui aient assisté à cette Conférence de Rome et c'est pour cette raison que je vais me permettre de vous en dire quelques mots.

Vous savez comment et dans quelles conditions, dans tous les Etats, lesquels ont des exigences différentes, s'est développée la radio-

(1) V Rev. jur. int. de Radioélectricité, 1928, n° 15, p. 171.

diffusion avec le caractère de service d'intérêt national. J'ai démontré qu'il y a à cela des raisons tout à fait différentes ; par exemple, dans les pays qui ont une population très petite et un territoire très grand, le problème devient très grave. En Australie, en Nouvelle-Zélande, la radiodiffusion permet aux petits centres de se tenir en contact avec le monde entier. Dans les pays du Nord, où l'on ne peut se promener facilement pendant la mauvaise saison, la radiodiffusion devient une grande ressource pour la vie familiale.

Dans ces conditions, dans tous les pays, pour des raisons diverses, il y a un développement de la radiodiffusion et partout elle a le même caractère de service d'intérêt national.

Ceci posé, il est évident que les Etats ont voulu, je ne dis pas exproprier les auteurs, mais limiter les droits des auteurs et ceux des concessionnaires. Par exemple, si un concessionnaire, dans un régime de liberté contractuelle, peut demander à un émetteur un prix très élevé, l'Etat, dans l'intérêt national, demande que l'émetteur puisse assurer le service sans payer ce prix très élevé qui rendrait l'émission impossible. C'est-à dire que l'intérêt général prime l'intérêt particulier.

Cette atmosphère étant créée, on ne pouvait évidemment pas arriver à un règlement parfait du droit des auteurs : par exemple, s'agissant de la diffusion, les États, toujours dans l'intérêt général, pouvaient interdire qu'un auteur pût s'opposer à la radiodiffusion de son œuvre. Mais par contre, les Etats se sont occupés de la protection due aux auteurs. De quelle manière ? On exige que la radiodiffusion se fasse de telle sorte que l'auteur soit assuré que son œuvre sera radiodiffusée dans toute sa beauté et conserve toute sa valeur. C'est au fond une application du droit moral de l'auteur que la conférence de Rome a affirmé catégoriquement et ce, à travers de multiples difficultés. On a accordé également une certaine protection aux droits matériels de l'auteur : on ne permet pas que le concessionnaire, que l'exploitant d'une station de radiodiffusion fasse d'émission sans payer les droits dus à l'auteur.

On a aussi parlé à la Conférence de Rome d'un problème juridique qu'il était très difficile de résoudre : le problème de l'abus du droit. On a dit : si vous ne voulez pas accepter un régime conventionnel limitant le droit de l'auteur, vous devez avoir recours à la théorie de l'abus du droit. Le principe de l'abus du droit n'existe malheureusement pas dans toutes les législations et dans certaines lois, comme la loi italienne, il était impossible de donner au problème cette solution demandée surtout par la Délégation britannique. La situation était la même pour les Etats-Unis d'Amérique.

Un accord s'est fait, avec de très grandes difficultés sur l'article II *bis* qui se compose de deux alinéas. Le premier déclare que les auteurs d'œuvres littéraires ou artistiques jouissent du droit exclusif d'autoriser la communication de leurs œuvres au public par radiodiffusion.

On affirme donc catégoriquement les droits des auteurs. Mais ensuite on dit — et je répète que ce n'est pas un affaiblissement du principe, mais la conciliation des intérêts privés des auteurs et de l'intérêt national qui s'attache à la radiodiffusion :

Par. 2 : « Il appartient aux législations nationales des pays de l'Union « de régler les conditions d'exercice du droit visé à l'alinéa précédent : « mais ces conditions n'auront qu'un effet strictement limité au pays « qui les aurait établies. Elles ne pourront, en aucun cas, porter « atteinte ni au droit moral de l'auteur, ni au droit qui appartient à l'au- « teur d'obtenir une rémunération équitable fixée, à défaut d'accord « amiable, par l'autorité compétente. »

Cet alinéa demande peut-être une explication un peu plus longue.

Je commence d'abord par isoler le problème contenu dans les mots : « mais ces conditions n'auront qu'un effet strictement limité au pays « qui les aurait établies ». Cette formule, proposée par notre collègue hongrois veut dire que, si un Etat, pour des raisons nationales, croit devoir faire des limitations, celles-ci ne doivent pas être un obstacle dans les autres Etats. On a même souligné que ce sont les loi nationales qui règlent l'exercice de ce droit, mais on ajoute qu'en aucun cas ces lois ne peuvent méconnaître le droit moral de l'auteur, ni son droit matériel, économique.

Comment va se régler la partie économique ? Par accord direct et, à défaut d'accord direct, par accord établi par l'autorité compétente. Quelle est l'autorité compétente ? Comment se règle ce problème ? On s'en remet entièrement aux lois nationales.

Je dois dire que cet article, qui, à travers tant de difficultés, a rallié tout le monde, a affirmé nettement l'accord si heureusement accompli et, au fond, je crois que c'est l'unique formule qui puisse concilier les diverses exigences.

J'examine, par exemple, ce que l'on a fait en Italie, après cet article II *bis*. C'est toujours dans l'intérêt de la radiodiffusion en tant que service d'intérêt national qu'une loi italienne, dans le cadre de la Convention de Berne, a posé le problème dans ces termes : Etant donné que la radiodiffusion est d'un intérêt national, le concessionnaire a le droit d'exécuter. Mais on reste dans le cadre de la loi sur les droits d'auteur. C'est-à-dire que l'on pose la question : comment peut-il exéter? C'est d'une utilité publique, il ne peut le faire qu'en vertu de l'expropriation pour cause d'intérêt public. Reste toujours le principe qu'un accord doit intervenir entre l'auteur et l'exploitant, mais, à défaut d'accord, on a établi un système de solution très rapide : il y a un organisme spécial composé d'un représentant des parties intéressées et présidé par un fonctionnaire public. Ceci donne toutes garanties aux auteurs et aux concessionnaires.

Cette loi, je le dis franchement, n'est pas satisfaisante au point de vue technique. Naturellement, je parle ici comme juriste. Par exemple, je doute que cette présomption d'expropriation pour cause d'utilité publique soit bien justifiée ; mais, d'autre part, je comprends et je crois que le Congrès est d'accord avec moi pour dire qu'il était peut être difficile de faire une affirmation plus claire du principe qu'on ne doit pas toucher au droit des auteurs, sauf pour des raisons d'intérêt public et sous cette raison classique que l'intérêt privé cède devant l'intérêt public.

Dans ces conditions, quand le Comité international de la T. S. F. a proposé d'étudier encore une fois cette question — et c'est un honneur pour le Comité d'avoir abordé ce sujet avant la Conférence de Rome, — par un article qui a été soigneusement examiné par la Conférence de Rome, je me suis demandé quel était le but pratique qu'entendait poursuivre le Comité. Je crois que ce but pratique existe. C'est un devoir pour le Congrès de considérer la nécessité, en ce moment, après la Conférence de Rome, de poursuivre le même but pratique qui animait le Président de la commission de Radiodiffusion qui, comme vous le savez, a fait tous ses efforts pour faire accepter cet article ; c'est-à-dire que le Congrès doit faire tout son possible pour empêcher que les lois nationales se développent en méconnaissant les principes posés dans l'article II *bis*.

J'ai donc préparé un ordre du jour dans lequel je dis que l'article II *bis* adopté par la conférence de Rome est satisfaisant et j'émets le vœu que les Etats qui ont participé à la conférence veuillent bien ratifier la Convention le plus tôt possible.

J'ouvre la discussion sur cet ordre jour, mais, en toute sincérité, je ne vois pas que l'on puisse faire autrement que de ratifier ; sinon il en résultera un dommage pour les auteurs, parce que les législations nationales se forment tous les jours et, quand les lois nationales auront été approuvées et appliquées, il sera peut-être impossible d'obtenir la ratification de la Convention de Rome. (*Applaudissements.*)

La parole est à M. Valerio.

M. Valerio (Italie). — Je suis heureux de pouvoir exprimer les sentiments de ma plus vive reconnaissance, même au nom de tous ceux qui honorent l'Art, à notre Président, Son Excellence Amédéo Giannini, continuateur de cette lignée de juristes d'élite qui, de Tilangieri à Scialoja, laissèrent des empreintes ineffaçables dans toutes les parties du droit.

On doit à Amedeo Gianinni, que, dans la Convention de Rome, ait pu triompher le principe qu'aux auteurs soit reconnu le droit exclusif de répandre leurs ouvrages, par la radiophonie, ainsi qu'on doit à M. de Vilallonga le mérite d'avoir envisagé clairement dans ce troisième congrès juridique le problème complexe de la protection des artistes exécutants.

L'Administration italienne et le Bureau international de Berne, à la Conférence de Rome, pour répondre aux vœux plusieurs fois exprimés par des Congrès proposèrent un nouvel article conçu en ces termes :

« Les artistes qui exécutent des œuvres littéraires ou artistiques « jouissent du droit exclusif d'autoriser la diffusion de leur exécu- « tion. »

Cet article n'obtint pas l'unanimité et la Délégation italienne émit le vœu que les Gouvernements qui ont participé aux travaux de la Conférence envisageassent la possibilité de mesures pour sauvegarder les droits des artistes exécutants.

La question se présente de nouveau à ce congrès, beaucoup plus simplifiée à cause de l'œuvre de nos éminents collègues.

Qu'il me soit permis d'ajouter à la série de ces études quelques modestes observations : une des plus graves objections qu'on fait à la reconnaissance du droit d'auteur aux artistes exécutants, c'est qu'elle dépasse les limites fixées par la Convention de Berne ayant pour but, aux termes de son premier article, la protection des droits d'auteurs sur leurs œuvres littéraires et artistiques. En d'autres termes, on ne peut reconnaître un droit d'auteur aux artistes exécutants, parce que leur manifestation artistique, ne prend pas une forme concrète comme le livre, la composition musicale ; elle est donc incapable de plusieurs reproductions.

La difficulté de la reconnaissance de ce droit est plus de forme que de fond, parce que si l'on veut réfléchir à la finalité des lois sur les droits d'auteurs, on verra que cette activité est seulement, de protéger un ouvrage personnel et original produit par un effort intellectuel ; si cette activité peut être arbitrairement reproduite, la nécessité naît d'empêcher la reproduction indépendamment de la forme extérieure de l'ouvrage.

Comme cela, on ne dénature pas le droit en l'adaptant à de nouvelles manifestations artistiques, au contraire on lui imprime un mouvement rapide d'évolution qui sert à élargir de plus en plus sa sphère.

S'il était certain que l'interprétation, l'exécution artistique soit susceptible d'être reproduite par le moyen de la radio, il y aurait un nouveau droit pour l'exécutant.

Il fut rappelé qu'il serait injuste de permettre à un tiers de capter les ondes sonores par un microphone introduit dans un concert sans le consentement des artistes exécutants, pour les répandre par radio après avoir obtenu l'autorisation du compositeur seul et non celle de l'artiste exécutant. Si on ne peut pas méconnaître tout cela, les lois nationales devraient se baser sur les principes contenus dans l'ordre du jour proposé par M. Giannini avec cette modification :

Substituer à la phrase contenue à la lettre *a*) cette autre :

« Droit de l'artiste-exécutant, avec consentement de l'auteur, d'au« toriser la radiodiffusion de son exécution. »

Avec cette modification, aucun conflit ne pourrait naître entre le droit de l'auteur et celui de l'artiste exécutant et on éviterait toute allusion à la licence obligatoire, à laquelle pourrait donner ombre l'expression « des exploitants ».

Enfin il serait nécessaire de fixer un principe où il s'agirait du contrat de cession, qui prend une forme différente pour ce qui regarde la radiodiffusion des œuvres, afin d'éviter les défauts de versement de droits, relatifs aux droits des auteurs et aux droits des artistes exécutants.

M. le Président. — Messieurs, M. Valerio a un peu dépassé la question : il en a abordé la seconde partie ; mais, en le remerciant, je considère que son amendement sera examiné lorsque nous en serons à la seconde question.

Avant de donner la parole aux personnes qui la demanderont, je tiens à saluer et à remercier le Maître Pietro Mascagni, l'auteur de tant de chefs d'œuvre, qui a tenu à assister à notre congrès pour entendre traiter la question du droit des auteurs. (*Applaudissements.*)

La parole est à M. Audisio, Délégué de la Société des Auteurs, Compositeurs et Editeurs de musique.

M. Audisio. — La S. A. C. E. M. est un organisme de défense professionnelle, qui compte plus de dix mille sociétaires auteurs, compositeurs et éditeurs de musique de toutes nationalités ; son point de vue n'est pas national, mais purement professionnel.

Le statut légal italien de la radiodiffusion, qui établit sous certaines réserves l'obligation de la radiodiffusion, pour le motif d'expropriation pour cause d'utilité publique, ne saurait en aucun cas être admis dans son principe par des sociétés d'auteurs ; si ce statut avait été connu au moment de la rédaction de l'art 11 *bis* de la Convention de Berne, révisée à Rome, probablement les délégations d'auteurs n'auraient pu se rallier à une rédaction, qui autorisait de pareilles dérogations. Il faut noter que les plus importantes sociétés d'auteurs, chargées des perceptions non théâtrales, la S. A. C. E. M., la G. E. M. A., la G.D.T la Performing, l'A. K. M., la Z. A. I. K. S., etc., n'étaient pas représentées à Rome.

En fait la loi italienne a été établie d'une manière équitable et tempérée, puisqu'elle exclut de l'obligation certaines catégories de spectacles, dans des conditions qui, s'inspirant des usages locaux, garantissent un exercice encore assez large du droit de l'auteur d'autoriser ou non la radiodiffusion de son œuvre.

En effet la radiodiffusion, même obligatoire, des spectacles dramatico-lyriques laisse à l'auteur ou à son défendant la faculté de se soustraire à l'obligation ou tout au moins d'en compenser le dommage dans une certaine mesure, grâce au contrat de location du matériel d'orchestre ou à celui de cession du droit de représentation.

Mais cette faculté de refuser son œuvre au spectacle destiné à radiodiffusion, ou de s'en ménager à l'avance la compensation matérielle, n'est pas donnée par l'usage à l'auteur dans le domaine des perceptions non théâtrales (petits droits), les exécutions se faisant librement sur du matériel acheté.

Pour le concert de musique, pourtant en Italie, les usages donnent aux auteurs italiens ou à leurs défendants un moyen pratique de se soustraire à l'obligation de la radiodiffusion ou d'en compenser le dommage, parce que le contrat de location du matériel d'orchestre et de perception forfaitaire du droit d'exécution y subordonne l'exécution elle-même, tandis que ce moyen ne s'offre pas aux auteurs étrangers, exécutés librement sur du matériel d'orchestre acheté.

En résumé, sans discuter le droit souverain de chaque Etat à décider du principe juridique qui informera sa législation, et tout en exprimant le vœu de voir ratifier par tous les pays l'art. 11 *bis* de la Convention de Berne révisée à Rome, il y a lieu pour les sociétés d'auteurs chargées des perceptions non théâtrales de tenir en considération le précédent international créé par la loi italienne, en ne perdant pas de vue qu'une législation nationale, établie pourtant de manière à tempérer les effets de l'obligation pour les œuvres artistiques nouvelles, peut placer dans des conditions de fait moins favorables que celles des œuvres nationales les œuvres artistiques des auteurs étrangers.

M. Hoffmann (Allemagne). — Le problème du droit d'auteur en matière de radiophonie n'existe plus, selon moi, parce que nous avons une solution tout à fait nette et claire par l'article 11 *bis* de la Convention de Rome dont notre Président vient de nous donner l'explication. A mon avis, l'essentiel de cette disposition se trouve dans l'alinéa 2 de cet article lequel donne aux lois nationales le droit, si elles le veulent, d'établir une licence légale au profit des sociétés d'émission. Cette disposition, attaquée vigoureusement par les auteurs, est à mon avis bien fondée, parce qu'elle respecte les intérêts de la collectivité. Autrefois, la loi concernant le droit d'auteur n'avait pour but que d'approfondir ce qu'est le droit d'auteur mais, déjà, le juriste français Renoir et, avant lui, le grand philosophe Kant, ont dit que la loi concernant le droit d'auteur n'est que l'égalisateur entre deux intérêts différents : l'intérêt privé de l'auteur qui veut avoir un droit complet, un droit absolu, exclusif envers et contre tous, par tous les moyens, et l'intérêt de la collectivité, de la nation qui veut protéger son droit de connaître les œuvres produites.

Les intérêts de la collectivité, en matière de radiophonie, ont été protégés par l'alinéa 2 de l'article 11 *bis*. La radiodiffusion est le moyen par lequel on peut faire connaître les œuvres dans les demeures les plus modestes, les plus éloignées. Les sociétés d'émission sont à mon avis, les exécutrices de la volonté d'auteur, car tout auteur a le désir et la volonté que ses œuvres aillent à chacun de ses compatriotes, dans les points les plus éloignés du pays.

Avec la licence légale, les sociétés ont la faculté de radiodiffuser toutes les œuvres éditées contre paiement équitable et on respecte le droit moral de l'auteur. Je crois que c'est là une solution équitable et que nous devons tous appuyer l'ordre du jour qui vient de nous être présenté par le Président.

M. Dimeny de Farkasbaka (Hongrie). — La Hongrie est membre de l'Union de Berne et les droits d'auteur sont protégés depuis 1884 par une loi selon laquelle la reproduction, la publication et l'exploitation des œuvres littéraires, et musicales, *de plus*, la représentation publique des pièces, des opéras et des vaudevilles, est pour une période de cinquante ans le droit exclusif de l'auteur.

Est soumise à cette loi et aussi aux arrêts de règlement de presse, la société concessionnaire fournissant le programme au broadcasting. Il s'ensuit que les droits d'auteur, en Hongrie, jouissent d'une protection qui ne laisse rien à désirer.

Depuis trois ans que notre station de diffusion existe, aucune plainte n'a été élevée à ce sujet.

Les postes récepteurs de broadcasting, qu'ils soient placés dans des locaux privés ou publics ne payent pas de droits d'anteur, mais seulement une taxe d'abonnement, que la Poste perçoit par les facteurs. L'administration des Postes remet ensuite un certain pourcentage à la société qui fournit le programme et c'est cette société, qui paie sur cette somme les droits d'auteur.

Il y a chez nous deux genres de prélèvement sur les postes récepteurs, l'un est la taxe ordinaire payé par les particuliers, et par les propriétaires ou bailleurs des postes publics, qui ne perçoivent pas des prix d'entrée des auditeurs; et il y a d'autre part pour les propriétaires ou bailleurs des postes publics, qui perçoivent des prix d'entrée, une taxe élevée du décuple de la taxe ordinaire dans la capitale et du triple de la taxe ordinaire dans les autres endroits du pays.

Les droits d'auteur sont payés sur les prélèvements mentionnés, par conséquent, il n'y a, quant à tout cela, rien à changer chez nous.

M. Fernand Hauser (France). — Je voudrais, Monsieur le Président, vous poser une question : nous n'avons pas le droit de modifier le texte qui a été voté, et nous ne pouvons que demander un amendement à votre ordre du jour ?

M. le Président. — Oui.

M. Fernand Hauser (France). — Je suis à la fois journaliste, auteur et écrivain. Je fais partie de la Société des Gens de Lettres, de la Société des Auteurs et de plusieurs syndicats de journalistes. C'est dire qu'à plusieurs titres, mais sans que je sois mandaté, ces questions m'intéressent. Or je voudrais indiquer qu'à mon avis le texte que l'on nous demande de ratifier nous parait être un simple commencement de satisfaction et non pas une satisfaction totale, définitive.

Vous savez que le droit d'auteur est un droit qui n'a été reconnu aux écrivains que très tardivement. Au début, les auteurs étaient constamment volés et ne pouvaient vivre que grâce à la magnificence des princes. Nous en avons des exemples saisissants. Petit à petit, nous avons constitué des sociétés et nous sommes arrivés à vivre... à vivre mal. Les trois quarts du temps, les auteurs sont obligés — c'est mon cas — d'avoir un métier manuel : le journalisme est un métier manuel...

M. le Président. — Permettez-nous de protester !

M. Fernand Hauser (France). — Si, notre stylo est un outil.

Or, je voudrais que nous soyons un peu plus protégés à l'avenir. Je ne discuterai pas le texte qui a été voté ; mais supposez que je publie un roman aujourd'hui et que, ce soir, on le lise par radiodiffusion à tout le monde ; on n'achètera pas mon roman. Supposez que la *Gazetta del Popolo* publie un feuilleton et que, chaque soir, on le transmette

9

par radiodiffusion : la direction verra tout son effort perdu; on n'aura plus besoin d'acheter son numéro, puisqu'il sera diffusé !

Autre exemple : la littérature est toujours en évolution ; tous les jours on trouve une forme nouvelle pour traduire la pensée. Imaginez que je veuille faire des œuvres particulièrement originales pour la radiodiffusion, à la fois comme musique et comme texte : quand je veux faire représenter une pièce au théâtre ordinaire elle n'est pas très bien comprise et je veux chercher une expression nouvelle de la pensée, comme on en a trouvé une en Italie. Vous allez me dépouiller, moi qui ai fait une œuvre spéciale ? Ce n'est pas possible.

C'est pourquoi je demanderai que l'on amende l'ordre du jour présenté par M. Giannini par cette simple addition :

« Le Congrès, considérant comme un commencement de satisfaction « l'article 11 *bis*...

Et le reste sans changement.

M. Olagnier (France). — Au Congrès de Belgrade, d'où je viens, la première motion du congrès votée en séance de clôture a été de demander aux Gouvernements de ratifier le plus tôt possible le texte de la Convention de Rome. Evidemment, il ne donne pas complète satisfaction aux auteurs, mais enfin c'est un texte transactionel et nous devons être reconnaissants à notre Président de l'avoir fait adopter. En tous cas, c'est en connaissance de cause qu'à Belgrade, M. le Président Maillard, qui a été l'un des ouvriers les plus utiles de la Conférence de Rome, a fait adopter ce vœu à l'unanimité. Par conséquent, je crois que ce que nous avons de plus sage à faire, actuellement, c'est d'adopter la première partie de l'ordre du jour, avec l'addition proposée par M. Fernand Hauser.

M. Hirschfeld (U. R. S. S.). — La législation de l'U. R. S. S., comme celle de tous les autres pays, protège le droit d'auteur ; mais étant donné la prédominance de l'utilité publique sur l'intérêt privé, vu la grande importance de la radiodiffusion comme instrument de développement littéraire et d'instruction, nous avons dans notre pays une loi spéciale, la loi de la liberté du microphone. Dans un pays aussi vaste que l'U. R. S. S., avec une population aussi nombreuse — 150 millions d'habitants — le rôle de la radiodiffusion est des plus importants et c'est en raison de cette importance que l'on a établi cette loi.

La loi sur la liberté du microphone déclare que toute œuvre musicale ou littéraire ou dramatique peut être radiodiffusée sans qu'une redevance supplémentaire soit attribuée aux auteurs ou aux exécutants. Mais si cette œuvre est reproduite dans un lieu public, par exemple, si on transmet un concert public, un spectacle quelconque, un opéra, une conférence publique, la loi s'applique ; par contre si une conférence, un concert, un opéra est organisé spécialement pour radiodiffusion, dans un studio quelconque, c'est-à-dire si les auteurs, les exécutants ne touchent pas la redevance qui leur est due, la loi de la liberté du microphone ne joue pas, c'est-à-dire que, pour les cas particuliers de création spéciale pour la radiodiffusion, les acteurs, les exécutants, les auteurs ont le droit de toucher une rémunération.

De prime abord, cette organisation paraît défavorable aux intérêts des exécutants et des auteurs littéraires, dramatiques ou lyriques, mais la pratique en U. R. S. S. a démontré que la radiodiffusion n'empêche pas la circulation des œuvres dans la population. Au contraire, la connaissance par la radiodiffusion des nouvelles, des œuvres littéraires ou musicales provoque la diffusion de ces œuvres dans la grande masse. C'est pourquoi la Délégation de l'U. R. S. S. estime que cette loi, qui tient compte de l'utilité publique, ne lèse pas les intérêts des auteurs, mais a, au contraire, une répercussion heureuse sur les intérêts des auteurs dont les œuvres sont connues de la grande masse ; les auteurs sont récompensés par le fait même même le public connaît mieux leurs œuvres.

Pour terminer, j'ajoute qu'en U. R. S. S., la radiodiffusion se trouve entre les mains de l'Etat, notamment du Commissaire du Peuple des P. T. T. ; ce n'est pas une entreprise commerciale et l'Etat donne chaque année une subvention assez forte pour la radiodiffusion. C'est une raison de plus pour affirmer le bien fondé de cette loi de la liberté du minocrophone.

M. le Président. — Messieurs, je voudrais répondre à l'orateur — car il n'y en a qu'un — qui ait parlé contre l'ordre du jour.

Lorsque j'entendais tout à l'heure M. Audisio, dans cette même salle qui, — M. Otavsky pourra vous le dire — a connu nos longues et difficiles discussions, je me figurais voir en face de moi une sorte de guerrier qui, toutes portes fermées, armé de pied en cap, disait : je serais capable de détruire des armées !...

Peut-être que si ce même guerrier ouvrait les portes et se trouvait en présence d'une armée, il tiendrait un autre langage !

Vous avez parlé tout seul, mais si vous vous étiez adressé à 35 délégations représentant 35 Etats ayant chacun une législation différente, avec la tâche d'établir entre eux l'accord unanime, je crois que votre grande ardeur se serait vite éteinte !

M. Audisio (France). — Remarquez que je n'ai pas dressé un réquisitoire contre la loi italienne. Je dis, au contraire, qu'elle est très bien rédigée ; seulement, elle constitue un précédent dangereux.

M. LE PRÉSIDENT. — Nous sommes arrivés à deux jours de la signature sans avoir fait l'accord. J'ai été accusé dans la Conférence d'avoir forcé la main, d'avoir fait acte d'autorité. Je ne sais pas si je mérite ce reproche, mais si je le mérite, j'en suis fier, parce que, avec cet article, qu'à travers mille difficultés, on a pu faire approuver par tout le monde, rien qu'avec cet article, nous avons pu éviter ce grave danger qu'il n'y ait rien, dans la Convention de Berne, sur la diffusion.

Sera-ce un article définitif ? Je n'en sais rien. Je voudrais espérer, comme le souhaite M. Hauser, que ce soit un commencement... ; je crois, d'autre part, que cet article est dans le cadre de la Convention. Il ne faut pas penser, en ce moment, à la licence obligatoire, vous avez un conflit d'intérêts privés ; vous avez un intérêt privé qui prime autre intérêt privé : c'est-à-dire que l'Etat va prendre position en faveur d'un intérêt privé contre un autre intérêt privé.

Si nous arrivons à la conception de la loi d'expropriation, la situation est tout à fait différente : ici, c'est l'intérêt public qui prime l'intérêt privé.

Que fait cet article ? Il demande que, si l'on doit faire primer l'intérêt public sur l'intérêt privé, on ne doit le faire que dans certaines conditions. Si bien que, sans cet article, on aurait écrasé les intérêts des auteurs, alors qu'il garantit leurs intérêts moraux et économiques.

Dans ces conditions, je puis accepter, sauf rédaction, l'amendement proposé par M. Hauser, avec cette signification qu'il considère le principe établi comme un commencement de satisfaction et je vous prie d'adopter mon ordre du jour. Je le fais avec la même ardeur que celle que j'ai mise à vaincre les difficultés qui s'opposaient jadis à un accord unanime sur l'article II *bis* ! (*Aplaudissements.*)

M. WEISS (Institut International de Coopération Intellectuelle de la Société des Nations). — Les explications de M. le Président constituent pour l'organisation que je représente une satisfaction totale. Je voudrais seulement suggérer une modification à la dernière ligne, modification purement terminologique. On demande que les Etats ayant assisté à ladite conférence veuillent bien la ratifier le plus tôt possible. On ne ratifie pas une conférence ; il y a certainement une confusion.

M. HOMBURG, *rapporteur général.* — Tous les textes sont révisés par un comité de rédaction.

M. LE PRÉSIDENT. — Je tiens à remercier l'Institut de Coopération Intellectuelle de nous avoir envoyé un représentant aussi éminent que M. Weiss.

En ce qui concerne la deuxième question à l'ordre du jour, nous avons deux rapports. Je me permets de prendre le premier la parole, parce que je fais un peu l'histoire d'une question qui ne peut être comprise qu'à la lumière de l'histoire. Ensuite, M. de Vilallonga, qui a fait un rapport magnifique, aura la parole. Comme nos arguments se rapprochent beaucoup, je préfère me charger de la partie historique.

Le Bureau de Berne, d'accord avec l'Administration Italienne, avait proposé d'insérer dans la Convention de Rome une protection des artistes exécutants.

La proposition faite à la conférence était justifiée clairement, dans des termes très précis, mais dès que le texte fut communiqué aux administrations intéressées, certaines délégations firent des observations et j'ose dire que les observations faites avant la conférence par les administrations intéressées n'étaient, en quelque sorte, que préliminaires, attendu que les observations décisives se sont produites au cours de la conférence. C'est ainsi que, dès le commencent de la conférence, nous avons eu un rapport émanant de l'Union Internationale Radiophonique, contre les revendications des exécutants ; par la suite un autre, en faveur des artistes exécutants, fut soumis par l'Union internationale des artistes.

Vous pouvez voir, dans ces deux rapports, les deux point de vue.

Que devait faire la Conférence de Rome ?

J'ose dire que les Délégués qui étaient hostiles à l'établissement de toute règle ont été très habiles, parce que, quand vous posez une question à des juristes, vous êtes sûrs que l'accord ne se produit jamais. Or, on a posé aux juristes une grave question, une question qui touche à la philosophie et vous savez que quand les juristes arrivent à faire de la philosophie, tout est fini !.. C'est ce qui est arrivé.

On a commencé par dire : que doit faire la Convention de Rome? Elle doit tendre à réviser la Convention de Berne. A quoi se rapporte la Convention de Berne ? Au droit d'auteur. Qu'est-ce que c'est que l'exécutant ? Ce n'est pas un auteur.

Seulement, ici, il faut entendre le mot « auteur » avec une certaine largeur de vue. Evidemment, quand on parle de l'auteur, on envisage le créateur. Or, qu'est-ce que fait l'artiste exécutant ? Il ne crée rien ; s'il joue une musique, il exécute ce que l'auteur a créé.

Vous voyez que l'on touche ici au problème philosophique de la création.

Quand l'homme peut-il être considéré comme un créateur ? Je pose simplement le problème ; il est impossible d'arriver à un accord. Il y avait alors un argument qui est devenu catégorique ; on a dit : nous sommes en désaccord sur la conception de la création, mais si l'artiste n'est pas un créateur, un auteur, nous sommes en dehors de la convention de Berne et alors il n'y a rien à faire.

Naturellement, ce n'était là qu'un côté du problème : il y en avait d'autres. C'est-à-dire qu'il y avait des personnes qui ne voulaient pas même toucher à la question de fond.

Je me suis efforcé, au cours de la Conférence, de faire quelque chose. J'ai dit : évidemment, nous ne pouvons pas nous engager dans une discussion théorique, mais je voudrais vous demander ceci. Supposez que j'aie la mauvaise intention de me mettre à chanter en ce moment quelque chose de notre Mascagni et supposez que Caruso chante le même morceau : est-ce que ce serait la même chose ? Evidemment non : je chanterais comme un chien qui s'étrangle et Caruso chanterait comme un ange ! Il y a donc là une création spéciale, comme le pianiste célèbre recrée une fois de plus pour nos esprits l'œuvre de l'auteur.

Seulement, il est certain qu'il y a là des problèmes tellement difficiles au point de vue théorique, les opinions sont tellement différentes qu'il est bien difficile d'arriver à un accord. Mais, raisonnons en juristes et simplifions le problème : est-ce que l'on peut laisser les exécutants en dehors de toute protection ? Disons, si vous voulez, qu'ils n'auront pas un droit en tant que créateurs, mais ils auront bien quelques droits, et, quel que soit leur droit, le moins que l'on puisse demander est qu'il soit protégé.

D'autre part, quand on doit faire un accord diplomatique, il faut avoir le courage d'avoir la prudence nécessaire pour ne pas précipiter des solutions qui, en définitive, peuvent se retourner contre ceux que l'on veut protéger.

Il est certain que, parmi les différents États, il n'y a pas accord, ni en jurisprudence, ni parmi les juristes, sur la protection des artistes exécutants ; la jurisprudence est très flottante, les juristes sont divisés dans la plupart des États, les dispositions législatives font défaut, alors que faut-il faire ? Il faut inviter les États à considérer la nécessité de protéger dans leurs lois nationales les artistes exécutants. J'ai eu le courage d'aller jusqu'à demander d'ajouter « protéger efficacement ». Je ne sais pourquoi le mot « efficacement » a paru à quelques personnes trop fort. Alors, j'ai sacrifié aussi le mot « efficacement » et je me suis contenté de demander qu'ils soient protégés.

La Conférence de Rome s'est mise d'accord. Je dis ici, dans ce Congrès : est-ce que l'on peut faire un pas en avant ? Je crois que oui. Pourquoi ? Si on doit demander qu'on commence à protéger les artistes dans les lois nationales, on peut bien espérer qu'il y aura entre les lois nationales, une certaine harmonie, une harmonie telle que l'on puisse entrevoir la possibilité, soit dans une conférence spéciale, soit dans une conférence pour la révision de la Convention de Berne, d'introduire une protection internationale des artistes exécutants. A la Conférence de Rome, le problème a été posé ; aujourd'hui nous voyons la possibilité de poser un deuxième problème : la création de lois nationales, parallèles, mais harmoniques, coordonnées, ce qui peut acheminer vers une règle internationale.

Quels sont les principes? Je m'arrête ici, parce que M. de Vilallonga s'expliquera plus amplement que moi. et ainsi, nous pouvons nous partager la tâche et je le dis non seulement par amitié, mais par respect pour notre éminent Rapporteur, qui traitera cette partie avec plus d'éloquence que moi. Je me suis donc limité dans mon rapport ; dans nos conclussions, il n'y a que quelques divergences, mais elles sont tellement petites que je crois qu'il ne sera pas difficile de nous mettre d'accord.

Dans ces conditions je demande que des lois nationales, sur la base de la Convention de Rome, soient votées dans tous les États ; de même que pour les auteurs, on ne peut pas empêcher, s'agissant des artistes, la radioffussion, mais, de même que, pour les auteurs, on a garanti les droits moraux et économiques, de même nous demandons pour les artistes exécutants des garanties équivalentes. Il est évident que si je fais une transmission avec un appareil tel que la voix de Caruso ressemble à la voix d'un chien, je nuis à la personnalité de Caruso ; c'est là un principe que nous devons poser. Il va de soi que si un exploitant américain entend par radio un artiste italien dont la voix est absolument dénaturée, cet exploitant ne sera pas incité à offrir un engagement à ce chanteur et le dommage peut être très grave. Vient ensuite la protection dans l'ordre économique.

Enfin, comme on l'a fait pour les auteurs, nous demandons une solution rapide des différends qui peuvent surgir entre artistes exécutants et les postes de radiodiffusion.

Nous observons donc, entre les droits des auteurs et ceux des artistes, un certain parallélisme. Laissons de côté le problème de savoir si on doit considérer le droit des artistes comme un droit d'auteur ou comme un droit spécial, question gênante et difficile et qui, surtout, risque de dresser les uns contre les autres auteurs et artistes, alors qu'il y a tout intérêt à ce qu'ils soient d'accord, attendu que, dans l'exécution, l'interprète est celui qui donne à l'auteur le plus de chance de réussite.

C'est l'esprit de mon ordre du jour. Je crois que, sur ce terrain, on peut concilier les intérêts privés et les intérêts d'ordre national, mais j'ai déjà parlé trop longuement sur ce sujet et je m'en excuse. (*Applaudissements.*)

M. DE VILALLONGA, *rapporteur.* — Messieurs, je serai très bref, parce que je crois que l'essentiel est d'arriver à une décision d'ordre pratique, le plus tôt possible,

Mon rapport avait été établi avant la Conférence de Rome ; c'est pourquoi je n'ai pas tenu compte des décisions intervenues à cette Conférence et, notamment des vœux qui ont été émis.

En ce qui concerne la question théorique à laquelle M. le Président a fait allusion, savoir si l'œuvre de l'artiste exécutant est une création ou n'est pas une création ou si c'est une création spéciale, M. le Président a bien voulu la laisser de côté : moi-même je ne désire pas l'entamer, parce que je crois que cela ne nous avancerait pas à grand chose, que chacun conserverait sa manière de voir et que nous n'aboutirions pas !

Je veux donc seulement exposer la partie de mon rapport qui a trait à la solution que nous pouvons adopter. Auparavant, je voudrais indiquer au Congrès que le droit exclusif de l'artiste a été proclamé par le Congrès de Paris (1), en 1925, sans, toutefois, que cette résolution soit fondée sur des considérants quelconques.

Il y a, nous avons pu le constater à Paris, deux écoles. Il y a des juristes qui soutiennent que les artistes ont ce droit exclusif en vertu de certains principes juridiques et d'autres qui soutiennent que les artistes possèdent tout simplement le droit d'auteur. Je suis de ces derniers, je me suis efforcé de le prouver dans mon rapport, mais je ne veux pas entrer dans ce sujet. Quoi qu'il en soit, même si le droit exclusif des artistes pouvait être justifié, le législateur, qui est souverain et tout puissant, pourrait bien, pour ces causes d'utilité publique, y déroger et puisqu'on y a dérogé pour les auteurs, comme le faisait remarquer notre Président, il serait logique qu'on y dérogeât pour les artistes. Il serait très inopportun d'attribuer le droit de s'opposer à la radiodiffusion d'une œuvre aux exécutants : il suffirait de la volonté du dernier des violons pour empêcher la radiodiffusion d'une œuvre musicale. On pourrait, évidemment, le remplacer, mais, tout de même, cela entraverait le développement de la radiophonie.

Ce sont ces raisons qui m'ont fait penser qu'il n'y avait pas lieu de sanctionner le droit exclusif de l'artiste comme l'avait fait le Congrès de Paris.

(1) V. Compte rendu du premier Congrès Juridique internationale de la T.S.F.

Qand le Congrès de Paris, en 1925, s'est prononcé en faveur de ce droit, il se trouvait dans d'autres circonstances. Depuis lors, il y a eu des événements considérables, notamment la réunion de la Conférence de Rome pour la révision de la Convention de Berne. Je crois donc que nous pouvons revenir sur les décisions de ce premier Congrès de la T.S.F.

Dans cet ordre d'idées, je me suis permis de proposer un système pour rétribuer le travail de l'artiste. Il est juste, si on ne lui reconnaît pas le droit exclusif de s'opposer à la diffusion, qu'il reçoive une rémunération pour la radiodiffusion, car, en général, je crois — il y a ici des personnes plus compétentes que moi — que le cachet de l'artiste est proportionnné à la capacité de la salle ; or, si la salle est l'univers ou l'Europe, il est évident que la rémunération doit augmenter. C'est pourquoi j'avais prévu qu'il y aurait une rémunération spéciale en cas de radioffudision et que cette rémunération serait propotionnelle au cachet initialement touché par l'artiste.

Notre Président a présenté une résolution qui ne prévoit pas ce système, mais je me rallie entièrement à cette résolution en ce qui concerne le droit d'auteur. En ce qui concerne le droit d'artiste, je suis tout disposé à la prendre comme base de discussion ; je suggérerai seulement quelques petits amendements, pour préciser un peu le texte du Président, qui a l'avantage d'être très net et très court.

Le paragraphe *a*)

« droit des exploitants d'effectuer les radiodiffusions artistiques » me paraît présenter un certain danger que M. Valerio a signalé. Il paraît consacrer le système qui est prévu dans les limites de l'Etat et, dans certains cas, par la Convention de Berne révisée. Si nous admettions cette résolution, nous aurions l'air de la proposer comme un système général ; nous ferions donc un pas en arrière au lieu de faire un pas en avant. C'est pourquoi je me permettrai de suggérer d'ajouter au paragraphe *a*) :

«... sous réserve du droit de l'auteur et sauf stipulation contraire. »

Il convient, en effet, de réserver les droits prévus à la Convention. Il se peut qu'un grand artiste, Caruso par exemple, voie un inconvénient à ce que sa voix soit transmise par radiophonie : il peut craindre que sa voix soit déformée, que sa réputation soit amoindrie et il est compréhensible qu'il veuille se prémunir contre ce danger, en stipupulant qu'on ne diffusera pas son interprétation.

En ce qui concerne le paragraphe *b*), je me permettrai de le rédiger comme suit :

« protection du droit moral et rémunération supplémentaire propor-
« tionnelle au cachet initial. »

Je crois que nous devons aller plus avant par rapport à ce qui a été fait à Rome et donner une indication précise, je ne suis pas à votre Congrès comme plénipotentiaire, mais comme simple technicien et je n'engage pas le Gouvernement espagnol, pas plus que les autres délégués n'engagent leur Gouvernement. Par conséquent, nous pouvons aller plus loin qu'une conférence diplomatique et il est juste que nous donnions des indications précises pouvant servir à certains Gouvernements qui voudraient réglementer la question. Voilà pourquoi je me suis permis de suggérer cet amendement qui n'est qu'une précision apportée au principe formulé.

En ce qui concerne le paragraphe c), peut-être pourrait-on ajouter :

«... par l'institution d'une Commission paritaire comprenant des
« représentants de chaque catégorie. »

Mais ce n'est pas nécessaire.

M. Homburg, *rapporteur général*, expose le rapport de M. Quintin, avocat à la Cour de Bruxelles.

Au premier Congrès Juridique International de T. S. F. (Paris 1925) fût votée la résolution suivante :

« La transmission radioélectrique de l'exécution d'une œuvre intel-
« lectuelle, littéraire ou artistique ne peut-être faite sans le consentement de l'interprète. »

Le Congrès du cinéma (Paris, octobre 1926) se préoccupa également de la question, mais n'aboutit qu'à l'établissement d'une Commission chargée d'établir le statut international de l'art et de l'industrie cinématographiques.

A la même époque, l'Association littéraire artistique internationale réunie à Varsovie s'occupa du droit des interprètes : la reconnaissance de ce droit se heurta à une très vive opposition.

Enfin en juin 1927, le Congrès juridique International réuni à Genève, ainsi que le meeting de l'Association littéraire et artistique à Lugano, se bornent à préconiser l'adjonction à la Convention de Berne d'un article 11 bis ainsi rédigé :

« Les auteurs d'une production du domaine littéraire artistique ciné-
« matographique ou scientifique, jouissent du droit exclusif d'en auto-
« riser la communication ou la diffusion par la télégraphie ou la télé-
« phonie avec ou sans fil ou par tout autre moyen analogue servant à
« transmettre les sons ou les images. »

Signalons que, consulté préalablement à l'ouverture du Congrès, le groupement Autrichien de l'Association littéraire artistique internationale avait estimé que la protection de l'artiste exécutant contre la radiodiffusion ne pouvait pas encore être réglée.

Et fait significatif, l'Union Internationale des musiciens à son dernier Congrès tenu à Paris en novembre 1927 s'est contentée d'exiger « une juste compensation pour le préjudice causé aux musiciens par « la diffusion radiophonique ».

La résolution votée à Paris ne semble pas encore entrer dans le domaine des réalisations, moins par hostilité au principe très juste qui l'a inspirée, qu'à raison des difficultés pratiques que pourrait entraîner l'application radicale du droit des interprètes.

Dans son rapport très substantiel, M. de Vilallonga arrive à la conclusion que conformément à la législation de la plupart des pays civilisés l'interprète jouit du droit exclusif d'autoriser la radiodiffusion de son œuvre.

Je ne crois pas pouvoir me rallier à cette constatation tout au moins en ce qui concerne la législation belge. Il me paraît impossible de déduire de la loi du 22 mars 1886 (notamment art. 1 et 16) la reconnaissance du droit d'auteur chez les interprètes ; le texte de cette loi vise manifestement les seuls « auteurs » à l'exclusion des interprètes et la Convention de Berne ne permet pas davantage l'interprétation extensive.

Si donc, en droit spéculatif, il est difficile de méconnaître aux exécutants un droit de propriété artistique, s'il est désirable que les prochaines conventions internationales traduisent en « textes » des desiderata légitimes, il n'en est pas moins certain que dans notre droit positif, les interprètes ne sont point protégés.

Et l'anomalie s'explique. L'auteur « crée », l'exécutant donne à l'œuvre « créée » une interprétation plus ou moins géniale qui constitue en elle même une production originale, mais en quelque sorte une production subsidiaire qui n'existe que comme conséquence de la production principale. Nous traduirons notre pensée en disant qu'à part de notables et même nombreuses exceptions, d'une façon générale, l'interprétation de l'œuvre n'exige qu'à un degré moindre l'effort génial déployé par le créateur de l'œuvre. C'est une production artistique « second hand ».

C'est en tenant compte de cette différence et d'autre part des nécessités de l'industrie théâtrale et radiophonique qu'il faut chercher la solution opportune.

M. de Vilallonga s'inspire en somme de motifs similaires en proposant son vœu ; mais la procédure qu'il préconise est trop compliquée et pourrait être simplifiée.

Reconnaissant qu'il existe au profit des interprètes un droit de propriété artistique, le législateur pourrait exercer son action d'après les principes ci-dessous.

1. — La radiodiffusion de l'interprétation d'œuvres littéraires et artistiques ne peut avoir lieu que du consentement des interprètes.

2. — Dans les contrats conclus entre les exécutants et entrepreneurs ou organisateurs de spectacles, il est loisible aux parties de stipuler expressément soit que la radiodiffusion est autorisée sans condition, soit qu'elle est totalement interdite, soit enfin qu'elle est consentie à telles conditions déterminées.

3. — A défaut de stipulations expresses, la radiodiffusion est réputée autorisée par les exécutants à la seule condition qu'il leur soit attribué une rémunération supplémentaire forfaitairement et immuablement fixée à X % de leur rémunération normale.

Le caractère automatique et forfaitaire de la rémunération supplémentaire, évite tous retards et tous conflits dans un domaine où des exigences inconsidérées pourraient compromettre les manifestations artistiques hautement dignes d'intérêt.

D'autre part, les exécutants fixés sur l'étendue de leurs droits, ne peuvent en aucun cas subir préjudice.

Telle est l'opinion qui nous a été soumise au nom du Comité belge, dont nous regrettons si vivement l'absence ici.

Je me permettrai d'ajouter un vœu personnel. On pourrait, dans nos considérants, rappeler l'existence du vœu émis par la Conférence de Rome, demandant que le droit de l'artiste soit reconnu et protégé par les différentes législations nationales et indiquer que ce vœu constitue, lui aussi, un commencement de protection pour les artistes. On complèterait ensuite ce vœu en demandant que ce ne soient pas les législations nationales qui commencent à accorder cette protection aux artistes, mais que ce soit une Convention internationale, ceci, afin d'éviter les conflits entre les lois internes. (*Applaudissements.*)

M. Otavsky (Tchécoslovaquie). — Permettez-moi de dire quelques mots sur la question de fond.

Je suis d'accord avec M. de Vilallonga en ce qui concerne la question principale, mais dans notre loi tchecoslovaque, nous avons un article 7 ainsi conçu :

« Font l'objet d'un droit d'auteur, sans aucun préjudice des droits « relatifs à l'original, les remaniements, en tant qu'ils sont reconnus « comme le résultat de l'activité créatrice du remanieur...

Et le paragraphe 9 dit :

« L'auteur d'une œuvre est celui qui l'a crée ; l'auteur du rema-
« niement...

Des dispositions à peu près identiques se trouvent aussi dans la loi allemande, la loi autrichienne, la loi polonaise. Je crois donc qu'au point de vue du principe, il faut à mon avis, considérer les exécutants s'il s'agit d'une exécution créatrice, comme des auteurs. Mais nous laissons cette question de côté, conformément à la proposition de notre Président, dans le but, sans doute, de faire l'unanimité.

En ce qui concerne la proposition de M. le Président, amendée par M. de Vilallonga, je désirerais un peu la modifier. Il s'agit du droit des artistes, mais on ne parle de ce droit des artistes qu'au paragraphe *b*) : il vaudrait peut-être mieux faire l'inverse et parler du droit des artistes d'abord.

Quant à l'amendement de M. de Vilallonga sur le par. *a*) : « Sous réserve de l'autorisation de l'auteur et sauf stipulation contraire ». il ne semble pas qu'on parle encore de l'exécutant ?

M. DE VILALLONGA, *rapporteur*. — Comme le texte de M. le Président est très clair et très net, je n'ai pas voulu faire une longue phrase. Je me rallie à la proposition de M. le Président.

M. OTAVSKY (Tchécoslovaquie). — Je voudrais une mention explicite du droit de l'exécutant ; ici, on parle seulement d'un droit de tutelle du droit moral ; je crois qu'il vaudrait mieux commencer par mentionner le droit des exécutants. Dans la proposition de M. Quintin, nous avons la même disposition, mais le droit des exécutants vient en premier lieu.

M. LE PRÉSIDENT. — J'accepte la modification : il est plus logique, en effet, de commencer par parler du droit de l'exécutant. Nous sommes d'accord sur le principe, renvoyons la question au comité de rédaction.

M. BAUDOUIN, (U. I. R.). — Au nom de l'Union Internationale de Radiophonie, je suis tout à fait d'accord, en principe, avec la proposition que vous nous avez fait l'honneur de nous soumettre, mais, en dépit de nos relations amicales avec M. de Vilallonga, je ne suis pas d'accord avec l'amendement qu'il a proposé et d'après lequel l'exploitant ne peut pas exécuter sans l'autorisation de l'auteur.

M. DE VILLALONGA, *rapporteur*. — Est-ce que vous acceptez l'autre partie de mon amendement : sauf stipulation contraire ?

M. BAUDOUIN, (U. I. R.). — Non.

M. Fernand PAUL (U. I. M.). — Je représente ici l'Union Internationale des Musiciens, c'est-à-dire, ceux dont la mission est d'interpréter les œuvres musicales, et sans le concours desquels, il faut bien le dire, la radiodiffusion jouirait certes d'une moins grande popularité.

Puisqu'il s'agit aujourd'hui de fixer le principe d'une jurisprudence internationale de la T. S. F., je dois préciser la position prise par mon organisation et déclarer que nous, artistes musiciens, en sommes restés au texte voté par le 1er Congrès juridique international de Paris, 1925 :

Art. 3 : « La transmission radioélectrique de l'exécution d'une œuvre « intellectuelle, littéraire ou artistique, ne peut être faite sans le con« sentement de l'interprète ».

Il semble qu'aujourd'hui, on veuille revenir sur ce texte et retirer à l'artiste exécutant le droit qui, jusqu'à présent, lui était reconnu, de s'opposer à la radiodiffusion de son interprétation.

M. de Vilallonga, lui-même, dont la 1re partie de son substantiel rapport se révèle nettement favorable au droit de l'exécutant, en conclut-il plus loin, de façon au moins inattendue, que désormais « l'artiste « qui interpréterait en public une œuvre littéraire ou artistique, ne « pourrait plus s'opposer à la radiodiffusion de son interprétation. »

C'est supprimer, en fait, le droit de l'exécutant. Il faut donc plaider à nouveau en faveur de ce droit qui, pour nous, représente des intérêts sacrés : intérêts moraux, du fait de la déformation possible de l'interprétation due à une mauvaise transmission, à une reproduction inexacte de sonorités ; intérêts économiques (individuels et corporatifs) du fait de l'exploitation commerciale des émissions, en même temps que de la suppression possible de nombreux orchestres qui seraient remplacés par un seul, voire même par un simple disque phonographique.

La nécessité où je suis de défendre le droit de l'exécutant m'oblige à préciser l'importance du rôle de l'artiste en matière d'interprétation musicale.

Comment peut-on discuter encore sur un pareil sujet ? Comment peut-on mettre en doute la simple évidence de la part créatrice prise par lui dans la présentation au public d'une œuvre musicale ?

Lorsqu'il s'agit d'arts tels que la peinture ou la sculpture, on peut dire que l'œuvre sort complètement achevée des mains de son auteur et qu'il n'est pas besoin d'interpèrte pour qu'elle soit comprise ou simplement perçue. En musique, au contraire, si l'œuvre est également vivante dans le cerveau de l'auteur, transposée sur le papier elle n'est plus qu'œuvre morte. C'est à l'artiste interprète, à l'exécutant, qu'incombe la mission de lui redonner vie ; c'est lui qui en sera l'animateur indispensable, sans lequel elle serait fatalement demeurée incomprise, et même, la plupart du temps, inconnue.

D'autre part, il n'est pas niable qu'il y a dans l'interprétation d'une œuvre musicale quelque chose de personnel, se référant au caractère, aux sentiments, à la compréhension particulière de l'artiste. Il y a là comme une deuxième création : l'œuvre existait en puissance, mais c'est sous l'impulsion de l'artiste qu'elle naît pour le public ; et elle se révèle à lui de manière différente, suivant la personnalité de celui qui l'interprète. N'est-ce pas là, d'ailleurs, un élément incontestable de réussite : telle interprétation faisant le succès d'une œuvre et étant particulièrement recherchée du public ?

Or, jusqu'à présent, l'artiste était un être libre, maître de son talent et propriétaire, en quelque sorte, de son interprétation. Si l'on voulait entendre tel artiste ou tel orchestre, il était nécessaire de se déplacer et de pénétrer dans une salle de spectacle ou de concerts pour l'entrée de laquelle un droit était perçu.

Maintenant grâce à la T. S. F., les ondes musicales cheminent dans l'éther et n'importe qui peut les capter et entendre ainsi, sans bourse délier, l'œuvre et l'interprétation qui en est donnée. Bien plus, tel particulier en société pourra en faire commerce et obtenir un profit ou une rémunération quelconque d'auditeurs qu'il aura réunis soit dans un café, soit dans un magasin, soit dans une salle de concerts ou d'exposition, et sans que l'artiste puisse prétendre même à une simple part de ce profit réalisé grâce à lui.

Il y a là un fait nouveau, évidemment, et qui nécessite une refonte des lois existantes de telle manière que soient reconnus et sauvegardés les droits de l'exécutant.

On me dira qu'il suffit à celui-ci de s'entendre et de se faire rémunérer par le poste émetteur. Mais ce dernier est-il le maître absolu de son émission, peut-il empêcher qu'elle soit captée par tel particulier, tel exploitant qui l'utilisera à son gré, qui pourra, même, s'il lui plaît, procéder à des enregistrements de disques phonographiques de l'émission recueillie par lui.

D'autre part, la possibilité du relai ne permet-elle pas à un autre poste, d'un pays voisin même, de capter et d'exploiter à son seul profit, telle émission qu'il lui plaira ?

Ceci, encore, nécessite une réglementation nouvelle et conforme à un état de choses entièrement nouveau.

Nous nous trouvons, en fait, dans la même situation que les auteurs, avant que fût reconnu leur droit.

Un autre aspect de la question, qui soulève pour les artistes le même angoissant problème, est celui qui a trait aux émissions radiophoniques de disques phonographiques.

Ici, le danger, de même que le préjudice, est encore plus grand. En effet, alors que la radiodiffusion directe, si je puis dire, se trouve limitée à une reproduction concordant inévitablement avec l'exécution, la radiodiffusion d'un disque phonographique en permet une utilisation répétée, presque indéfinie. L'artiste se trouvera alors lésé, non seulement dans le présent, mais aussi et surtout dans un futur qu'il est impossible même d'apprécier.

Là encore, on peut dire : entendez-vous avec la maison qui enregistre le disque et qui vous rémunère. D'accord, mais, qui pourra empêcher quand même, si une loi n'intervient pas, telle personnalité ou telle société d'acheter un disque et de le radiodiffuser sans l'autorisation de l'exécutant et sans profit pour celui-ci ?

Il y a, dans les exemples que je viens de citer, un acte d'appropriation coupable qui risque de porter un grave préjudice, non seulement à l'artiste interprète pris individuellement, mais en même temps à une corporation tout entière.

Et c'est dans le simple but de défendre les intérêts des uns et des autres que nous demandons l'inscription dans la loi du droit de l'exécutant.

M. de Vilallonga qui, dans son rapport, établit ce droit de façon irréfutable, paraît, dans ses conclusions, s'écarter de son principe pour la seule raison qu'il prévoit des difficultés d'application, du fait notamment « de l'opposition possible de l'un des musiciens composant un orchestre. »

Qu'il permette, à ma déjà vieille expérience de musicien d'orchestre, de le rassurer. Le cas que je viens de citer, d'après son rapport, ne s'est jamais produit, à ma connaissance ; et, s'il se produisait, il suffirait de remplacer le musicien en question, ainsi que l'on procède journellement lorsqu'un artiste de l'orchestre se trouve défaillant pour une raison quelconque : maladie ou tout simplement absence.

M. de Vilallonga s'appuie également, pour conclure, sur l'attitude adoptée, au cours de son dernier congrès (Paris, novembre 1927) par l'Union Internationale des Musiciens qu'ici je représente.

« Quant aux artistes, écrit M. de Vilallonga, si l'on tient compte de « la résolution adoptée naguère par un de leurs groupements les plus « particulièrement intéressés, ils semblent, eux-mêmes, s'être rendus « compte des difficultés auxquelles se heurterait nécessairement l'exer- « cice de leur droit exclusif d'autoriser la diffusion radioélectrique de « leurs interprétations.

« L'Union Internationale des Musiciens, qui a tenu son dernier con- « grès à Paris, du 31 octobre au 3 novembre 1927, et qui ne pouvait « ignorer la proposition de l'Administration italienne et du Bureau de

« Berne, s'est abstenue de réclamer la reconnaissance de ce droit « exclusif.

« Dans la résolution adoptée, au cours de ce congrès, elle a simple« ment déclaré « qu'il y a lieu d'exiger une juste compensation pour « le préjudice causé » aux musiciens par la diffusion radiophonique, « tout en laissant « la fixation et les modes de perception » de cette « compensation » au choix de chaque pays. »

Je suis au regret de contredire M. de Vilallonga dont je connais les sentiments d'équité et de bienveillance à l'égard des artistes. Erreur d'interprétation, mauvaise rédaction peut-être, je ne mets pas en doute un seul instant l'entière bonne foi de M. de Vilallonga, mais je suis obligé de lui répondre par la lecture intégrale des résolutions adoptées, à l'unanimité, au congrès de Paris de l'U. I. M.

Après les commentaires d'usage, le congrès déclare :

« 1° Qu'il y a lieu d'exiger une juste compensation pour le préjudice « causé ;

« 2° Que la fixation et les modes de perception sont laissés au « choix de chaque pays ;

« 3° Qu'il y a lieu de trouver des mesures internationales pour évi« ter que les émissions d'un autre pays ne puissent suppléer celles d'un « pays où il y aurait conflit ;

« 4° Qu'il y a lieu d'établir un statut international qui protège juri« diquement les interprètes qui sont appelés à se laisser radiodiffuser « en dehors des auditoria ;

« 5° Que le droit des exécutants étant reconnu par le Comité inter« national de la T. S. F., le congrès invite les représentants des di« verses nations à entreprendre les démarches nécessaires auprès des « gouvernements respectifs, pour obtenir la reconnaissance de ce droit ;

« 6° Qu'il y a lieu de transmettre la question au Bureau internatio« nal du Travail de Genève, afin qu'il examine la question et prépare « une solution à recommander à tous les gouvernements ».

Voilà qui est formel.

Le paragraphe 5, notamment, de la résolution votée, situe nettement la position prise par l'Union Internationale des Musiciens, en ce qui concerne le droit des exécutants et les démarches à entreprendre dans chaque pays pour obtenir des gouvernements respectifs la reconnaissance de ce droit.

L'artiste ne s'oppose pas, en principe, à la radiodiffusion de son interprétation, mais il entend rester maître de son droit moral et économique ; il entend pouvoir se défendre, du point de vue artistique, contre toute déformation, contre toute transmission inexacte.

Il entend aussi avoir sa part du bénéfice résultant de l'exploitation des postes émetteurs ou récepteurs de T. S. F.

Il entend enfin se préserver des dangers qui le menacent du fait :

1° du chômage provoqué par la suppression de certains orchestres, conséquence de la diffusion produite par un seul.

2° de la retransmission, par relai, qui permettrait, en cas de conflit, notamment, de substituer une émission quelconque à un orchestre qui, pour la défense de ses intérêts, serait momentanément défaillant.

3° de la reproduction presque indéfinie due à la radiodiffusion de disques phonographiques, permettant à tout exploitant d'utiliser commercialement et à son seul profit l'interprétation de l'artiste, en même temps que de substituer, dans certains cas, la reproduction mécanique à l'exécution directe et humaine d'une œuvre musicale.

Pour ces raisons, je demande, au nom de l'Union Internationale des Musiciens que soit confirmé le vœu exprimé au 1er Congrès juridique de Paris, 1925.

Je demande également que soient protégés les artistes dans les utilisations commerciales que l'on peut faire de leurs interprétations, et notamment en ce qui concerne les émissions de disques phonographiques.

Dans ces conditions, je ne puis accepter l'ordre du jour de M. Giannini, et pas davantage la résolution de M. de Villalonga, bien que je veuille ici rendre hommage à leur bonne volonté à l'égard des artistes exécutants.

L'article du Bureau international de Berne me donnerait davantage satisfaction, ainsi que la proposition de M Quintin, mais, pour exprimer nettement ma pensée, je me permettrai de vous proposer l'ordre du jour suivant, qui n'est que le prolongement, le développement du vœu émis à Paris en 1925 par le 1er Congrès juridique de T. S. F.

Ordre du jour :

« La transmission radioélectrique, par émission première ou par « relai, de l'exécution d'une œuvre intellectuelle, littéraire ou artis« tique, ne peut être faite sans le consentement de l'interprète.

« Aucune utilisation commerciale, sous quelque forme qu'elle re« vête, ne peut en être faite sans le même consentement ».

M. Olagnier (France). — Monsieur le rapporteur, je regrette de vous dire que je ne suis d'accord sur aucun point de notre exposé. 1er point : droit des exploitants d'effectuer la radiodiffusion ; je ne suis pas d'accord, parce que j'estime que cette résolution tend à dépouiller complètement les auteurs du droit de disposer de leur chose. C'est la licence obligatoire certaine. C'est d'ailleurs pour cela que le représentant des postes d'émission se rallie complètement à cette thèse. De deux choses l'une : ou le congrès vote votre proposition telle qu'elle est formulée, et ce sont les auteurs qui sont dépouillés, ou le congrès vote la résolution avec l'amendement de M. de Vilallonga et alors cela ne signifie plus rien. Par conséquent, sur ce point, je voterai contre ; d'autant plus que je me demande si on n'étendra pas naturellement aux cours et conférences cette disposition qui, jusqu'ici, ne s'applique qu'aux œuvres artistiques. Or, je comprends qu'un conférencier ne veuille pas que sa conférence soit diffusée.

M. le Président. — Ce n'est pas mon idée.

M. Olagnier (France). — Pour la tutelle du droit moral des artistes exécutants je ne suis pas d'accord non plus, parce que j'estime que le droit moral de l'artiste se confond avec le droit moral de l'auteur. Si nous prenons l'exemple de Caruso chantant une œuvre de Mascagni, si la transmission est faite de façon déplorable, Caruso sera peut-être lésé, mais le plus lésé des deux sera certainement Mascagni.

M. le Président. — Nous avons réglé la question des auteurs, nous nous occupons en ce moment des éxécutants.

M. Olagnier (France). — J'estime que nous n'avons pas à reconnaître le droit moral des artistes en cette hypothèse.

M. Homburg, *rapporteur général.* — Il y a pourtant deux droits moraux en présence.

M. le Président. -- Et la voix de Caruso ? Il ne faut pas en tenir compte ?

M. Olagnier (France). — Alors, il va y avoir conflit entre l'auteur et l'artiste. L'auteur pourra dire : je me contente de cette exécution et l'artiste dira : moi, elle ne me convient pas !

M. Homburg, *rapporteur général.* — Il y a deux actions : l'une de l'auteur contre les tiers et l'autre de l'artiste contre les tiers.

M. Olagnier (France). — On transmet une œuvre de Mascagni ; son interprétation satisfait Mascagni ; elle ne satisfait pas l'artiste?

M. Homburg, *rapporteur général.* — Alors il n'y a qu'une action : celle de l'artiste.

M. Olagnier (France). — Mais l'action de l'artiste se trouve annulée, par le fait que l'auteur se déclare satisfait.

M. Homburg, *rapporteur général.* — Pas du tout ! nous cherchons justement à séparer les deux droits.

M. Olagnier (France). — Si vous allez jusqu'au bout, c'est-à-dire jusqu'au droit d'interdire la radiodiffusion, à qui allez vous donner raison?

Voilà pourquoi je ne voterai pas ces résolutions. Les propositions de M. de Vilallonga me donnaient toute satisfaction :

« Les interprètes d'œuvres littéraires ou artistiques ne pourront « s'opposer à la diffusion de leurs exécutions par la radiophonie ou à « la télévision qu'en vertu des dispositions d'un contrat ».

J'estime que, si on reconnait à l'éxécutant le droit de s'opposer à la radiodiffusion, il y aura des difficultés matérielles telles que, pratiquement, ce sera impossible. Il est naturel qu'on réserve à un artiste de stipuler dans son contrat qu'il n'y aura pas diffusion, mais la règle générale doit être que l'on n'a pas besoin du consentement de l'exécutant.

« II. La radiodiffusion d'une œuvre littéraire ou artistique donnera « lieu, au profit de l'interprète, à une rémunération supplémentaire « proportionnée au cachet initial. » Nous sommes d'accord.

Le troisième paragraphe me paraît également juste.

Le quatrième paragraphe me convient aussi ; il est certain que, dans ce cas, on ne sait pas quels sont les artistes dont le chant a été diffusé : il est juste qu'un droit soit perçu et qu'il soit versé aux associations d'artistes.

Je demande donc au congrès de voter les propositions de M. de Vilallonga qui sont de nature, je crois, à donner satisfaction à l'équité et à la pratique.

M. Baudouin. — Je ne suis pas de l'avis de M. Olagnier. D'autre part, il me semble qu'il y a dans le rapport de M. de Villalonga de nombreuses contradictions.

Je suis, en principe, d'accord sur le premier alinéa qui reconnait qu'en vertu d'un contrat un interprète peut s'opposer à la diffusion. Mais le 4e paragraphe qui vise une indemnité spéciale à verser aux associations d'artistes me semble n'avoir aucun fondement. Nous savons tous que M. de Vilallonga est un homme de cœur, mais il ne faut pas aller trop loin. Je ne vois pas quelle peut être la raison, juridique ou autre, de verser une indemnité spéciale, étant donné que nous serons en présence d'un contrat qui sera conclu entre l'artiste exécutant et la société radiophonique, que l'artiste sera à même d'en discuter toutes les conditions. S'il s'oppose à la diffusion, il aura le droit de le mettre dans son contrat et, en cas d'infraction, il demandera une indemnité. En vertu de ce contrat, il touchera l'indemnité sur laquelle le représentant des Musiciens insistait tellement tout à l'heure.

Je crois que nous sommes en présence, ici, d'un contrat de travail entre artistes exécutants et sociétés de radiophonie, dont les conditions sont discutées librement ; par conséquent, en dehors des sommes qui auront été promises par les sociétés de radiophonie aux interprètes des œuvres musicales ou autres radiodiffusées, je ne vois pas pourquoi des indemnités spéciales seraient versées aux associations d'artistes, étant donné que la société de radiophonie connait les artistes qu'elle va engager.

M. OLAGNIER (France). — Ce n'est pas le poste émetteur qui paiera, c'est le poste récepteur.

M. BAUDOUIN. — Dans les pays comme l'Allemagne où la taxe sur les postes récepteurs existe, ces postes paient déjà ; mais dans les pays où ce système n'existe pas, je ne vois pas le moyen que vous aurez de faire payer !

M. DE VILALLONGA, *rapporteur*. — Si j'ai ajouté ce n° 4 à mes résolutions, c'est pour donner satisfaction à un accord intervenu au sein du Comité International de T. S. F. ; je crois même que M. Baudouin assistait à la séance ; en tout cas, cela a été décidé à l'unanimité.

M. PIOLA CASELLI (Italie). — Je croyais que la question allait être discutée cet après-midi et je voulais présenter quelques observations au sujet de l'ordre du jour qui a été présenté par notre Président. Je demanderai qu'on renvoie la suite de la discussion à cet après-midi.

M. LE PRÉSIDENT. — Il est d'ailleurs relativement tard. Nous continuerons donc cet après-midi (1).

La séance est levée à 12 h. 50.

(1) V. suite p. 158.

HUITIÈME SÉANCE

Vendredi 5 octobre 1928 (après-midi)

Statut international des Radiotélégraphistes

La séance est ouverte à 18 heures, sous la présidence de M. Giannini.

M. le Président. — Messieurs, avant de donner la parole aux divers orateurs, je dois communiquer au congrès le télégramme suivant que je viens de recevoir de M. le Sous-Secrétaire d'Etat à l'Aéronautique :

« A lei ed a tutti gli attorevoli partecipanti a codesto congresso « giungano i piu vivi ringraziamenti della Regia aeronautica per « l'affettuosa participazione presa al nuovo irreparabile lutto che l'ha « colpita S. S. A. Balbo ».

M. le Président. — La parole est à S. E. M. Perez, président du sous-comité qui avait été nommé sur la question des radiotélégraphistes.

M. Perez (République Argentine). — Messieurs, le Comité que vous avez nommé pour s'occuper de la question d'un statut international des opérateurs de télégraphie et de téléphonie sans fil s'est réuni. Après un échange de vues extrêmement rapide, nous nous sommes rendu compte qu'il était impossible, avec le rapport que nous avions sous les yeux, de commencer notre travail.

Nous nous sommes donc bornés, étant données les difficultés qui se présentaient, à rédiger un ordre du jour qui vous sera soumis par le Rapporteur, M. de Vilallonga.

M. de Vilallonga, *rapporteur*. — Messieurs, la résolution que j'ai l'honneur de présenter au congrès est comme une résolution de pure forme, parce que, comme l'a dit M. Perez, les éléments que j'ai pu réunir à l'intention du Congrès ne constituent pas la base d'une discussion quelconque. Ces éléments ont été recueillis à la hâte, alors que j'attendais une documentation complète que je n'ai pas pu obtenir.

Je suis à la disposition du Comité International pour continuer le travail, ayant simplement, dans une note, signalé quelques documents qui étaient arrivés à ma connaissance et les questions qui me semblaient les plus essentielles dans les problèmes relatifs aux conditions de travail des radiotélégraphistes.

Dans ces conditions, nous ne pouvons vous demander d'adopter qu'un projet de résolution invitant le Comité International de la T. S. F. à instituer une véritable enquête.

« Le Congrès charge le Comité International de la T. S. F. d'insti-
« tuer, avec la collaboration de ses comités nationaux et de tous les
« organismes compétents ou intéressés, une enquête mondiale pour
« étudier les conditions de travail du personnel des stations mobiles
« radioélectriques. »

L'expression « station mobile » est consacrée par la Convention de Washington : nous avons cru devoir la conserver. J'avais indiqué dans ma note qu'il était impossible, pour le moment, de nous occuper du personnel des stations fixes : la Convention de Washington a écarté cette question de ses préoccupations.

M. le Président. — Deux mots avant d'ouvrir la discussion. Tout d'abord je dois dire que M. de Vilallonga a singulièrement diminué l'importance de son rapport qui a le grand mérite de poser très nettement le problème, de bien l'orienter et je crois qu'à ce point de vue, ce rapport, tout en conservant son caractère de rapport préliminaire, nous sera précieux pour la suite de nos travaux et je tiens à en remercier l'auteur.

Comme vous avez pu le voir, M. de Vilallonga se base sur les données de la Fédération Internationale Radioélectrique, c'est-à-dire sur les documents que nous possédons en ce moment ; mais je crois que le problème change tellement, avec une telle rapidité, que la situation des radiotélégraphistes ne sera peut-être déjà plus en 1930 ce qu'elle était en 1929. Je crois donc qu'il serait désirable que le Comité International entende également la Fédération ; j'ose même dire qu'il devrait commencer par là, parce que les désirs qui seront exprimés par cette Fédération devront nous servir de base.

Je pense aussi que, dans les conditions actuelles, il y a plusieurs problèmes pour lesquels il faut voir quelle est la situation des radiotélégraphistes et j'ajoute tant au point de vue juridique qu'au point de vue économique, car le fond de ces problèmes est économique ; l'enquête doit donc envisager les deux aspects du problème.

Sur la base du rapport de M. de Vilallonga, on pourrait faire un petit questionnaire qui serait envoyé aux organismes dont nous sollicitons l'avis. Il me semble que nous pourrions ainsi avoir des données homogènes pour cette enquête, ce qui faciliterait la tâche du Rapporteur, et je pense que M. de Vilallonga voudra bien se charger de cette tâche. Si le Congrès est d'accord sur ces divers points, il suffira de fixer ces quelques points dans le programme du futur Congrès : nécessité d'entendre la Fédération Internationale, puis établissement d'un questionnaire qui serait envoyé d'accord avec le comité central.

Je voudrais, par ailleurs, débarrasser le terrain de certaines questions que j'ai entendu soulever ce matin dans le petit comité. Nous examinons ici le statut des radiotélégraphistes, mais nous ne touchons pas aux questions de personnel : quelle doit être la discipline à bord ? quels doivent être les rapports entre le capitaine et le personnel ? ces questions ne rentrent pas dans le cadre de nos travaux et les admettre serait rendre très difficile un accord qui doit viser surtout le statut juridique et économique des radiotélégraphistes. Nous avons quelques données très précises sur les points que devrait toucher l'enquête : par exemple, la classification faite par la Conférence de Washington, en trois catégories.

Je me suis demandé si ce problème n'avait pas, jusqu'à un certain point, un caractère maritime : car enfin, si les radiotélégraphistes ont un statut, ils doivent l'avoir et sur terre et sur mer. Je me suis demandé aussi si nous ne devions pas envisager la question du refus du travail à bord, refus qui équivaut à laisser le navire en panne, peut-être en pleine mer, avec impossibilité d'assurer un service qui a une importance primordiale pour la navigation.

Vous voyez que le problème est complexe, qu'il touche à la navigation maritime et aussi à la navigation aérienne pour laquelle un premier travail a été fait par la C. I. N. A. J'estime donc qu'il serait très difficile de rédiger un rapport sans posséder tous les éléments nécessaires. (*Assentiment unanime.*)

J'accepterai très volontiers l'ordre du jour présenté par le comité, avec quelques petites modifications de détail.

« Le Congrès

« Prie le Comité International de la T. S. F....

Ensuite le texte actuel, mais en terminant :

« ... pour étudier la situation juridique et économique des opérateurs « de T. S. F. »

Cette formule est plus large et répond aux idées que j'ai exprimées.

M. DE VILALLONGA, *rapporteur*. — C'est beaucoup de travail !

M. LE PRÉSIDENT. — Oui, mais vous avez une grande capacité de travail... (*Sourires*)... Vous êtes d'accord ?

M. DE VILLALONGA, *rapporteur*. — Je suis d'accord avec le texte, mais je demande à ne plus être Rapporteur ! !

M. GNEME (Italie). La conférence de Washington ne s'est pas occupée du personnel radiotélégraphiste des stations fixes, parce que ce personnel ne peut pas faire l'objet d'une réglementation internationale.

M. PEREZ (République Argentine). — Monsieur le Président, vous savez que ce matin je me suis exprimé d'une façon à peu près conforme à la vôtre. Nous sommes en présence d'un problème complexe et grave.

Quand on voyage en mer, on s'aperçoit de suite qu'il y a à bord un groupe, les radiotélégraphistes, qui font bande à part, qui ont des prétentions particulières, qui en somme, se considèrent comme ne faisant pas partie de l'équipage et qui, jusqu'à un certain point, peuvent faire ce qu'ils veulent ! Quand on est passager, on éprouve quelques craintes, et on se demande si une telle attitude est justifiée.

Nous sommes en présence d'un ordre du jour d'après lequel nous devrions établir un statut pour les radiotélégraphistes. Je crois qu'il faut se demander, d'abord, s'il faut faire ce statut. Pourquoi faire un statut pour les radiotélégraphistes et ne pas en faire un pour les mécaniciens ?

M. LE PRÉSIDENT. — Parce qu'ils l'ont déjà.

M. PEREZ (République Argentine). — Il ne l'ont pas encore ; ils sont en train de l'avoir.

M. LE PRÉSIDENT. — En matière maritime, ils l'ont.

M. PEREZ (République Argentine). — Je dis que la question est complexe et qu'elle touche à d'autres questions. J'estime que l'enquête qui doit être faite ne doit pas se limiter à un seul questionnaire. Il faut interroger naturellement les gens immédiatement intéressés : les radiotélégraphistes, mais il faut aussi interroger les compagnies radioélectriques, les autorités compétentes, les compagnies de navigation. J'estime que le corps des radiotélégraphistes doit être surveillé par les autorités compétentes officielles. Il convient peut-être de relever leur situation au point de vue stabilité, au point de vue financier et social, leur donner un caractère plus important, si possible, en même temps que leur donner la conscience de leurs responsabilités. A mon avis, avec un seul questionnaire il sera impossible de faire une enquête suffisante. Il y a plusieurs questions à considérer : la question économique, la question technique, celle du mode de recrutement et puis, surtout, il y a une première question à considérer, c'est celle de savoir si nous devons établir ce statut ou si ce sont les compagnies qui doivent l'établir.

Il faudrait établir un ordre du jour extrêmement large donnant lieu à une enquête très détaillée.

M. GNEME (Italie). — Je dois rappeler que dans la Convention de Washington beaucoup de choses sont déjà fixées. Puisque la Convention de Washington sera probablement ratifiée par 80 pays, il me semble qu'une partie de l'enquête n'est pas nécessaire. Tout ce qui se refère à l'instruction, aux examens, à l'avancement des radiotélégraphistes, au classement dans les navires, résulte déjà de règles générales indiquées dans le règlement de Washington.

M. HIRSCHFELD (U. R. S. S.) — Je suis complètement d'accord avec les observations présentées par M. le Président et j'adhère à son point de vue général; je voudrais cependant présenter quelques observations.

M. Giannini, si je ne me trompe, a dit qu'il ne faudrait pas examiner la question administrative ?

M. LE PRÉSIDENT. — Non.

M. HIRSCHFELD, (U. R. S. S). — Moi, j'estime que c'est un des problèmes les plus importants. En ce qui concerne le questionnaire, nous ne devons pas entrer dans des détails et préciser les questions qui seront posées, mais le questionnaire est le seul moyen d'aboutir à une solution. Maintenant, quelles matières va-t-on toucher dans ce questionnaire ? Va-t on examiner les conditions du travail dans la navigation maritime et dans la navigation aérienne ? A mon sens, la navigation aérienne est encore quelque chose de tellement instable qu'il serait prématuré de traiter cette question et qu'il vaudrait mieux se borner à la navigation maritime.

M. Perez s'est demandé s'il était bien nécessaire d'établir ce statut et il a ajouté : pourquoi faire un statut pour les radiotélégraphistes et ne pas en faire un pour les mécaniciens ? Ainsi que l'a fait observer M. le Président, ce statut existe pour les mécaniciens, mais même s'il n'existait pas, je proposerais, pour ma part, d'étudier les conditions du travail des radiotélégraphistes. Car, quoique les conditions du travail des mécaniciens soient assez compliquées, ce travail est tout de même limité par les limites mêmes du navire. Le service des radiotélégraphistes est non seulement au point de vue technique plus compliqué que celui des mécaniciens, mais il est encore un service de liaison, de communication entre la mer et la terre. Voilà une complication. Il ne faut pas oublier, d'autre part, que les radiotélégraphistes à bord des navires dépendent, dans une certaine mesure au point de vue technique, de la Compagnie et des autorités ; par exemple, chez nous, dans la marine marchande, ces services dépendent du

Commissaire du Peuple aux communications, c'est-à-dire des autorités compétentes techniques qui ne se trouvent pas à bord. C'est pourquoi j'estime que l'étude des conditions du travail des radiotélégraphistes pour l'élaboration d'un statut est bien indiquée, car, comme le disait M. Perez lui-même, les rapports entre radiotélégraphistes et le commandant, les administrateurs, les autres officiers, ne sont pas toujours normaux.

M. LE PRÉSIDENT. — Je n'ai pas entendu établir une procédure rigide : on fait une enquête et ensuite on s'en remet à la sagesse du Comité pour faire une enquête, établir un rapport, voir s'il y avait des propositions à faire. Mais je voudrais d'avance limiter l'enquête; je dis au Rapporteur qu'il y a des éléments qui sont nécessaires pour l'étude de la question et je crois qu'il faut borner cette étude à la navigation maritime et aérienne, ou arriver à la conclusion qu'il n'y a rien à faire. Mais je crois que nous ne pouvons pas, dès maintenant, aboutir à des conclusions. Quand on fait une enquête, on ne sait pas où on va.

M. TORQUATO GIANNINI (Italie). — Pour bien déterminer l'objet de l'enquête, il faut se rappeler qu'ici nous ne sommes pas devant un problème envisagé par le Comité : nous sommes devant un fait précis, un statut qui a été élaboré par la Fédération des radiotélégraphistes, qui a été présenté à Berne et que la Confédération des radiotélégraphistes fait discuter à Genève. Nous n'avons donc pas un problème d'ordre général, mais un document sur lequel nous voulons donner notre avis. Donc, il n'y a pas lieu, à mon avis, d'aller au delà des termes du problème tel qu'il a été posé par les intéressés. Le Comité verra dans quelle mesure ce statut doit être modifié ou s'il faut déclarer qu'il n'est pas nécessaire.

Le Comité fera dans ce but les démarches nécessaires et, une fois en possession des éléments recueillis, il pourra donner son avis.

L'ordre du jour déposé par M. de Vilallonga et modifié par notre Président répond exactement à cette idée : faire une enquête sur les conditions économiques et juridiques des radiotélégraphistes. C'est une matière qui intéresse non-seulement les opérateurs, mais aussi le public, car il s'agit d'assurer la continuité du service. Si nous n'avons pas des opérateurs satisfaits de leur situation, on ne peut pas compter sur la continuité du service : voilà qui touche à l'intérêt public. En nous basant sur ceci, nous pouvons dire qu'ils ont droit à certaines garanties, à certains traitements.

M. PEREZ (République Argentine). — Il y a surtout un point essentiel pour l'intérêt public : il faut bien établir les rapports qui doivent exister entre le corps des radiotélégraphistes et le commandant du bord. Il faut qu'à bord du navire le commandant commande et il faut que tous ceux qui font partie de l'équipage, bon gré mal gré, qu'ils s'appellent mécaniciens, radiotélégraphistes ou officiers, obéissent aux ordres du commandant.

M. LE PRÉSIDENT. — Je suis d'accord avec vous sur le principe, mais je crois que dans une convention internationale, qui vise une matière particulière, on ne peut pas arriver, par un moyen indirect, à établir le rôle du commandant à bord des navires. Si, dans une convention internationale, vous dites qu'il a telles et telles fonctions, vous allez prévenir le travail du Comité de Bruxelles et je ne crois pas que nous puissions arriver à des conclusions sur ce point.

M. PEREZ (République Argentine). — J'ai insisté sur ce sujet, parce que, si vous lisez le rapport de M. de Villalonga, vous voyez que les radiotélégraphistes demandent à faire le point ! Je me demande si c'est admissible !

M. GNEME (Italie). — L'article 6 *bis* du Règlement de la convention radiotélégraphique internationale dit :

« Le service radioélectrique d'une station mobile est placé sous « l'autorité supérieure du commandant ou de la personne responsable « du navire, de l'aéronef ou de tout autre véhicule portant la station « mobile ».

M. LE PRÉSIDENT. — Au point de vue logique, on ne peut pas poser dans une convention particulière de règles générales pour le commandant du navire en dehors des conventions maritimes. Je répète que, pour le principe, je suis d'accord avec vous, mais que chaque chose ait sa place.

M. PEREZ (République Argentine). — Je suggère de dire simplement ce que les radiotélégraphistes doivent faire, ce qui est très différent. Vous voyez la gravité de la question sur laquelle j'insiste et je désire que cela soit bien spécifié.

Voilà ce que demandent les radiotélégraphistes :

« La Fédération internationale des Radiotélégraphistes a formulé la « revendication ci-après : droit pour les Radiotélégraphistes de mani« puler et de prendre soin des instruments de pointage. Au cas où les « officiers de passerelle en seraient chargés, ils devraient en être en« tièrement responsables. »

M. GNEME (Italie). — Il s'agit des appareils radio-électriques.

M. DE VILALLONGA, *rapporteur*. — Je n'ai pas voulu parler sur les questions qu'indiquait tout à l'heure notre Président, parce que je croyais que nous resterions sur la question de l'enquête.

Je me permets de suggérer que celle-ci soit limitée au personnel des stations mobiles et peut-être même au personnel du bord. Je crois qu'il ne faut pas être trop ambitieux et que, malgré cela, nous aurons beaucoup de mal à faire quelque chose pour l'année prochaine.

En ce qui concerne la situation administrative du personnel, que M. Perez vient de toucher et que M. Hirschfeld indiquait, c'est évidemment la plus importante de toutes les questions à résoudre en l'envisageant du point de vue des radiotélégraphistes. Les radiotélégraphistes doivent obéir au commandant du navire. Les radiotélégraphistes ont, en quelque sorte, une double fonction, en ce sens qu'ils veillent à la sécurité de la navigation et que, d'autre part, ils s'occupent de la correspondance publique. La première fonction dépend du capitaine, parce qu'il est le représentant des armateurs; dans leur deuxième fonction, les opérateurs de T. S. F. dépendent du capitaine, parce que le capitaine est le représentant de l'autorité nationale et que les communications dépendent de l'autorité nationale.

Je m'excuse d'avoir moi-même exprimé mon opinion, mais je crois avoir eu d'illustres devanciers ! (*Sourires*).

Je voudrais donner quelques précisions sur une question qui pourrait envenimer la dicussion et pour laquelle je donne les explications qui m'ont été fournies par le secrétaire du syndicat des marins. Voici ce qu'entendent les radiotélégraphistes par « manipulation » des instruments de pointage.

Le paragraphe 6 *bis* se réfère à l'usage pratique du radiogoniomètre à bord des navires. Les autorités voudraient mettre ces appareils sous la direction des officiers de passerelle qui pourraient les manipuler, tandis que les radiotélégraphistes seraient responsables de leur bon fonctionnement. Les radiotélégraphistes craignent que ces appareils, confiés à des personnes qui n'en prendront peut-être pas tout le soin voulu, soient abîmés, alors qu'ils en seraient considérés comme responsables. Dès l'instant où l'on dira que les appareils de pointage seront utilisés par les officiers de passerelle, mais que les radiotélégraphistes ne s'en occuperont pas, je pense que les radiotélégraphistes n'auront aucune objection à formuler.

C'est ainsi que j'ai compris le raisonnement qui m'a été présenté.

M. le Président. — Nous sommes d'accord sur le principe de la nécessité de l'enquête ; nous sommes d'accord pour dire qu'il sera difficile de la faire porter sur la navigation aérienne : nous laissons le Rapporteur libre pour le surplus.

M. Solari (Italie). — Je suis d'accord avec M. le Président ; peut-être, pour donner satisfaction à M. Perez, pourrait-on dire : examen de la situation juridique et hiérarchique.

M. LE PRÉSIDENT. — Est-ce que vous croyez que la situation juridique ne comprend pas la situation hiérarchique?

M. SOLARI (Italie). — Si, mais c'était pour tranquilliser M. Perez.

M. LE PRÉSIDENT. — Messieurs, je vais mettre aux voix l'ordre du jour modifié d'après notre échange de vues :

« Le Congrès prie le Comité International de T. S. F. d'instituer, « avec la collaboration de ses comités nationaux et de tous les orga- « nismes internationaux compétents ou intéressés une enquête pour « étudier la situation juridique et économique des opérateurs de T. S. F. » (*Adopté.*)

Droit des artistes exécutants (suite)

M. LE PRÉSIDENT. — Nous passons maintenant à la question du droit des artistes exécutants.

Ainsi que je l'ai dit, nous avons la chance d'avoir comme collaborateur, au dernier moment, parce qu'il n'était pas informé que nous avions commencé l'étude de cette question ce matin, M. Piola Caselli, que tout le monde connaît comme spécialiste du droit d'auteur et aussi, comme Rapporteur Général de la Conférence de Rome.

Je dois le remercier de son intervention, parce que, dans notre petit comité de rédaction, il a apporté un ordre du jour qui, au fond, emprunte quelque chose à toutes les propositions de ce matin et en fait un tout harmonieux que, je crois, les quatre auteurs d'ordre du jour vont trouver satisfaisant. Voici cet ordre du jour :

« Le Congrès, vu le vœu tendant à la protection des artistes, inter- « prètes et exécutants exprimé par la Conférence de Rome de 1928 « pour la révision de la Convention de Berne ;

« Considérant que le caractère essentiellement international de la « diffusion radioélectrique rend particulièrement désirable une régle- « mentation internationale de l'exercice du droit des artistes, émet le « vœu :

a) « Que, par une convention générale, les Gouvernements s'en- « gagent à prendre ou à proposer à leurs législations respectives les « mesures de protection minima ci-dessous indiquées :

« 1° Paiement, de la part des exploitants des postes d'émission, « de relai ou de retransmission, d'une équitable rémunération supplé- « mentaire au profit des artistes dont les exécutions sont émises, re- « transmises ou autrement utilisées par lesdits exploitants ;

« 2° Adoption de mesures aptes à trancher rapidement et équitable-
« ment les différends entre les exploitants et les artistes ;

« 3° Chaque État veillera à ce que les radiodiffusions des exécutions
« artistiques soient effectuées suivant les règles de la meilleure techni-
« que ;

b) « Que lesdites mesures soient adoptées par les législations natio-
« nales d'une façon autant que possible uniforme. »

Je dois dire, en tant que Rapporteur, que je suis satisfait. Après l'expérience de la Conférence de Rome, je ne crois pas qu'il soit possible de commencer tout de suite par une convention internationale ; ce que l'on peut faire peut-être, en ce moment, c'est commencer de poser des règles uniformes qui aboutiront à une convention internationale. Mais je n'ai jamais renoncé à arriver à cet accord international. J'ai pensé, que par le moyen de lois nationales uniformes, on arriverait plus facilement à une convention internationale : or, dans cet ordre du jour on prévoit les accords internationaux ; je me rallie donc complètement à cet ordre du jour qui porte les signatures de MM. Piola Caselli, de Villalonga, Homburg, et la mienne.

Je donne la parole à M. Piola Caselli.

M. Piola Caselli (Italie). — Je suis fermement d'avis qu'en essayant de porter la question de la protection internationale des intérêts des artistes exécutants contre les abus de la radiodiffusion sur le terrain du droit d'auteur, on rend auxdits artistes un mauvais service.

Et cela pour trois raisons principales, en laissant de côté d'autres raisons secondaires qui ont cependant leur importance pratique.

Tout d'abord, pour la raison que le principe du droit d'auteur des artistes exécutants sur leurs exécutions n'a pas été généralement accepté par le droit positif et rencontre de fortes résistances dans la doctrine et surtout dans la jurisprudence. L'argument principal rappelé dans l'excellent rapport de M. de Vilallonga et tiré du fait que l'exécution est un complément nécessaire de l'œuvre artistique — d'où l'on déduit qu'elle en partage la nature — semble, en effet, très douteux ; en laissant même de côté la considération que cet argument ne s'applique en réalité qu'aux exécutions musicales, tandis que la question a une plus large envergure, devant embrasser, en présence des progrès de la télévision, toutes sortes d'exécutions d'œuvres artistiques, on peut opposer que, par cet argument, on confond l'objet avec le sujet, à savoir la nature de l'exécution, considérée en elle-même, avec la nature de l'activité humaine qui réalise cette exécution. L'exécution, en tant que combinaison de l'œuvre de l'esprit avec un art qui vise à la porter dans le monde des sensations, est, sans doute, en elle-même une œuvre artistique, sans que pour cela il soit nécessaire de concevoir cette extériorisation comme un travail artistique créateur. Heureusement pour les auteurs, il ne l'est pas toujours ; l'apport de l'exécutant ne revêt pas généralement un caractère personnel et original, comme il est affirmé dans le rapport de M. de Vilallonga.

En réalité, cet apport ne revêt ce caractère que dans les interprétations des grands artistes, qui, en supprimant ou en ajoutant à l'œuvre des éléments artistiques, font de cette œuvre une nouvelle création.

Mais, pour l'artiste exécutant ordinaire, lequel, cependant, doit être également protégé contre les abus de la radiodiffusion, l'exécution musicale ne représente et ne doit représenter que l'interprétation, autant que possible exacte et fidèle, de l'œuvre de l'esprit, moyennant l'application des règles de l'art musical.

En invoquant le droit d'auteur pour la protection internationale des intérêts dont s'agit, on rend aux artistes un mauvais service, pour la raison aussi que ce droit d'auteur, en supposant qu'il existe, devrait être conçu et organisé comme un droit de second ordre, entièrement subordonné au droit d'auteur qui appartient à l'auteur de l'œuvre exécutée.

Comme rapporteur général de la Conférence de Rome pour la révision de la Convention de Berne sur le droit d'auteur, je peux affirmer qu'un des motifs principaux pour lesquels la Conférence a renvoyé aux législations internes la question du droit d'auteur des artistes exécutants, a été justement la nécessité d'éviter que l'exercice du droit de l'artiste puisse porter préjudice au droit de l'auteur, ainsi que la difficulté de régler les conflits entre les deux. Ces conflits sont devenus aujourd'hui fréquents et faciles. J'en cite un exemple récent et typique que je prends dans le numéro du « Temps » du 28 juillet dernier. Un artiste de cinéma de premier ordre, une « vedette », réclama devant le Tribunal de Paris la suspension de la représentation d'un film, « parce que l'auteur y avait fait des coupures qui réduisaient « son rôle à un rôle de second ordre, incompatible avec le « standing » « professionnel de cet artiste ».

Le Tribunal rejeta son action, en observant que « les acteurs sont « les interprètes de l'auteur ». « Or, un interprète est d'après la « définition du Larousse, celui qui fait connaître la pensée d'autrui. « Dès lors, l'interprète se trouve le subordonné de celui qui pense et « n'a pas le pouvoir d'imposer la présentation aux spectateurs d'une « partie de l'œuvre que l'auteur juge inutile ou nuisible ».

En vue d'une solution juste et logique de la question qui nous occupe, il faut, au contraire, concevoir le droit de l'artiste exécutant comme un droit principal et autonome qui ne doit pas être subordonné au droit de l'auteur, mais qui doit être simplement coordonné avec ledit droit dans le sens que la radiodiffusion doit être autorisée par les deux.

Enfin, contre l'invocation du droit d'auteur par l'artiste exécutant sur le plan d'une protection internationale, il y a le *non possumus* de la Conférence de Rome. Si l'on introduisait dans la Convention de Washington la reconnaissance de ce droit d'auteur, ne fût-ce qu'aux fins de la protection contre les abus de la radiodiffusision, on tomberait dans un conflit de lois internationales qui serait d'autant plus choquant que la Convention de Berne est censée devoir régler tout le domaine international du droit d'auteur.

***

J'estime, d'ailleurs, que l'on peut justifier la protection que l'on réclame, par une thèse tout à fait différente et indépendante de celle du droit d'auteur.

M. de Vilallonga, dans son brillant et très habile rapport, suggère lui-aussi, du reste, que la protection qu'il réclame, peut être basée sur « d'autres principes juridiques actuellement en vigueur ». M. Quintin et M. Giannini dans leurs rapports respectifs, tout en montrant les difficultés de reconnaître en droit positif le droit d'auteur des artistes, admettent la nécessité de les protéger au point de vue de leur droit à rémunération pour toute radiodiffusion de l'exécution ; droit auquel conclut aussi le premier desdits rapporteurs.

Il ne m'est guère possible de présenter, en ce moment, une construction juridique complète du droit spécial de l'artiste exécutant. Je me borne à remarquer que, même en refusant d'admettre que le travail de l'artiste exécutant soit un travail créateur aboutissant à une œuvre qui puisse être protégée par le droit d'auteur, il n'en reste pas moins vrai que l'exécution représente le produit de ce travail, ce qui est pleinement suffisant pour justifier, d'après les principes du droit, la prétention de l'artiste à disposer de ce produit, et tout au moins d'en revendiquer la valeur économique pour son patrimoine, en tant qu'elle peut être conçue, abstraction faite de la valeur économique de l'œuvre exécutée.

Il n'est pas douteux, d'autre part, que les inventions modernes du phonographe, du cinéma et de la radiodiffusion ont donné à ce travail ou plutôt à son produit, le caractère juridique d'une *res*, à savoir d'un bien d'une valeur économique qui a une existence autonome extérieure et qui, partant, peut faire l'objet d'appréhension, de possession et de jouissance de la part de tiers, c'est-à-dire de la part de personnes qui ne sont pas liées avec celui qui a créé cette chose, par des rapports contractuels, et contre sa volonté.

Or, si le système du droit conventionnel, comprenant des règles en vigueur de droit interne et de droit international privé, peut être considéré comme suffisant pour protéger les intérêts des artistes exécutants contre les abus de la diffusion radioélectrique accomplis par ceux avec lesquels l'artiste a contracté pour l'exécution de l'œuvre artistique, il y a une nécessité évidente de reconnaître et de rendre efficace par des règles de droit interne et de droit international, le droit privatif de l'artiste exécutant sur l'exécution créée par lui, vis-à-vis des tiers, avec lesquels il ne se trouve pas en rapports contractuels et qui utilisent sans droit son travail, soit par des « films », soit par des disques gramophoniques, soit (pour rentrer dans le cadre de ce Congrès) par transmissions ou retransmissions radiophoniques ou radioélectriques.

Je suis donc d'accord avec les rapporteurs sur la nécessité que le droit positif reconnaisse et sanctionne ce droit qui est évidemment un droit nouveau, dont la naissance s'est vérifiée dans des circonstances tout à fait analogues à celles qui ont déterminé la naissance du droit d'auteur sur le livre.

En effet, de même que l'invention des types mobiles d'imprimerie a décelé la valeur économique de l'œuvre de l'esprit auparavant absorbée par la valeur économique de la copie manuscrite, les inventions du phonographe, du cinéma et de la télégraphie sans fil, en matérialisant l'exécution sous l'aspect d'un bien, d'une chose ayant une existence objective, extérieure et qui peut être exploitée par des tiers, ont révélé la valeur économique de l'exécution considérée sous cette nouvelle forme. Il s'agit vraiment d'un rapport juridique nouveau qu'il faut reconnaître et sanctionner.

Je suis complètement d'accord avec les rapporteurs sur le point que le droit de l'artiste exécutant, vis-à-vis des tiers, ne doit avoir pour contenu et pour objet qu'une prestation pécuniaire sous la forme, soit d'un pourcentage dans le profit de l'exploitation, soit d'un droit fixe. Je ne suis pas d'accord, toutefois, avec la conception juridique qui porte à écarter l'exercice d'un droit exclusif de l'artiste exécutant d'une manière, pour ainsi dire, secondaire ou subordonnée et, en vertu de la considération que l'intérêt social porte à cette conclusion. D'après moi, l'évolution du droit moderne qui oblige toujours plus à polariser, pour ainsi dire, les sources du droit à côté de la société et de l'Etat, d'après le concept que la doctrine fasciste a affirmé et accentué sur le terrain politique, cette évolution dont le droit d'auteur aussi ressent les influences intimes et profondes, nous oblige à exclure *a priori* toute prétention de l'artiste exécutant à un droit exclusif et à considérer, partant, le droit à la prestation pécuniaire comme étant le seul droit qui lui revienne. Mais une discussion sur ce point nous mènerait trop loin.

Je ne suis pas d'accord avec les rapporteurs, M. de Vilallonga et M. Quintin, et je le suis donc, au contraire, avec M. Giannini, sur la nécessité et l'opportunité de suggérer des règles plus ou moins détaillées en ce qui concerne les modalités pour assurer l'exercice de ce droit pécuniaire des artistes exécutants. Je crois, en effet, bien difficile d'établir un règlement uniforme pour tous les pays ; et, pour les raisons clairement exposées par M. Giannini, je pense qu'il faut s'en remettre aux législations nationales.

Je regrette toutefois de ne pas être d'accord avec M. Giannini sur le point de renvoyer la solution de tout le problème aux législations nationales. A ce sujet, le précédent de la Conférence de Rome, qui prévoit le renvoi auxdites législations, ne nous lie pas, si nous admettons que ce droit pécuniaire a un fondement propre et différent établi sur le droit du travail indépendamment de toute idée d'une maîtrise juridique sur le contenu intellectuel de l'exécution pouvant rentrer dans la sphère du droit d'auteur. D'autre part, il faut considérer que, tandis que dans l'hypothèse de l'assimilation de ce droit au droit d'auteur, le règlement national aurait indirectement une efficacité internationale, par effet des dispositions générales de la Convention de Berne ; au contraire, une fois cette hypothèse écartée, le droit pécuniaire des artistes exécutants, sanctionné dans les législations nationales, ne profiterait, semble-t-il, qu'aux artistes exécutants nationaux pour les œuvres exécutées dans le pays, et dont les exécutions seraient pour la première fois émises dans le pays.

Ainsi, si je ne me trompe pas, la protection dans le plan international, visant entre autres à combattre l'abus de la retransmission et de la transformation de l'audition radiophonique en matière phonographique, ferait complètement défaut.

Et je me demande, s'il n'est pas nécessaire d'introduire une règle similaire à celles contenues dans l'art. 4 bis de la Convention de Washington, à l'effet de fixer en principe, l'obligation des États contractants d'assurer une protection, au point de vue international, sauf aux dits États à régler les modalités de cette protection, comme bon leur semblera.

Dans ce sens, et dans le but surtout de préciser la portée de mon idée, et en me déclarant prêt à appuyer toute autre proposition qui serait faite dans le même sens, mais pouvant paraître plus efficace, correcte ou opportune, je me permets de proposer celle qui suit :

Qu'à l'art. 4 *bis* de la Convention de Washington soit ajouté l'alinéa suivant :

« Les Gouvernements contractants s'engagent aussi à prendre ou à « proposer à leurs législations respectives les mesures utiles pour « assurer le paiement de la part des postes d'émission, de relai ou de « retransmission d'une équitable rémunération au profit des artistes « exécutants, dont les exécutions sont émises, retransmises, enregis- « trées par gramophones ou autrement exploitées dans chaque pays. « sous réserve des accords particuliers qui pourront être passés entre « eux. »

Je dois dire que mon but, en préparant cet ordre du jour, a été surtout de simplifier autant que possible la question, et de faciliter la solution du problème.

Il y a un point sur lequel un accord était possible et d'où il pouvait résulter un certain avantage au profit des artistes exécutants. Ce qui m'avait surtout frappé dans l'ordre du jour de notre Président, c'est que la question de la protection internationale n'était pas encore envisagée. Le congrès était d'accord pour reconnaître qu'une protection, pour être efficace, doit être internationale, étant donné le caractère international de la radiodiffusion ; avec une protection internationale, on a aussi l'espoir d'obtenir des législations nationales une réglementation uniforme, ce qui pourra contribuer à rendre la protection efficace.

L'ordre du jour, après avoir rappelé l'intérêt que la conférence de Rome avait porté à cette protection envisage surtout une protection internationale. Le Congrès émet le vœu que les intérêts des artistes exécutants soient confiés à une convention internationale, qui aura cette portée que les règles que chaque pays aura adoptées ne seront pas des règles au bénéfice seulement des ressortissants de tous les pays et que ce bénéfice sera assuré aux artistes exécutants, même quand la première émission n'aura pas eu lieu dans le pays créateur de la législation.

Quels sont les avantages des artistes exécutants ? J'ai essayé d'établir les avantages minima pour éviter le contre-coup que j'avais déjà vu surgir au sujet de certains droits qu'on voulait reconnaître aux exploitants des postes. Les droits des exploitants des postes ne sont pas envisagés ; on envisage les droits des artistes exécutants. Nous prévoyons une rémunération supplémentaire qui serait à la charge des exploitants des postes soit d'émission, soit de relai, soit de retransmission, rémunération supplémentaire qui doit être ajoutée au cachet auquel les artistes ont droit pour toute exécution, transmise ou utilisée par l'exploitant.

D'autre part, nous prévoyons des mesures aptes à trancher rapidement les différends. Enfin, nous avons une application indirecte et un peu plus modérée, naturellement du droit moral, de l'artiste, afin d'éviter les conflits qui peuvent surgir entre les droits de l'auteur et de l'artiste.

Nous avons aussi parlé du droit de l'artiste à ce que la radiodiffusion soit faite d'après les règles techniques nécessaires.

M. le Président. — Avant d'aborder la discussion je vais demander à M. Valerio s'il insiste pour le maintien de sa proposition ?

M. Valerio (Italie). — Non, Monsieur le Président.

M. le Président.— MM. de Vilallonga et Homburg sont d'accord. Reste l'ordre du jour de M. Fernand Paul ; insistez-vous pour la mise aux voix de votre ordre du jour ?

M. Fernand Paul (U. I. M.). — Messieurs, mandaté par l'Union Internationale des Musiciens pour défendre un principe, je me vois obligé de maintenir mon ordre du jour qui pose très nettement ce principe de défense professionnelle des artistes musiciens dans l'exercice de leurs droits moraux et économiques ;

Je dois reconnaître que l'ordre du jour qui vient d'être présenté est nouveau et fait montre d'un esprit de conciliation auquel je ne puis que rendre hommage. Il est certainement, au point de vue de l'opinion que j'ai émise ce matin, un progrès sur les différents ordres du jour qui avaient été présentés précédemment. Je me permettrai de regretter, cependant, qu'il n'y soit pas fait mention de l'obligation de rétribution des artistes par les postes récepteurs publics. Ne serait-il pas possible d'y ajouter une phrase à ce sujet ? Si on admet dans cet ordre du jour que les postes émetteurs sont obligés de payer un droit aux artistes, que dire des postes récepteurs qui font peut-être une utilisation commerciale plus développée et plus grande ?

Je demande donc aux auteurs de cet ordre du jour s'il ne serait pas possible d'y insérer une phrase concernant une rémunération de la part des postes récepteurs publics.

M. Olagnier (France). — Je crois que notre collègue émet un vœu de stricte équité. Il n'y a aucune raison pour que les postes récepteurs publics ne paient pas un droit supplémentaire aux artistes et j'appuie cette proposition.

M. Hoffmann (Allemagne). — Je ne crois pas qu'il soit possible de discuter sur un ordre du jour dont nous ne connaissons que quelques mots. L'ordre du jour de M Piola Caselli est si long qu'il faudrait bien le relire et je crois qu'il vaudrait mieux reporter la suite de la discussion à demain.

M. LE PRÉSIDENT. — C'est impossible, parce que les travaux doivent finir ce soir, mais je peux suspendre pendant quelques minutes? (*Assentiment général.*)

La séance est suspendue pendant quelques minutes.

La séance est reprise à 18 heures 30.

M. LE PRÉSIDENT. — La proposition de M. Fernand Paul consisterait à ajouter après les mots :

«... Paiement de la part des exploitants des postes d'émission, de « relai ou de retransmission, et des postes de réception publique, d'une « équitable rémunération... etc...

Nous avons donc un ordre du jour de M. Fernand Paul qui serait absorbé par l'adjonction à l'ordre du jour que vous connaissez de l'amendement qui a été proposé par M. Fernand Paul.

L'amendement proposé par M. Paul est-il soutenu ?

M. OLAGNIER (France). — Oui.

M. AUDISIO (France). — Il n'y a pas de raison pour écarter ce droit en faveur des artistes exécutants, puisqu'on l'a admis pour les auteurs.

M. LE PRÉSIDENT. — L'amendement étant soutenu par MM. Olagnier et Audisio, je le mets aux voix. (*L'amendement est repoussé.*)

M. LE PRÉSIDENT. — Reste maintenant l'ordre du jour qui a été proposé.

M. HOFFMANN (Allemagne). — Je serais d'accord avec l'ordre du jour présenté par M. Piola Caselli, si j'y trouvais l'alinéa *a*) de l'ordre du jour de M. Giannini, attendu que ce paragraphe *a*) dans le texte de M. Giannini prévoit nettement et exactement le droit des exploitants d'effectuer les radiodiffusions, et que ceci manque dans l'ordre du jour de M. Piola Caselli. Je voudrais que l'on indiquât très nettement ce principe du droit des exploitants. On parle du paiement de la part des exploitants d'une rémunération supplémentaire, mais ceci ne suffit pas, parce que paiement veut dire contrat; il faut un contrat, une stipulation entre la société d'émission d'une part et l'artiste exécutant d'autre part ; or en pratique ceci ne peut pas exister. Le principe établi dans le paragraphe *a*) de l'ordre du jour de M. Giannini serait préférable.

M. OTAVSKY (Tchécoslovaquie). — La proposition de M. Piola Caselli me semble constituer un progrès dans la question ; mais, cependant, j'y trouve quelques lacunes, si j'ose dire.

Quel est le principe qui sert de base ? C'est le principe du droit de l'exécutant de disposer de la radiodiffusion de son exécution. Je trouve qu'il n'est pas exprimé avec suffisamment de clarté. Je constate avec satisfaction que l'on parle de l'exercice du droit de l'exécutant, mais c'est peut-être dit avec trop de prudence. Il faudrait préciser. J'ai la conviction qu'il s'agit ici d'un droit d'auteur qui présente ses singularités, mais il vaut mieux ne pas toucher à cette question. Cependant je voudrais compléter la formule proposée par l'amendement suivant : on ne peut pas, à mon avis, émettre le vœu que les Gouvernements s'engagent à prendre ou à proposer à leurs législations respectives les mesures tendant à obtenir le paiement de la part des exploitations d'une rémunération supplémentaire. Il faut, je crois, imposer l'obligation de l'engagement. C'est une question de formule à trouver, mais si le Rapporteur consent à cette modification, j'aurai satisfaction.

M. Baudouin (U. I. R.). — Je crois que nous allons arriver, le représentant des sociétés d'artistes et moi, à une sorte de texte transactionnel.

Je crois, personnellement, que l'ordre du jour proposé par M. le Professeur Piola Caselli, bien qu'il soit excellent, est un peu trop long et je proposerai, d'accord, je crois, en principe tout au moins, avec M. Fernand Paul, l'ordre du jour suivant :

« La radiodiffusion par émission première, relai, retransmission de « l'interprétation d'œuvres littéraires et artistiques peut avoir lieu sans « le consentement des interprètes à moins de stipulations expresses.

Une indemnité sera fixée suivant accord amiable. »

Cette rédaction est très large. Elle donne la possibilité à l'artiste de s'opposer à la diffusion, à défaut de quoi, sauf stipulation contraire, la radiodiffusion est autorisée. La diffusion aurait lieu d'ailleurs, moyennant une indemnité fixée suivant l'accord intervenu entre les parties intéressées. Nous sommes en présence d'un contrat. Ce contrat fixe les conditions. Il est aussi simple de fixer ce contrat par ententes entre les sociétés d'exploitation et les auteurs et les artistes que de le mettre dans une convention internationale qui est peut-être prématurée.

M. le Président. — Il est inutile de parler de la question s'il y a un contrat entre l'exécutant et l'exploitant : s'il y a un contrat, c'est que tout le monde est d'accord. Donc, inutile d'en parler.

M. Baudouin (U. I. R). — Mais s'il n'y a pas de contrat ?

M. le Président. — Voilà justement la question !

M. Baudouin (U.I.R.). — S'il n'y a pas contrat, il faut fixer une indemnité, mais après la diffusion.

M. de Vilallonga, *rapporteur*. — Alors, les artistes n'ont pas le droit de s'opposer à la radiodiffusion !

M. LE PRÉSIDENT. — Vous leur donnez quelque chose d'une main, mais vous le leur retirez de l'autre !

M. BAUDOUIN (U.I.R.). — Ce que je demande, c'est que l'on fasse des concessions pour les sociétés de radiophonie comme on en fait pour les artistes exécutants.

M. LE PRÉSIDENT. — Je prie M. Otavsky de préciser l'amendement qu'il propose.

M. OTAVSKY (Tchécoslovaquie). — Je demande que l'on précise l'exercice du droit des artistes de disposer de la radiodiffusion de leurs exécutions.

M. HOMBURG, *rapporteur général*. — Je croyais que ce matin le Congrès était d'accord, à la suite d'une intervention que je m'étais permis de faire, pour ne pas aborder la question de fond, en ce qui concerne le droit des artistes ?

M. OTAVSKY (Tchécoslovaquie). — Ce n'est pas une définition que je demande.

M. HOMBURG, *rapporteur général*. — C'est une précision sur le droit des artistes. Nous avons décidé de rester sur le terrain de la radiodiffusion et de remettre à un autre moment la définition du droit des artistes, qu'il s'agisse de la radiodiffusion, du cinéma ou de tout autre moyen de reproduction, en nous cantonnant sur le terrain de savoir quelles étaient provisoirement, en matière de radiodiffusion, les mesures de protection minima à accorder aux artistes.

M. OTAVSKY (Tchécoslovaquie). — Il me semble qu'il y a une lacune.

M. HOMBURG, *rapporteur général*. — C'est certain : elle est voulue.

M. DE VILALLONGA, *rapporteur*. — Ce qui fait la valeur du texte, c'est que, précisément, il y a des lacunes !

M. OTAVSKY (Tchécoslovaquie). — Mais est-ce nécessaire ?

M. LE PRÉSIDENT. — S'il s'agissait de faire une convention expresse pour régler le droit des artistes, vous auriez raison. On ne pourrait même pas aborder la question de principe et je crois que, même dans une conférence convoquée expressément pour cette question, après quinze jours de discussion, on ne serait peut-être pas d'accord ; cependant on serait obligé de faire un effort pour arriver à un accord sur la définition. Seulement, alors que nous ne traitons ici qu'un petit côté de la question de l'intérêt des artistes, je crois que nous avons le devoir d'écarter cette difficulté et de ne voir que le côté pratique du problème.

M. OTAVSKY (Tchécoslovaquie). — Je pense que l'ordre du jour présenté est trop modeste. On ne parle pas du droit de l'exécutant ni de la licence obligatoire ; c'est la liberté de l'exploitant.

M. LE PRÉSIDENT. — Je voudrais répondre à M. Hoffmann.

M. Hoffmann demande pourquoi on a changé le premier paragraphe de mon ordre du jour. Il faut dire la vérité : ce premier paragraphe ne touche pas seulement à ce problème ; il touche aussi à d'autres. Nous faisons ici un ordre du jour uniquement pour les artistes. Alors, il ne faut pas poser la question de savoir quels sont les droits des exploitants ; ce qu'il faut aujourd'hui, c'est assurer à l'artiste de la part des exploitants une équitable rémunération. Je crois que, sous cette forme restreinte, vous avez satisfaction et vous pouvez approuver l'ordre du jour, puisque, moi-même, je l'approuve.

M. AUDISIO (France). — On tourne autour des formules. Ce qu'il faut savoir, c'est si le Congrès entend reconnaître le droit aux interprètes de s'opposer à la radiodiffusion de leurs œuvres, ou s'il entend leur nier ce droit. Une fois que nous serons d'accord sur ce point, il sera facile de trouver une formule ; celle de M. Baudouin reconnaît ce droit, l'autre formule non. La formule du droit des exploitants n'est pas autre chose que la reconnaissance du droit des exécutants interprètes.

M. LE PRÉSIDENT. — La formule de M. Baudouin est la négation absolue du droit des artistes interprètes.

M. AUDISIO (France). — Il n'y a pas de raison pour ne pas suivre la Convention de Berne.

M. LE PRÉSIDENT. — Vous parlez de la Convention de Berne ; l'article unique qui nous intéresse est l'article II *bis* et vous voyez que nous établissons un certain parallélisme.

M. AUDISIO (France). — Oui, mais alors vous devez conserver la formule en disant : « Les interprètes des œuvres littéraires et artis- « tiques jouissent du droit exclusif d'autoriser la radiodiffusion de « leur exécution. »

M. HOMBURG, *rapporteur général*. — Ce texte est déjà adopté par notre Congrès de 1925.

M. AUDISIO (France). — Il n'y a pas lieu de le modifier.

M. OLAGNIER (France). — Je crois que nous serons une majorité importante pour adopter l'ordre du jour qui est présenté, parce qu'il pose des principes utiles pour les artistes ; comme pour les auteurs, je crois que nous ne pouvons pas aller plus loin. Je demande donc à M. le Président de le mettre aux voix.

M. PIOLA CASELLI, *rapporteur*. — Je veux simplement appuyer ce que vient de dire M. le Président. Cette proposition représente un minimum ; c'est une plate-forme pour arriver à une entente internationale qui puisse assurer aux artistes exécutants un certain avantage. Lorsqu'on discutera cette convention internationale, car un courant d'opinion se dessine et on fera cette convention, on verra si elle doit se borner à cela ou si elle doit aller plus loin. Mais, pour le moment, il me semble qu'un congrès comme le nôtre, en présence de l'intérêt véritable et important des artistes exécutants, qui, par certains aspects, est un intérêt de défense, ne peut pas laisser de côté cette question et ne peut pas ne pas déclarer que, tout au moins pour les artistes exécutants, on doit assurer ce paiement qui correspond au droit d'auteur. La base de ce droit n'est pas le droit d'auteur ; on peut considérer que c'est le droit du travail, droit du travail qui s'exprime dans les formes ordinaires quand nous sommes sous le régime contractuel, et qui, quand nous ne sommes pas sous le régime contractuel, quand nous sommes en présence des faits, doit être réalisé dans une Convention. Nous donnons à ce qui n'était qu'une simple activité une réalisation supérieure par les trois moyens de la radiodiffusion, du phonographe et du cinéma et, comme conséquence, nous disons que lorsque cette production est utilisée par un tiers avec lequel l'artiste exécutant n'est pas en rapports contractuels, cet artiste a tout de même le droit de toucher une rémunération. Voilà le minimum que le congrès reconnaît dès aujourd'hui. Nous sommes en présence d'un problème qui est presque nouveau, qui ne se pose que depuis quelques années, vis-à-vis duquel les différentes opinions sont encore divergentes, un problème qui n'est pas arrivé à une maturité suffisante pour être réglé définitivement. Donc, restons, pour le moment, sur le terrain où l'on peut se mettre d'accord et attendons que la justification des différents intérêts en présence puisse se faire et que l'on puisse aboutir à d'autres conclusions.

M. DE VILALLONGA, *rapporteur*. — Je voulais ajouter un mot pour dire que si cette résolution n'est pas analogue à l'article 11 *bis* de la Convention de Berne révisée à Rome, c'est parce que nous ne sommes pas une conférence diplomatique et il est nécessaire d'avoir quelquefois des textes contradictoires. Le texte de l'article 11 *bis* est contradictoire, parce que la conférence l'a exigé ; mais nous, nous pouvons nous borner à affirmer des principes sur lesquels nous sommes tombés d'accord et voter à la majorité. Voilà pourquoi je pense qu'il n'y a pas lieu d'établir un texte qui commence par affirmer un droit qui est encore refusé par certains.

M. LE PRÉSIDENT. — Comme Rapporteur, je n'ai qu'une chose à ajouter pour répondre à un reproche de M. Audisio.

Il nous a dit : puisque vous parlez de parallélisme avec la convention de Berne, pourquoi ne reproduisez-vous pas le premier alinéa de l'article 11 *bis* ? Quand on parle d'observer un certain parallélisme, on ne parle pas d'un parallélisme absolu et vous comprenez pourquoi on ne peut pas reproduire le premier alinéa de l'article 11 *bis*. Je crois que la réponse est donnée par la discussion dans laquelle notre cher et éminent Rapporteur M. Piola Caselli n'a pas résisté à la tentation de donner son avis. Il considère le droit des artistes d'une façon tout à fait différente de celui des auteurs. Je dois dire que, personnellement, je suis tout à fait d'accord avec M. Piola Caselli. Vous voyez que, quand il y a de telles divergences de vues sur le côté théorique, on ne peut pas aboutir à la même solution. Pourquoi avons-nous adopté la formule qui vous est soumise ? Parce qu'il faut trouver une formule qui contente M. Piola Caselli, comme ceux qui pensent qu'il s'agit d'un droit d'auteur ou d'un droit d'auteur d'une nature spéciale.

Dans ces conditions, on a écarté la question théorique ; sans quoi nous n'arriverions jamais à un accord.

Je vous prie de considérer que cet ordre du jour présente les avantages suivants. Nous affirmons très clairement, très nettement, que nous considérons que le problème est bien à envisager dans une convention internationale. Nous disons quels sont les principes que l'on peut adopter. Nous disons d'autre part : que se produira-t-il dans la période qui s'écoulera entre nos discussions et la conclusion éventuelle d'une convention internationale, et même sa mise en vigueur ? Qu'arrivera-t-il pour les Etats ? Il y en aura certainement qui ne seront pas parties contractantes : nous disons que les lois internes doivent s'inspirer les unes et les autres des mêmes principes.

Je crois que c'est tout ce que l'on peut faire dans des discussions de ce genre. J'ajoute que je serais très heureux si cet ordre du jour pouvait être accepté et s'il pouvait avoir une suite, parce que les difficultés que nous trouverons à la conférence diplomatique seront telles que les discussions qui ont eu lieu ce matin et cet après-midi ne donnent qu'une idée très faible de celles qui auront lieu.

Dans ces conditions, non pas comme Président, mais comme Rapporteur, je vous prie de considérer la responsabilité que nous prenons devant cet ordre du jour qui peut faire avancer le problème et, surtout, la responsabilité que nous prenons en défendant les artistes exécutants qui se montrent un peu impatients et ne veulent pas se contenter de ce que nous faisons. Evidemment, ils veulent le maximum ; nous voyons le problème dans son ensemble, nous commençons par le minimum et je crois que nous sommes dans la bonne voie. Cet ordre du jour, avec beaucoup de courage, représente les possibilités actuelles.

Je mets l'ordre du jour aux voix.

L'ordre du jour est adopté par 16 voix, pour 4 voix contre, et 2 abstentions.

M. Hirschfeld (U. R. S. S.). — La Délégation soviétique doit s'abstenir suivant la déclaration que j'ai faite au début, pour la raison que le Gouvernement de l'U. R. S. S. n'a pas participé aux travaux de la Conférence diplomatique de Rome.

La séance est levée à 20 heures.

SÉANCE DE CLOTURE

Séance du samedi 6 octobre 1928 (matin)

La séance est ouverte à 9 heures 30, sous la présidence de M. Giannini.

M. le Président. — Messieurs, avant d'aborder l'ordre du jour de cette dernière séance, je suis heureux de communiquer au congrès le télégramme suivant que je viens de recevoir de M. le Sous-Secrétaire d'Etat à la Présidence du Conseil en réponse au télégramme que nous avons adressé au Gouvernement dans notre première séance :

« S. E. Capo governo assai sensible expressioni rivoltegli a nome congresso giuridico internazionale radioelettricita, incoricami esprimere suo grato animo per cortese omaggio. S. Segretario stato presidenza consiglio ministri. Giunta.

Messieurs, je vais commencer par l'examen des propositions qui ont été déposées au bureau.

M. Audisio nous a fait parvenir la suivante :

« Le Congrès émet le vœu que les législations nationales assurent « dans chaque pays une protection efficace des auteurs contre une « radiodiffusion immédiate de leurs œuvres nouvelles. »

Je donne la parole à M. Audisio.

M. Audisio (France). — Le sens de cette proposition est le suivant : étant donné que l'article 11 *bis* de la Convention de Berne permet aux législations nationales d'apporter des dérogations à l'exercice du droit de l'auteur d'autoriser ou d'interdire la radiodiffusion de ses œuvres, notamment dans le précédent, créé par la dernière loi italienne, nous demandons tout au moins à protéger pendant un certain temps les auteurs d'œuvres nouvelles, contre une vulgarisation radiophonique trop rapide.

M. le Président. — Cette question ne peut être que prise en considération, pour la soumettre au Comité. La proposition est-elle appuyée?

M. OLAGNIER (France). — Je l'appuie.

M. LE PRÉSIDENT. — Je la mets aux voix. (*Adopté par 7 voix contre 6.*)

Nous avons une autre proposition de MM. Torquato Giannini et Solari :

« Que le Comité International de la T. S. F. examine les rapports « actuellement existants entre les compagnies de navigation mari- « time et aérienne et les compagnies de radiotélégraphie, en vue « de compléter, s'il y a lieu, les mesures aptes à assurer la conti- « nuité et la régularité du service radioélectrique à bord des navires et « des aéronefs. »

La parole est à M. Solari.

M. SOLARI (Italie). — J'explique en quelques mots le sens de cette proposition. Très souvent, il arrive que les armateurs ne respectent pas les engagements pris vis-à-vis des concessionnaires des appareils de T. S. F. Or, il importe, dans l'intérêt public, que le service ne puisse pas être interrompu à la suite de la saisie des appareils ou du retrait des appareils.

M. LE PRÉSIDENT. — Je mets aux voix la proposition de M. Solari, appuyée par M. Torquato Giannini. (*Adopté.*)

Nous avons encore une proposition qui concerne une décision déjà prise par le Congrès à la demande de M. Homburg. Il s'agit de faire un lexique juridique de la T. S. F., comme on a fait récemment pour la navigation aérienne. M. Olagnier propose l'ordre du jour suivant :

« Considérant que la terminologie de la T. S. F. n'est pas encore fixée ;

« Que certains mots sont pris dans un même sens alors qu'un « même mot est pris dans des acceptions différentes ;

Le Congrès,

« Prie le Comité international de la T. S. F. de mettre à l'ordre « du jour du prochain Congrès la question de la terminologie de la « T. S. F. et de faire préparer un lexique dont les mots auront fait « l'objet de définitions précises. » (*Adopté.*)

M. LE PRÉSIDENT. — Je donne la parole à M. Kucera, pour donner connaissance d'une proposition de la Délégation Tchécoslovaque.

M. KUCERA (Tchécoslovaquie). — Les délégués qui ont assisté, à la fois au trois Congrès tenus jusqu'à présent ne sont pas nombreux. Mais ces délégués constatent avec plaisir que les travaux et les résultats des Congrès juridiques de la T. S. F. ont permis de réaliser d'excellents progrès.

Nous savons que nous devons ce brillant développement de notre Comité International de la T. S. F. aux organisateurs de nos réunions, c'est-à-dire tout d'abord au Comité national Français, ensuite au Comité Suisse et — cette fois — au Comité Italien ainsi qu'à notre cher collègue M. Homburg, Secrétaire général Fondateur, qui nous sacrifie tout son temps — et peut-être plus encore...

Mais en même temps nous constatons, qu'il manque à notre organisation quelque chose de très important — quelque chose qui est la condition non seulement d'un développement parfait de notre Comité — mais de son *existence* même.

Il s'agit de certains moyens d'action. Il est nécessaire de créer à Paris un *secrétariat* composé de fonctionnaires convenablement rémunérés. Il est également nécessaire de publier régulièrement — quatre ou six fois par an — la *Revue Juridique Internationale de la Radioélectricité*. Il faut faire paraître le plus tôt possible les comptes rendus des Congrès, — il faut pouvoir organiser les Congrès, — et ainsi de suite.

C'est pour tous ces motifs que je me permets de proposer que le Congrès émette les vœux suivants, — en dehors de nos résolutions d'ordre juridique :

« 1° Que le Conseil de Direction du Comité International de T. S. F. « à Paris veuille bien se préoccuper au cours d'une de ses prochaines « réunions de l'élaboration d'un projet concernant les moyens de se pro- « curer dans le plus bref délai possible, les ressources pécuniaires né- « cessaires pour :

« *a*) Créer à Paris un secrétariat permanent ;

« *b*) Répandre la *Revue Juridique Internationale de la Radioélectricite* « et les Comptes rendus des Congrès du Comité ;

« c) Organiser les congrès ultérieurs.

« 2° Les Congressistes présents à Rome sont invités à appuyer dans « leurs pays respectifs les efforts du Comité International et de déve- « lopper à cet effet les Comités Nationaux, de se préoccuper de l'aug- « mentation du nombre des abonnés de la *Revue Juridique*, d'entre- « prendre des démarches en vue d'obtenir des subventions des Gouver- « nements, des Sociétés intéressées, etc. »

M. le Président. — Une partie de ce que vous proposez existe déjà ; il s'agit simplement d'améliorer ce qui existe, de faire un travail plus pratique. Je fais cette observation, parce que les personnes qui liraient votre ordre du jour et qui ne connaîtraient pas nos travaux pourraient croire qu'il s'agit de commencer la tâche, alors que nous avons déjà fait beaucoup.

M. KUCERA (Tchécoslovaquie). — Nous sommes d'accord.

M. LE PRÉSIDENT. — Par conséquent, Messieurs, nous sommes en réalité, en face de deux propositions. Il s'agirait de créer un secrétariat permanent à Paris et de publier régulièrement le Bulletin. Ensuite, il s'agirait de prier les comités nationaux de multiplier leurs efforts, soit pour arriver à une meilleure organisation des comités nationaux, soit pour aider suffisamment le Comité Central. Au fond, il s'agit de dépenses et il est évident que le soin de préparer ce projet est remis au Comité. Seulement, il n'y a aucune indication dans cette proposition. Je crois que, pour les détails, M. Kucera veut s'en remettre au Comité, parce qu'il ne dit pas sur quelles bases on devrait demander aux comités nationaux les moyens de permettre le fonctionnement du secrétariat. Donc, vous vous en remettez au Comité pour préparer un projet et si ce projet est approuvé, dans le prochain congrès, nous pourrions autoriser l'organisation.

Je donne la parole à M. Kucera.

M. KUCERA (Tchécoslovaquie). — Il s'agit, pour le Comité International, qui siège à Paris, d'avoir des ressources pécuniaires, parce que nous ne pouvons pas nier que M. Homburg fait tout : il prépare les congrès, il assure la publication de la revue, etc., et il faut avoir des fonds pour faire tout cela. C'est pourquoi, je demande que l'on s'adresse à tous les comités nationaux pour avoir des ressources. Chez nous, il ne sera pas difficile de demander une subvention au Gouvernement ; la société des Juristes donnera peut-être quelque chose ; les sociétés de broadcasting probablement aussi, etc. Si tous les comités nationaux ici représentés agissent de même, je pense que notre Comité central pourra avoir une base financière solide.

M. HOMBURG, *rapporteur général*. — Je tiens à remercier très vivement M. le conseiller Kucera de sa proposition qui m'a grandement surpris et m'a fait beaucoup de plaisir. J'ai été particulièrement sensible à son intention et à la forme délicate qu'il a donnée à la présentation de son projet.

Il est évident que, pour faire un travail utile, un travail qui ait une portée dans tous les pays, il faut de l'argent, car cette action suppose l'existence d'un secrétariat permanent, la rémunération de collaborateurs, des frais de bureau, de correspondance, d'envois de documents qui sont actuellement assez élevés.

La question des fonds s'est posée et se pose pour notre trésorier — je ne veux pas dire pour moi-même, — tous les ans, avec une certaine acuité. Il est certain que nous n'avons actuellement que les cotisations que nous demandons aux membres du Comité, cotisations extrêmement modestes, puisque le Comité directeur ne touche sur ces cotisations — que 10 francs français ! Toutefois, nous avons pu, avec ces moyens extrêmement réduits, grâce au dévouement de collaborateurs spontanés et désintéressés, grâce surtout à la générosité des Gouvernements qui ont bien voulu nous accueillir, nous avons pu, dis je, organiser des congrès qui ont été très brillants. Mais en dehors des congrès notre Comité permanent a besoin d'une certaine façade, tout au moins pour les personnes qui viennent lui rendre visite. Il est certain que si nous pouvions avoir un local, avec un centre de réunion pour les membres du Comité, où ceux-ci pourraient trouver, outre un accueil aimable, de la documentation, sous forme de bibliothèque, de documents traduits, documents dont nous pourrions assurer l'échange, notre Comité permanent aurait un intérêt pratique tout particulier.

En ce qui concerne les autres buts du Comité, ils n'ont pas encore tous eu l'occasion d'être réalisés. Je parle notamment de notre comité d'arbitrage et de conciliation dont les solutions pourraient être très rapides et par là-même d'une grande utilité pour ceux qui voudraient y recourir.

Enfin, en ce qui concerne la *Revue*, elle vit avec ses moyens propres. Il est certain que cette parution est subordonnée à un nombre minimum d'abonnements et que si nous pouvions assurer, sous forme de subvention, une diffusion très large, il s'ensuivrait une augmentation du nombre des abonnements, une parution permettant le développement du texte de cette publication.

Je remercie encore vivement M. Kucera de chercher à nous donner les moyens de réaliser ce qui a été mon rêve au début de la formation de ce Comité. (*Applaudissements.*)

M. le Président. — Il s'agit donc de prendre le problème en considération. Y a-t-il des objections ? Je crois que non, parce que vos applaudissements montrent que l'ouvrage commencé et accompli jusqu'à ce moment rencontre toutes vos sympathies.

Je crois que c'est sur la deuxième partie de la proposition qu'il faut insister, surtout en ce qui concerne les comités nationaux, parce qu'il est évident que, si le comité central n'a pas l'aide des comités nationaux, sa tâche sera très difficile et je voudrais suggérer à ce sujet à M. Homburg, au point de vue pratique, de réviser un peu la cotisation des membres pour que tous les membres puissent avoir la *Revue*. Au fond, si on augmente la cotisation, les membres du Comité s'abonnant à la *Revue*, vous avez résolu le problème. D'un autre côté, je ne comprends pas qu'une personne qui comprend l'importance du Comité ne soit même pas abonnée.

M. HOMBURG, *secrétaire général*. — Je vous répondrai par une considération extrêmement simple. Il y a au Comité des personnes qui donnent leurs temps, le concours de leur autorité de leur science : il est vraiment dificile de leur demander en plus un concours pécuniaire.

Nous arriverions alors à ce résultat imprévu que ce seraient ceux qui travaillent, qui donnent déjà leur temps au Comité, qui feraient ensuite les frais de ses travaux. C'est pour cette raison que j'ai essayé, jusqu'ici, de ne pas donner à cette question de la cotisation une importance extrême et c'est pourquoi nous avons voulu fixer cette cotisation au chiffre très réduit de 10 francs par an. Je ne demande pas mieux que de proposer au Conseil de direction de porter cette cotisation à 50 francs par an, ce qui permettrait, grâce à un accord avec l'éditeur de la *Revue*, que chaque membre la reçoive régulièrement ; mais je crains beaucoup que le résultat ne réponde pas à notre attente. Je remercie M. le conseiller d'Etat Giannini de cette proposition, mais je suis un peu sceptique sur la possibilité de la réaliser d'une façon utile.

M. LE PRÉSIDENT. — Nous avons ici des délégués de Gouvernements ; il faudrait les prier de s'intéresser au vœu présenté par le Congrès.

M. OLAGNIER (France). — M. le Président a une idée pratique. Un grand nombre de Gouvernements se sont intéressés à nos travaux et se sont fait représenter au Congrès ; je crois què la meilleure formule serait de prier ces Gouvernements de vouloir bien contribuer aux frais du Comité, dans la mesure où, par exemple, ils collaborent à la Société des Nations.

M. LE PRÉSIDENT. — N'entrez pas dans le détail, parce que les tantièmes de la Société des Nations sont très difficiles à comprendre.

M. KUCERA (Tchécoslovaquie). — Je crois qu'il est inutile d'entrer dans une discussion de détails. Je demande que ma proposition soit renvoyée au Comité International ; je me permettrai de faire des propositions par la suite.

M. TORQUATO GIANNINI (Italie). — Je voudrais appuyer la proposition de notre Président : prier nos collègues, qui sont délégués des Gouvernements, à l'occasion du rapport qu'ils feront à leurs Gouvernements, d'indiquer la nécessité pour chaque Gouvernement de contribuer, dans une certaine mesure, qui sera d'ailleurs très modeste, à la poursuite des buts du Comité Central.

M. LE PRÉSIDENT. — Messieurs, puisque personne ne demande la parole nos travaux sont terminés.

Avant de nous séparer, il nous reste à établir le programme du prochain congrès.

La première question à étudier est celle de l'établissement du lexique juridique de la T. S. F.

Nous avons ensuite le Code des rapports entre usagers et exploitants.

Après vient le statut des opérateurs de la T. S. F., c'est-à-dire ; enquête et, éventuellement, projet.

Il est évident que je crois que ce sont là les désirs du Congrès, mais cela n'empêche pas le Comité de mettre à l'ordre du jour les autres questions qu'il jugera nécessaire d'étudier. Seulement, je voudrais savoir si quelque délégué a d'autres propositions à faire ?

M. HIRSCHFELD (U. R. S. S.). — Je voudrais demander que le programme ne soit pas trop chargé, pour qu'on ait la possibilité de discuter à fond les problèmes posés.

M. LE PRÉSIDENT. — Vous comprenez très bien que la question de la préparation du congrès dépend des comités. Vous savez dans quelles conditions se trouve le Comité central. Si le Comité a son secrétariat permanent, il pourra préparer avec certains comité nationaux le prochain congrès ; quand les rapports seront distribués en temps voulu et étudiés par les comités nationaux, on pourra les étudier en congrès.

Je suis d'accord avec vous que l'on ne doit pas surcharger les ordres du jour, mais il faut s'en remettre un peu au Comité central.

M. HOMBURG, *secrétaire général*. — Nous tiendrons compte de votre proposition dans toute la mesure possible.

M. LE PRÉSIDENT. — Le programme est donc ainsi fixé. Reste à fixer la ville et la date du prochain congrès ?

Je crois que le mieux est de s'en remettre entièrement au Comité.

(*Il en est ainsi décidé*).

Je suis ainsi d'une proposition de S. E. M. Perez, parti hier soir, qui voudrait proposer la ville de Madrid, pour la tenue du prochain congrès. Je voudrais connaître l'opinion M. de Vilallonga, mais il n'est pas là. Je demande au Congrès s'il croit devoir prier le Gouvernement Espagnol de nous accueillir.

M. SOLARI (Italie). Cela dépend de la saison.

M. HOMBURG, *secrétaire général*. — La date dépend du lieu, mais le lieu n'est pas subordonné à la date.

M. LE PRÉSIDENT. — Je crois bon de s'en remettre également au Comité. Nous prenons note du désir exprimé par M. Perez, mais nous ne pouvons prendre aucun engagement.

M. VAN HEEMSTEE (Belgique). — Messieurs, je voudrais demander au Comité d'envisager la possibilité de demander aux divers Gouvernements qui voudraient envoyer une délégation au prochain congrès, de bien vouloir composer cette délégation au minimum d'un juriste et d'un ingénieur, parce que l'un sans l'autre se trouve dans l'impossibilité d'envisager les questions posées dans leur ampleur.

M. HOMBURG, *secrétaire général.* — Cette suggestion est très intéressante, mais l'initiative ne peut venir que du Gouvermenent qui vous mandate ; si ce Gouvernement estime qu'un juriste ou qu'un technicien est suffisant, nous n'avons aucun moyen d'influencer sur sa décision.

M. VAN HEEMSTEE (Belgique). — Je fais justement cette suggestion pour qu'il y ait une mesure d'ensemble prise au point de vue international, pour que tous les Gouvernements prennent la même mesure.

M. HOMBURG, *secrétaire général.* — Alors je crois que le mieux est que chaque délégué de Gouvernement aujourd'hui présent fasse de son côté cette remarque auprès de son propre Gouvernement, afin que ce Gouvernement en tienne compte dans ses désignations ultérieures.

M. SOLARI (Italie). — Monsieur le Président, mes chers amis, je suis chargé par le professeur Marconi, que j'ai l'honneur de présenter ici, de vous dire qu'il aurait bien désiré participer aux travaux du Congrès et qu'il a bien regretté de ne pouvoir le faire. Il a été tenu au courant, jour par jour, de ce qui se faisait ici et il a beaucoup admiré l'empressement et la compétence avec lesquelles les questions juridiques, si délicates, qui concernent la T. S. F. ont été examinées et placées sur le bon terrain pour obtenir une solution pratique et équitable.

Le professeur Marconi m'a prié aussi de remercier sincèrement notre cher Président pour la façon admirable dont il a dirigé ces travaux. (*Applaudissements.*)

Et maintenant, permettez moi, au seul titre d'un des plus vieux radiotélégraphistes, de vous faire une recommandation. En rentrant dans vos pays, travaillez de votre mieux pour que les vœux émis par ce Congrès soient réalisés le plus tôt possible et soient suivis des solutions pratiques envisagées dans cette réunion.

Tâchez que les différentes questions concernant des intérêts particuliers — soit ceux des auteurs, soit ceux des artistes, que nous devons respecter, — n'entravent pas le rapide développement des services de la radiodiffusion auxquels sera bientôt associé celui de la télévision, service pour lequel les techniciens ont fait et font encore un travail incessant et très difficile grâce auquel un nouvel intérêt public a été créé et grâce auquel artistes et auteurs ont vu, sans aucun effort supplémentaire de leur part, naître pour eux une nouvelle source de bénéfices.

Avant de vous quitter, je me permets d'attirer votre attention sur une associations d'idées qui vous paraîtra peut-être bizarre, mais qui ne l'est pas. Le développement de la radiodiffusion est lié au problème du jour, le problème démographique ; la solution du problème démographique est en partie lié à celui de l'urbanisme. Comment lutter contre l'exode rural ? En rendant la vie à la campagne toujours plus agréable, moins isolée.

Le meilleur moyen d'obtenir cela, c'est de développer la radiodiffusion.

C'est pourquoi je vous dis en terminant : *crescite e multiplicarsi !* Facilitez le développement de la T. S. F. ! (*Vifs applaudissements.*)

M. LE PRÉSIDENT. — Messieurs, je crois être l'interprète du Congrès tout entier en envoyant un télégramme de remercîments à M. le profes seur Marconi, qui a eu la bonté de suivre nos travaux. Je dois dire que j'ai été très touché de cette attention de mon cher et vénéré Ami, parce qu'il a énormément à faire, sa santé n'est pas très bonne et, malgré cela, vous voyez avec quelle attention il s'occupe des travaux de notre Congrès. Je crois que je traduirai votre désir unanime en vous proposant de lui envoyer nos salutations et nos remercîments. (*Applaudissements.*)

Messieurs, nous sommes à la fin de nos travaux. Je voudrais bien dire simplement : le Congrès est clos, mais je crois que ce serait un peu trop bref. Je n'aime pas les discours, mais vous savez qu'il arrive fréquemment que les personnes qui aiment le silence sont obligées de parler.

Je dois dire très sincèrement que je suis très ému, parce que ce Congrès est, de tous ceux auquels j'ai assisté, jusqu'à présent, celui qui m'a donné le plus bel exemple de travail assidu. Sans faire de longs discours, nous avons eu de longues discussions ; c'est-à-dire que nous avons un peu obéi à Cicéron : nous avons fait *multi multum*, alors que Ciceron disait *non multi sed multum* ; en réalité, nous avons concilié les deux.

Notre ordre du jour était surchargé ; et nous avons beaucoup travaillé avec la célérité nécessaire de manière à arriver régulièrement à la fin de nos travaux et épuiser notre ordre du jour.

Je crois que c'est votre mérite à tous, parce que les personnes qui ont participé au Congrès avaient intérêt à suivre ses travaux et elles les ont suivis avec un esprit et une cordialité qui m'obligent à vous remercier de tout cœur, car si ma tâche a été bien remplie jusqu'à la fin, je dois dire qu'elle a été très agréable. Je suis touché de votre amabilité et de cet esprit cordial qui a animé nos échanges de vues jusqu'à la fin.

Si vous me le permettez, je voudrais remercier notre Secrétaire général et aussi les secrétaires qui se sont multipliés pour faciliter la réussite matérielle du Congrès : nous sommes à la fin du Congrès et vous avez sous les yeux tout ce que nous avons fait, ces messieurs ont donc fait un véritable effort et je permets de les en remercier publiquement. (*Applaudissements répétés.*)

M. Vanni (Italie). — A l'occasion de la séance de clôture de notre Congrès, je crois interpréter la pensée de tous les membres du Congrès en exprimant nos remercîments et au Bureau organisateur de nos travaux et à S. E. M. Giannini, qui a si bien dirigé nos débats.

Dans ce Congrès, nous avons eu des questions très délicates, qui étaient à la fois techniques et juridiques ; nous avons entendu des juristes et des techniciens éminents dont les opinions étaient divergentes ; dans ces conditions, la tâche du Président du Congrès était évidemment très dificile. Permettez moi de dire — et je suis certain que vous êtes tous de mon avis — que M. Giannini a rempli cette tâche d'une manière parfaite et admirable. (*Vifs applaudissements.*)

Bien des fois, dans la chaleur des discussions qui ont eu lieu, quelques-uns étaient sur le point de s'égarer, de sortir des limites de la discussion : vous avez pu remarquer avec quel esprit de finesse — je me sers d'une expression heureuse du grand Pascal — avec quelle habileté S. E. Giannini savait nous ramener sur le bon chemin.

Si notre Congrès a fait un travail utile, un travail profitable, soit pour les congrès futurs, soit pour le développement de la science juridique, si intimement liée à la science radioélectrique, je crois pouvoir affirmer que cela est dû en grande partie à S. E. Giannini.

Enfin, Messieurs, je dirai, pour ne pas abuser de votre amabilité : notre Congrès a fait des vœux que j'appellerai extérieurs, des vœux juridiques et techniques, à transmettre à d'autres congrès, à d'autres associations ; maintenant, c'est le moment de faire un vœu intérieur, un vœu de remercîment à M. Giannini, vœu qui restera imprimé d'une manière ineffaçable dans nos cœurs, dans nos esprits et qui constituera un des meilleurs souvenirs de ce congrès. (*Applaudissements.*)

M. Homburg, *secrétaire général.* — Messieurs, je m'associe pleinement, au nom du Comité international tout entier, aux paroles si justes de M. le professeur Vanni, car je ne veux pas laisser à M. Vanni le monopole d'exprimer à notre Président et à tous les organisateurs de ce congrès l'expression de notre profonde reconnaissance ! (*Vifs applaudissements.*)

M. LE PRÉSIDENT. — Messieurs ; je déclare le Congrès clos.

La séance est levée à 10 h. 45.

RÉSOLUTIONS VOTÉES

TEXTE FRANCAIS

I. Principes de droit international régissant la T. S. F.

Le Congrès convaincu qu'il est nécessaire de donner à la libre transmission des communications radioélectriques toutes les garanties de sécurité et de continuité compatibles avec l'exercice de la souveraineté des États déclare :

Que la réglementation juridique internationale de ces communications doit être fondée sur l'application des principes généraux suivants :

1° Chaque État, sous réserve des conventions internationales qui le lient, a le droit de régler (autoriser, interdire, contrôler) l'établissement et le fonctionnement de toutes les stations radioélectriques situées sur son territoire :

2° Chaque État doit assurer le libre passage des ondes radioélectriques au-dessus de son territoire ;

Toutefois, il a le droit, sous réserve des limitations conventionnelles, de s'opposer au passage des ondes radio-électriques sur son territoire toutes les fois que l'exigeront la sauvegarde de ses intérêts essentiels et de ceux de la défense nationale ou l'accomplissement de ses devoirs internationaux.

3° L'exploitation des stations radioélectriques d'un État doit être organisée de façon telle qu'il n'en résulte, dans la mesure des possibilités techniques, aucun trouble pour les mêmes services des autres États ;

4° Si, dans un État, il est apporté un trouble, même involontaire, aux émissions d'un autre État, celui-ci, après avoir épuisé les voies de conciliation ordinaires, aura le droit d'en référer au Bureau international de l'Union télégraphique de Berne, à toutes fins utiles, et notamment pour rétablir dans la zone troublée le libre passage des ondes radio électriques ;

5° Il est désirable que l'adoption des principes qui précèdent soit généralisée par voie de conventions internationales.

II. Examen des résolutions adoptées par la Conférence de Washington de 1927

Le Congrès émet le vœu :

1° Que soient poursuivies, sans délai, les études préparatoires en vue de la prochaine Conférence pour la revision de la Convention de Washington :

2° Qu'un des États, ayant une large expérience en matière de radiodiffusion, prenne l'initiative d'établir un règlement juridique international de la matière :

3° Qu'il soit convoqué une Conférence diplomatique pour l'établissement d'une réglementation internationale des problèmes de droit privé de la Radioélectricité, dont la solution apparait la plus urgente.

III. Protection internationale des communications radioélectriques. Interférences aux sources d'émission

A. — Le Congrès, considérant :

Que l'art. 5 de la Convention de Washington a imposé aux Gouvernements contractants l'obligation de prendre ou de proposer à leurs législateurs les mesures nécessaires pour réprimer les faits délictueux ou d'impéritie prévus par les quatre paragraphes dudit article ;

Que la plupart des législations internes étant antérieures en date à la Convention, ne contiennent pas de dispositions permettant une répression suffisante desdits faits ;

Qu'en considération de l'uniformité de l'intérêt que tous les États ont à la protection des transmissions radiotélégraphiques, il y a lieu d'établir une loi commune qui soit une application nouvelle du droit pénal international ;

Que les faits visés dans l'art. 5 de la Convention doivent être considérés comme punissables, qu'ils soient l'effet du dol, de l'inexpérience, de l'imprudence ou de l'infraction aux dispositions réglementaires ;

Que le système des peines à appliquer, selon la gravité des faits, peut être ainsi établi : *a*) suspension de la licence ou de la concession ; *b*) révocation définitive de la licence ou de la concession ; *c*) confiscation des appareils radio-électriques ; *d*) amende ; *e*) emprisonnement dans les cas les plus graves et dans ceux de récidive ;

Qu'au point de vue de la procédure, il y a lieu de permettre la perquisition domiciliaire sans l'autorisation et hors la présence du juge en raison de l'urgence des constatations qu'il peut y avoir à faire ;

Que, pour la réparation des dommages moraux et matériels, il y a lieu, en l'état actuel de recourir aux règles du droit commun (sauf les dispositions d'ordre administratif) ;

Exprime le vœu :

Que les États adoptent une loi pénale commune dans le sens sus-indiqué et que les États qui ne sont pas liés par la Convention de Washington harmonisent leurs législations respectives avec les principes de cette loi.

B. — Le Congrès :
Vu les propositions adoptées tant en ce qui concerne les principes de droit international régissant la T. S. F. (ordre du jour n° 1 § 3) que sur la protection internationale des communications radioélectriques (ordre du jour n° 2) ;
Considérant que, dans l'état actuel de la technique il est très difficile de préciser toutes les causes possibles de perturbations apportées aux communications radioélectriques ;
Qu'il existe pourtant de ces causes (moteurs électriques, appareils électromédicaux, sous-stations de transformation d'énergie, etc.) occasionnant des troubles qui peuvent être évités en grande partie, d'après les indications de la technique ;
Émet le vœu :
Que chaque Pays prenne des mesures appropriées pour obliger les exploitants de toutes installations à adopter les dispositifs reconnus nécessaires pour supprimer les causes de trouble aux communications radioélectriques, en tenant compte, autant que possible, de la nécessité d'adopter des règles transitoires pour les installations déjà existantes.

IV. Codification des règles de la T. S. F. appliquée aux moyens de transports aériens et maritimes

Le Congrès :
Considérant la nécessité pratique d'un texte codifiant d'une façon précise et claire les rapports juridiques entre les exploitants des stations radioélectriques et les usagers ;
Émet le vœu
1° Qu'il soit établi une réglementation juridique complète des rapports entre exploitants des stations radio-électriques et usagers ;
2° Que dans l'élaboration et la rédaction du texte de codification, tout en tenant compte de l'état actuel des législations internes et des conventions internationales, il soit apporté toutes modifications et améliorations qui seront commandées par le développement de la technique et du trafic radioélectrique.

V. La T. S. F. et l'assistance et le sauvetage des navires et des aéronefs

Le Congrès émet le vœu :
1° Qu'une conférence soit convoquée le plus tôt possible par les États, afin d'établir une entente internationale sur les mesures à prendre pour la préservation de la vie humaine contre les dangers des navigations maritime et aérienne.
Dans cette entente, la T. S. F. doit être appelée à jouer le rôle principal, étant tenu compte des résultats techniques et juridiques des conférences internationales précédentes sur la T. S. F.
2° Qu'au cours de la nouvelle conférence, il soit reconnu expressément, dans le cas de sauvetage de biens, le droit au remboursement des frais et, le cas échéant, à la réparation des dommages en faveur des navires et des aéronefs, qui, ayant reçu l'appel de secours, se sont rendus sur le lieu du sinistre et se sont trouvés (en dehors d'une faute à eux imputable) dans l'impossibilité de prendre part aux opérations de secours
3° Tout en confirmant le principe que les sauveteurs des vies humaines ont droit à une part équitable de la rémunération accordée aux sauveteurs de biens, la nouvelle conférence devrait établir, pour le cas où il y aurait seulement sauvetage de personnes, la constitution, moyennant la contribution de tous les États, d'un fonds destiné à être distribué, sans distinction de nationalité, aux sauveteurs de vies humaines en mer et dans les airs.
Une organisation humanitaire internationale devrait être chargée de l'administration et de la distribution de ce fonds.

VI. Concurrence déloyale et contrefaçon

A. — Le Congrès, considérant :
Que la nécessité d'une protection tant nationale qu'internationale contre l'utilisation dans un but commercial des émissions radiophoniques se fait de plus en plus pressante ;
Que, d'autre part, cette protection ne touche en rien à celle accordée aux auteurs des œuvres émises ;
Émet le vœu :
Que l'article 10 *bis*, alinéa 3, de la Convention de Paris, révisée à La Haye en 1925, concernant la protection de la propriété industrielle soit complété par un paragraphe 3 dont la teneur suit :
.. « toute utilisation dans un but lucratif d'une émission radioélectrique sans l'autorisation préalable de l'émetteur ».
B. — Le Congrès émet le vœu que les États se mettent d'accord pour régler, par des dispositions spéciales aux services maritimes, et s'appliquant notamment aux armateurs et aux commandants de navires, la captation et la publication des informations et l'utilisation des communications radioélectriques à destination de navires déterminés.

VII. Statut international des opérateurs de T. S. F.

Le Congrès prie le Comité international de la T. S. F. de procéder, avec la collaboration de ses Comités nationaux et de tous les organismes internationaux compétents ou intéressés, à une enquête pour étudier la situation juridique et économique des opérateurs de T. S. F.

VIII. Le droit d'auteur en matière radiophonique

Le Congrès, considérant comme un commencement de solution satisfaisante l'article 11 *bis* adopté par la Conférence de Rome de 1928 pour la révision de la Convention de Berne, déjà revisé à Berlin, pour la protection de la propriété littéraire et artistique, émet le vœu que les États participant à cette Conférence veuillent bien ratifier le plus tôt possible la nouvelle Convention.

IX. Le droit d'artiste en matière radiophonique

Le Congrès :

Vu le vœu tendant à la protection des droits des artistes, interprètes et exécutants, exprimé par la Conférence de Rome de 1928 pour la révision de la convention de Berne ;

Considérant que le caractère essentiellement international de la diffusion radioélectrique rend particulièrement désirable une réglementation internationale de l'exercice du droit des artistes ;

Émet le vœu :

A) Que, par une convention générale, les Gouvernements s'engagent à adopter les mesures de protection minima ci-après :

1° Les exploitants de postes d'émission, de relais ou de retransmission verseront une équitable rémunération supplémentaire au profit des artistes dont les exécutions sont émises, retransmises ou autrement utilisées par lesdits exploitants ;

2° Les États prendront des mesures aptes à trancher rapidement et équitablement les différends entre les exploitants et les artistes ;

3° Chaque État veillera à ce que les radiodiffusions des exécutions artistiques soient effectuées suivant les règles de la meilleure technique.

B) Que les dites mesures soient adoptées par les législations nationales d'une façon autant que possible uniforme.

RÉSOLUTIONS VOTÉES

TEXTE ANGLAIS

I. General principles

Convinced of the necessity of giving to the free transmission of radio electric communications all those guarantees of security and continuity compatible with the exercise of the sovereignty of the States, the Congress hereby decrees :

That the international juridical regulations of these communications should be based on the application of the following general principles :

1° Each State, subject to the international conventions which are binding upon it, is entitled and has the right to (authorise, prohibit, control) the establishment and the operation of all radioelectric stations situated on its territory.

2° Each State must insure the free passage of radioelectric waves over its territory. However, subject to the limitations arising from the conventions to which it is a party, it is entitled to oppose the passage of radioelectric waves over its territory whenever necessary for the safeguarding of its essential interests and those relating to the national defence or of its international duties.

3° The operation of the radioelectric stations of a State should be so organised as to cause no interference with the same services of other States as far as technically possible.

4° If, in any State, interference is caused, even involuntarily, to the radiations of another State, the latter, after having exhausted the ordinary means of conciliation, shall be entitled to appeal to the International Bureau of the Telegraphic Union at Berne, for all useful purposes, and especially to restore in the zone of interference the free passage of radioelectric waves.

5° It is desirable that the adoption of the preceding principles should be put into general practice through the medium of international conventions.

II. An examination of the resolutions adopted by the Washington conference in 1927

The congress expresses the wish :

1° That the preparatory studies for the next conference to revise the Washington Convention shall be continued without delay ;

2° That someone of the States, with wide experience in broadcasting practice, should take the initiative in establishing international juridical regulations on this subject ;

3° That a Diplomatic Conference shall be convoked for the purpose of preparing the international regulations on the problems connected with the private law of radioelectricity whose solution appears to be most urgent.

III. International protection of radioelectric communications. Interferences with transmitting stations

A. — Considering that Article 5 of the Washington Conference has imposed upon the contracting Governments the adopting or proposing to their legislatures the adoption of the necessary measures to prevent the misdemeanours of occurences due to ignorance or lack of knowledge set forth in the four paragraphs of the aforementioned article ;

Considering that prior to the Convention the greater body of internal legislation does not contain sufficient provisions covering the aforesaid acts ;

Considering the common interests which all States have in the protection of radiotelegraphic transmission, there is reason for establishing a common rule which shall have a new application n nternational penal law ;

That the acts set forth in Article 5 of the Convention should be considered as punishable, whether they are the result of fraud, inexperience, imprudence or of infringement of the regulations.

That the system of penalties to be applied, according to the gravity of the acts, might be established as follows :

a) suspension of the license or concession ;
b) definitive revocation of the license or concession ;
c) confiscation of the radioelectric apparatus ;
d) fine ;
e) emprisonment in the most serious cases and in cases of a second offence.

That from the point of view of procedure, domiciliary search without a warrant and in the abesnce of a judge, should be allowed in view of the urgency of the proofs which may be necessary.

That for the reparation of the moral and material damages, it is necessary to have recourse to the rules of common law (subject to the provisions of an administrative nature) ;

The congress expresses the wish :

That the States should adopt a common penal law in accordance with the above indications and that those States which are not bound by the Washington Convention should harmonise their respective legislations with the principle of such law.

B. — Whereas the Resolutions adopted concerning both the principles of International

Law. governing radiotelegraphy (Resolution n° 1, § 3) and international protection of radioelectric communications (Resolution n° 3);

Whereas in the present state of technical knowledge it is very difficult to specify all the possible causes of interference occurring in radioelectric communications;

Nevertheless there are causes (electric, motors, electrico-medical apparatus, transformer stations, etc.) which produce interference that by the application of technical knowledge may be in great part avoided;

The Congress expresses the wish that each country take suitable measures to compel the operators of any and all installations, to adopt the devices which have been admitted as necessary for the suppression of interference with radioelectric communications, taking into consideration as far as possible the necessity of adopting temporary regulations for existing installations.

IV. Codification of the rules of radiotelegraphy as applied to aerial and maritime transportation

In view of the practical necessity of a code which shall clearly and accurately specify the juridical relations between the operators and users of radioelectric stations, the Congress expresses the wish:

1° That complete juridical regulations between the operators and the users of radioelectric stations shall be established;

2° That while the present state of internal legislations and of international conventions should be considered in the elaboration and drafting of such a code, all modifications and improvements which the development of radioelectric technics and traffic shall have rendered advisable shall be introduced.

V. — Radiotelegraphy and help and salvage of ships or flying-machines

The congress expresses the wish:

1. That a conference shall be convoked as soon as possible for the purpose of preparing an international agreement on the provisions to adopt for keeping human life from the dangers of aerial and maritime navigation.

In that agreement Radiotelegraphy ought to act a principal part as the technical and juridical results of the preceding international conferences are to be taken into consideration

2. That in the course of the further conference, in case of salvage of goods, the right to get back their expenses and, if occasion offers, to be indemnified for the reparation of damage, should be admitted in behalf of the ships and flying-machines which, having received the call for help, have repaired to the place of the catastrophe and have been hindered of partaking of the operations of help (Subject to a fault imputable to them).

3. While confirming the principle that rescuers of human life are entitled and have the right to require an equitable deal of the fee granted to rescuers of goods, the further conference, in case there would only be salvage of people, ought to adopt the formation of funds (with the contribution of all States) which are to be dealt to the rescuers of human life on the sea and in the air without distinguishing as to their nationality.

A humanitarian organization should be entrusted with the management and distribution of these funds.

VI. Disloyal competition and infringement

1° Considering that the need of both national and international protection in the utilization for commercial purposes of broadcast transmissions is becoming more and more pressing, that on the other hand such protection does not in any way cover the protection granted to the authors of the work broadcasted the Congress expresses the wish that Par. 3 of article 10 *bis* of the Paris Convention concerning the protection of industrial property as revised at the Hague in 1925 shall be completed by Par. 3 to read:

Every gainful utilization of radioelectric transmission without the previous authorisation of the transmitting party.

2° The Congress expresses the wish that the State should come to an understanding for regulation through provisions specially adapted to maritime services and specially applicable to ship owners and ship captains for the reception and publication of news, and the utilization of radio-electric communications addressed to particular ships.

VII. — International statute of the radiotelegraphists

The Congress invites the International Board of Radiotelegraphy to make an inquiry, working jointly both with their national boards and all competent international organisms for the purpose of examining the present juridical and economical statute of the Radiotelegraphists.

RÉSOLUTIONS VOTÉES

VIII. — Author's rights with regard to radioelectricity

Considering that art. 11 *bis* adopted by the Rome Conference in 1928 to revise the Bern Convention, as revised at Berlin forms the beginning of a satisfactory solution for the protection of literary and artistic property, the Congress expresses the wish that the States being a party to this Conference should ratify the fresh convention as soon as possible.

IX. — Artist's rights with regard to radioelectricity.

Whereas the wish tending to the protection of Artists interpreters and performers' rights expressed by the Rome Conference in 1928 to revise the Bern Convention ;

Considering that the radioelectric broadcasting is principally of an international nature and that, consequently, it is specially desirable that international regulations on the practice of artists's rights should be established.

The Congress expresses the wish :

A) That through the medium of a general convention the governments shall at any rate bind themselves to adopt the measures of protection to read :

1. The operaters of radioelectric broadcasting, stage, rebroadcasting stations shall pay a fair extra-fee in behalf of the artists whose performances are broadcasted or utilized otherwise by the aforesaid operators.
2. The States shall adopt all proper measures for deciding the differences arising between operators and artists in a fair and fast way.
3. Each State shall take care that the broadcasting of artistic performances shall be realized as cleverly as technically possible.

B) That the aforementioned provisions shall be adopted by the national legislations as far as possible in a common way.

TEXTE ALLEMAND

I. ALLGEMEINE PRINCIPIEN DES INTERNATIONALEN FUNKRECHTS

In der Überzeugung, dass es notwendig ist, die freie Übermittelung des radioelektrischen Verkehrs mit allen nur möglichen Garantien dauernd sicherzustellen, soweit sich diese mit der Souveränität der Staaten vertragen, ist der Kongress der Ansicht,

dass die juristische internationale Regelung dieses Verkehres unter Anwendung folgender allgemeiner Principien geschehen muss :

1. Jeder Staat hat, vorbehaltlich der von ihm eingegangenen internationalen Abmachungen, das Recht, die Errichtung und den Betrieb aller auf seinem Staatsgebiete befindlichen radioelektrischen Anlagen zu regeln (concessionieren, verbieten, überwachen).

2. Jeder Staat hat den freien Transit der Funksendewellen über seinen Hohheitsgebiete zu gewährleisten.

Jedoch hat er, vorbehaltlich vertraglicher Einschränkungen, das Recht, sich dem Transit der Funksendewellen uber seinem Hohheitsgebiete zu widersetzen, sofern dies zum Schutze wesentlicher Interessen des Staates oder der Landesverteidigung oder der Erfüllung internationaler Vereinbarungen notwendig ist.

3. Der Betrieb der radioelektrischen Anlagen eines Staates muss so organisiert sein, dass im Rahmen der technischen Möglichkeit heraus sich nicht Störungen für den gleichen Betrieb der anderen Staaten ergeben.

4. Stört ein Staat, auch ohne seinen Willen, die Sendungen eines anderen Staates, hat dieser, nachdem er die üblichen Vermittelungswege vergeblich eingeschlagen hat, das Recht, das Internationale Telegrafenbüro in Bern hiervon zu verständigen, um hierdurch zu einer verständigen Lösung zu kommen, insbesondere aber um den freien Transit der Funksendewellen in diesem Störungsgebiet wiederherzustellen.

5. Es ist wünschenswert, dass diese Prinzipien durch internationale Abmachungen Anwendung finden.

II. ERÖRTERUNG DER VON DER KONFERENZ VON WASHINGTON ANGENOMMENEN RESOLUTIONEN

Der Kongress spricht den Wunsch aus,

1. dass unverzüglich die vorbereitenden Studien für die nächste Konferenz zur Revision der Konvention von Washington durchgeführt werden ;

2. dass einer der Staaten, der eine umfassende Erfahrung auf dem Gebiete des Rundfunks besitzt, die Initiative zur Aufstellung einer juristischen internationalen Regelung dieser Materie ergreife ;

3. dass eine diplomatische Konferenz einberufen werde zur Aufstellung einer internationalen Regelung der Probleme des bürgerlischen Rechtes auf dem Gebiete der Radioelektricität, deren Lösung am dringlichsten erscheint.

III. INTERNATIONALER SCHUTZ DER RUNDFUNKVERBINDUNGEN, INTERFERENZEN AN DEN SENDESTELLEN

A. – In Erwägung

dass Art. 5 der Konvention von Washington den vertragschliessenden Staaten die Verpflichtung auferlegt hat, die notwendigen gesetzgeberischen Massnahmen zur Unterdrückung der in den vier Absätzen dieses Artikels geregelten Tatbestände zu treffen oder vorzuschlagen ;

dass die meisten nationalen Gesetzgebungen vor dieser Konvention erlassen sind und also keine Bestimmungen einthalten, die eine ausreichende Unterdrückung dieser Tatbestände gewährleisten ;

dass im Hinblick auf das gemeinsame Interesse, das alle Staaten an dem Schutz des radioelektrischen Verkehrshaben, ein gemeinsames Gesetz aufgestellt werden muss, das eine neue Anwendung des internationalen Strafrechtes darstellt :

dass die im Art. 5 der Konvention erwähnten Handlungen unter Strafe zu stellen sind, seien sie vorsorglich oder infolge mangelnder Aufmerksamkeit oder aus Unverstand oder in Übertretung von Ausführungsbestimmungen begangen ;

dass das anzuwendende Strafensystem nach der Schwere der Fälle so gestaltet werden kann

a) zeitweilige Entziehung der Lizenz oder Konzession,
b) endgiltige Entziehung der Lizenz oder Konzession
c) Einziehung der radioelektrischen Apparate
d) Busse,
e) Gefängnis in den schwersten Fällen und beim Rückfalle ;

dass bezüglich des Verfahrens des Haussuchungsrechts ohne Befehl und in Abwesenheit des Richters im Hinblick auf die Dringlichkeit etwaiger Feststellungen festgelegt werde ;

dass der Ersatz des immateriellen und materiellen Schadens sich nach den Regeln des gemeinen Rechtes unter Vorbehalt der Bestimmungen des Verwaltungsrechtes regelt spricht der Kongress den Wunsch aus.

dass die Staaten ein gemeinsames Strafgesetz im obigen Sinne schaffen und dass diejenigen Staaten, die nicht Verbandsstaaten der Konvention von Washington sind, ihre Gesetzgebung mit den Grundzügen dieses Gesetzes in Übereinstimmung bringen.

B. — Angesichts der Resolution des Kongresses über das internationale Funkrecht (I, 3) und über den internationalen Schutz des radioelektrischen Verkehrs (III).

und in Erwägung, dass es bei dem jetzigen Stande der Technik sehr schwer ist, alle möglichen Ursachen der Störungen der Funksendungen zu bezeichnen,

dass es jedoch solche Störungsursachen gibt (z. B. Elektromotora, elektrische Heilapparate, Transformatorenstationen) die grösstenteils nach dem Stande der Technik vermieden werden können

spricht der Kongress den Wunsch aus,

dass jedes Land die geeigneten Massnahmen ergreife, um den Besitzer jeder Anlage zu verpflichten, die notwendigen Schutzvorkehrungen zur Beseitigung von Störungen zu treffen, und zwar unter Erlass von Übergangsbestimmungen für bereits vorhandene Anlagen.

IV. Gesetzliche Festlegung der Rundfunk-Regeln, auf die Luft-und Wasserverkehrsmittel angewendet

In der Erwägung, dass es praktisch notwendig ist, gesetzlich die rechtlichen Beziehungen zwischen dem Inhaber radioelektrischen Stationen und ihren Benutzern zu regeln, spricht der Kongress den Wunsch aus,

1. dass eine juristische umfassende Regelung der Beziehungen zwischen Inhabern radioelektrischer Stationen und ihren Benutzern geschaffen werde,

2. dass in diesem Gesetz unter Beachtung des gegenwärtigen Standes der nationalen Gesetzgebungen und der internationalen Konventionen Raum für alle Abänderungen und Verbesserungen bleibt, die durch die Entwicklung der Technik und des Funktransits bedingt sind.

V. Der Rundfunk und Beistand und Rettung der Schiffe und Flugapparate

Der Kongress spricht den Wunsch aus :

1. Dass möglichst schnell durch die Staaten eine Konferenz einberufen werde zum Zwecke der Herstellung einer internationalen Verständigung über die Massnahmen die zu treffen sind zur Beschützung der Menschenleben gegen die Gefahren der Luftund Seeschiffahrt.

Der Rundfunk ist in dieser Verständigung berufen eine Hauptrolle zu spielen, da den technischen und juristischen Ergebnissen der vorhergehenden Konferenzen Rechnung getragen werden muss.

2. Dass im Verlaufe der späteren Konferenz, für den Fall der Rettung von Gütern, das Recht auf Rückzahlung der Unkosten und vorkommenden Falles, auf Ausbesserung der verursachten Schäden, anerkannt werde zugunsten der Schiffe und Flugapparate die das Hilfesignal erhalten hatten, sich an den Ort der Katastrophe begaben und sich in der Unmöglichkeit befanden an den Rettungsarbeiten teilzunehmen. (Unter Vorbehalt eines ihnen zuzuschreibenden Fehlers).

3. Indem sie den Grundsatz dass die Retter von Menschenleben auf einen angemessenen Anteil der den Rettern von Gütern zugesprochenen Vergütung Anrecht haben, bestätigt, sollte die spätere Konferenz, für den Fall wo alleinig Rettung von Menschenleben vorkäme, die Stiftung von Geldern beschliessen (vermittelst Beisteuerung aller Staaten) die dazu bestimmt wären an die Retter von Menschenleben (ohne Unterschied der Nationalität) vertheilt zu werden.

Eine internationale Humanitätsorganisation sollte mit der Verwaltung und Vertheilung dieser Gelder beauftragt werden.

VI. Gewerbebesitz-Nachahmung

1. In der Erwägung, dass ein nationaler wie internationaler Schutz gegen die gewerbliche Verwertung der Rundfunksendungen immer dringlicher wird, und dass hierdurch der Schutz des Urhebers der gesandten Werke nicht berührt wird, spricht der Kongress den Wunsch aus, dass Art. 10 b Abs. 3 der Pariser Verbands-Übereinkunft revidiert im Haag i. J. 1925 über den gewerblichen Rechtsschutz durch par 3 folgenden Inhaltes ergänzt wird :

« jede Verwendung einer Funksendung zu Erwerbszwecken

« ohne die vorherige Einwilligung der Sendestellen.

2. Der Kongress spricht den Wunsch aus, dass die Staaten eine Abmachung treffen, die darauf abzielt, durch Sondervorschriften für die Seeschiffahrt, die sich besonders an die Schiffseigner und Schiffskapitäne wenden, den Empfang und die Verwendung von radioelektrischen Verbindungen zu regeln, die sich an bestimmte Schiffe richten.

RÉSOLUTIONS VOTÉES

VII. Internationales Statut der Funker

Der Kongress bittet das internationale Funkrechtskomité im Zusammenarbeiten mit seinen nationalen Gruppen und allen zuständigen oder interessierten internationalen Organisationen, eine Enquete zum Zwecke des Studiums der rechtlichen und wirtschaftlichen Lage der Funker zu veranstalten.

VIII. Urheberrechte an Werken der Literatur und Tonkunst im Rundfunk

In der Erwägung, dass Art. 11 *b* in Fassung der Romkonferenz 1928 zur Revision der Revidierten Berner Ubereinkunft zum Schutze der Werke der Literatur und Kunst zunächst eine befriedigende Lösung darstellt, spricht der Kongress den Wunsch aus, dass die Verbandsstaaten die Ubereinkunft möglichst schnell ratifizieren.

IX. Rechte der Künstler im Rundfunk

Angesichts des Wunsches nach einem Schutze der nachschaffenden Künstler, wie ihn die Romkonferenz 1928 zur Revision der Berner Ubereinkunft ausgesprochen hat, und in der Erwägung, dass der vorwiegend internationale Charakter des Rundfunks eine internationale Regelung des Rechtes des nachschaffenden Künstlers besonders wünschenswert erscheinen lässt,

spricht der Kongress den Wunsch aus,

A) dass die Regierungen sich durch einen allgemeinen zwischenstaatlichen Vertrag verpflichten alsminimalschutz folgende Bestimmungen einzuführen :

1. Zahlung einer angemessenen Vergütung seitens der Sendegesellschaften und bei Relais und Rebroadcasting an die nachschaffenden Künstler, deren Leistungen gesandt oder anderweitig von obigen Stellen verwendet werden ;
2. Einführung von Massnahmen, die geeignet sind, die Differenzen zwischen Sendestellen und den nachschaffenden Künstlern schnell und gerecht zu beseitigen ;
3. Jeder Staat sorgt dafür, dass die funkmässige Wiedergabe der Leistung der nachschaffenden Künstler in technisch vollkommener Weise erfolgt.

B) Dass diese Massnahmen von den nationalen Gesetzgebungen möglichst gleichförmig gesetzlich normiert werden.

RÉSOLUTIONS VOTÉES

TEXTE ITALIEN

I. PRINCIPI DI DIRITTO INTERNAZIONALE CHE REGGONO LA T. S. F.

Il Congresso, convinto che è necessario dare alla libera trasmissione delle Comunicazioni Radioelettriche tutte le garanzie di sicurezza e di continuità compatibili con l'esercizio della Sovranità degli Stati, dichiara :

Che la regolamentazione giuridica internazionale di queste comunicazioni deve essere basata sui seguenti principi generali :

1° Ogni Stato, con riserva delle Convenzioni Internazionali che lo legano, ha il diritto di regolare (autorizzare, interdire, controllare) lo stabilimento e il funzionamento di tutte le stazioni radioelettriche situate sul suo territorio.

2° Ogni Stato deve assicurare il libero passaggio delle onde radioelettriche al di sopra del suo territorio.

Tuttavia egli ha il diritto, con riserva delle limitazioni derivanti da convenzioni, di opporsi al passaggio delle onde radioelettriche sul suo territorio, quando lo esiga la salvaguardia dei suoi interessi essenziali e di quelli della difesa nazionale o il compimento dei suoi doveri internazionali.

3° L'utilizzazione delle stazioni radioelettriche di uno Stato deve essere organizzata in maniera che, nei limiti delle possibilità tecniche, non derivi nessun disturbo agli stessi servizi degli altri Stati.

4° Se in uno Stato vine prodotto un disturbo, anche involontario, alle emissioni di un altro Stato, questi, dopo aver esaurito le vie ordinarie di conciliazione, avrà il diritto di fare ricorso all'Ufficio Internazionale dell'Unione Telegrafica di Berna, ad ogni buon fine, e specialmente per ristabilire nella zona disturbata il libero passaggio delle onde radioelettriche.

5° E' desiderabile che l'adozione dei principi sopra esposti sia generalizzata per mezzo di Convenzioni internazionali.

II. ESAME DELLE RISOLUZIONI ADOTTATE DALLA CONFERENZA DI WASHINGTON DEL 1927

Il Congresso esprime il voto :

1° Che siano proseguiti, senza indugio, gli studi preparatori in vista della prossima Conferenza per la revisione della Convenzione di Washington ;

2° Che uno degli Stati, che ha larga esperienza in materia di radiodiffusione, prenda l'iniziativa di stabilire un regolamento giuridico internazionale della materia ;

3° Che sia convocata una Conferenza diplomatica per stabilire un regolamento internazionale dei problemi di diritto privato della Radioelettricità, di cui la soluzione appare più urgente.

III. PROTEZIONE INTERNAZIONALE DELLE COMUNICAZIONI RADIOELETTRICHE INTERFERENZA ALLE SORGENTI D'EMISSIONE

A. — Il Congresso considerando :

Che l'art. 5 della Convenzione di Washington ha imposto ai Governi contraenti l'obbligo di prendere o di proporre ai loro legislatori le misure necessarie per reprimere i fatti delittuosi o di imperizia, previsti dai 4 paragrafi del detto articolo ;

Che la maggior parte delle legislazioni interne, essendo di data anteriore alla Convenzione, non contengono disposizioni che permettano una efficace repressione dei detti fatti ;

Che, in considerazione dell'uniformità d'interessi che tutti gli Stati hanno alla protezione delle trasmissioni radioelettriche, è il caso di stabilire una legge comune, che sia applicazione nuova del diritto internazionale penale ;

Che i fatti previsti dall'art. 5 della Convenzione devono essere considerati come punibili, sia che siano l'effetto di dolo, di inesperienza, di imprudenza sia che costituiscano infrazione alle disposizione regolamentari ;

Che il sistema delle pene da applicare, secondo la gravità dei fatti, può essere così stabilito : *a*) sospensione della licenza o della concessione ; *b*) revoca definitiva della licenza o della concessione ; *c*) confisca degli apparecchi radioelettrici ; *d*) ammenda ; *e*) arresto nei casi più gravi e nel caso di recidiva ;

Che dal punto di vista della procedura, è il caso di permettere la perquisizione domiciliale senza l'autorizzazione e la presenza del giudice, a causa dell'urgenza delle constatazioni a cui è necessario procedere ;

Che, per la riparazione dei danni morali o materiali, è il caso, allo stato attuale delle cose, di ricorrere alle regole di diritto comune (salvo le disposizioni di ordine amministrativo);

Esprime il voto

che gli Stati adottino una legge penale comune nel senso suindicato e che gli Statiche non sono obbligati dalla Convenzione di Washington armonizzino le loro rispettive legislazioni con i principi di detta legge.

B. — Il Congresso,

RÉSOLUTIONS VOTÉES

Viste le proposte adottate tanto in materia dei principi di diritto internazionale che reggono la T. S. F. (Ordine del giorno n. 1 p. 3). Quanto in materia della protezione internazionale delle Comunicazioni Radioelettriche (Ordine del giorno n. 3) ;

Considerando che, allo stato attuale della tecnica, è molto difficile precisare tutte le cause possibili di perturbazioni apportate alle comunicazioni radioelettriche ;

Che vi sono, tuttavia, alcune di queste cause (motori elettrici, stazioni di trasformazione di energia, ecc.) cagionanti disturbi che possono essere evitati in gran parte, secondo le indicazioni della tecnica ;

Esprime il voto

che ogni Stato prenda misure adatte ad obbligare gli esercienti di ogni installazione ad adottare i dispositivi riconosciuti necessari per sopprimere le cause di disturbo alle comunicazioni Radioelettriche, tenendo conto, per quanto è possibile, della necessità di adottare regole transitorie per le installazioni che già esistono.

IV. Codificazione delle regole del T. S. F. applicata ai mezzi di trasporto aerei e marittimi

Il Congresso :

Considerando la necessità pratica di un testo che codifichi in maniera precisa e chiara i rapporti giuridici fra gli esercenti e gli utenti delle stazioni radioelettriche ;

Esprime il voto :

1° che sia stabilito un regolamento giuridico completo dei rapporti tra esercenti e utenti delle stazioni radioelettriche ;

2° Che nell' elaborazione e nella redazione del testo di codificazione, pur tenendo conto dello stato attuale delle legislazioni interne e delle Convenzioni Internazionali, siano apportate tutte le modifiche e tutti i miglioramenti che saranno consigliati dallo sviluppo della tecnica e del traffico radioelettrico.

V. La T. S. F. e l'assistenza e il salvataggio delle navi e delle aeronavi

Il Congresso esprime il voto che alla Conferenza di Londra del 1929 per la salvaguardia della vita umana sul mare siano sottoposti i seguenti voti :

1° Che una Conferenza sia convocata dagli Stati, al più presto possibile, per stabilire una intesa internazionale sulle misure da prendere per la salvaguardia della vita umana contro i pericoli della navigazione marittima e aerea.

In questa intesa, la T. S. F. deve essere chiamata a rappresentare la parte principale, tenendo conto dei risultati tecnici e giuridici delle precedenti Conferenze internazionali sulla T. S. F.

2° Che nella nuova Conferenza sia espressamente riconosciuto, nel caso di salvataggio di beni, di diritto al rimborso delle spese e, secondo i casi, alla riparazione dei danni in favore delle navi e delle aeronavi che, avendo ricevuto la chiamata di soccorso, sono accorse sul luogo del sinistro e si sono trovate (tranne di caso di un errore ad esse imputabile) nella impossibilità di partecipare alle operazioni di soccorso.

3° Pur confermando il principio che i salvaroti delle vite umane hanno diritto a un'equa parte della rimunerazione accordata ai salvatori di beni, la nuova Conferenza dovrebbe stabilire, nel caso che vi fosse soltanto salvataggio di persone, la costituzione, per mezzo di contributi di tutti gli Stati, di un fondo destinato a essere distribuito, senza distinzione di nazionalità, ai salvatori di vite umane sul mare e nell'aria.

Un'organizzazione internazionale dovrebbe essere incaricata della amministrazione e della distribuzione di questo fondo.

VI Concorrenza sleale e contreffazione

A. — Il Congresso, considerando :

Che la necessità di una protezione, tanto nazionale che internazionale, contro l'utilizzazione a fine commerciale delle emissioni radiofoniche si fa sempre più urgente ;

Che, d'altra parte, questa protezione non si riferisce affatto a quella accordata agli autori delle opere emesse ;

Esprime il voto

che l'articolo 10 bis alinéa 3 della Convenzione di Parigi, riveduta all'Aja nel 1925, concernente la protezione della proprietà industriale, sia completato da un terzo paragrafo, il cui tenore è il seguente :

« Ogni utilizzazione a fine lucrativo di una emissione radioelettrica senza l'autorizzazione preventiva dell'emittente ».

B. — Il Congresso esprime il voto che gli Stati si mettano d'accordo per regolare, per mezzo di disposizioni speciali per i servizi marittimi e riferentisi agli armatori e ai comandanti di navi, la captazione e la publicazione delle informazioni e l'utilizzazione delle comunicazioni radioelettriche a destinazione di navi determinate.

RÉSOLUTIONS VOTÉES

VII. Statuto internazionale degli operatori di T. S. F.

Il Congresso :
prega il Comitato Internazionale della T. S. F. di procedere, con la collaborazione dei suoi Comitati nazionali e di tutti gli organismi internazionali competenti o interessati, ad un'inchiesta per studiare la situazione giuridica ed economica degli operatori di T. S. F.

VIII. Il diritto di autore e di artista in materia radiofonica

Il Congresso, considerando come principio di soluzione soddisfacente l'art. 11 *bis* adottato dalla Conferenza di Roma del 1928 per la revisione della Convenzione di Berna e riveduto a Berlino per la protezione della proprietà letteraria ed artistica, esprime il voto che gli Stati che hanno partecipato a detta Conferenza vogliano ratificarla al più presto possibile.

IX. Il diritto di artista in materia radiofonica

Il Congresso,
Visto il voto che in materia di protezione dei diritti degli artisti, interpreti e esecutori, è stato emesso dalla Conferenza di Roma del 1928 per la revisione della Conferenza di Berna ,
Considerando che il carattere essenzialmente internazionale della diffusione radioelettrica fa particolarmente desiderare un regolamento internazionale de l'esercizio del diritto degli artisti ;
Esprime il voto :
A) Che con una Convenzione generale i Governi si impegnino a adottare le seguenti misure di protezione minima :
1) Pagamento, da parte degli esercienti dei posti di emissione di collegamento o di ritrasmissione, di una giusta remunerazione supplementare a vantaggio degli artisti a cui appartengono le esecuzioni emesse ritrasmesse o comunque utilizzate dai detti esercenti ;
2) Adozione di misure atte a troncare rapidamente ed equamente le liti tra utenti e artisti ;
3) Ogni Stato controllerà che le radiodiffusioni delle esecuzioni artistiche siano fatte secondo le regole della tecnica più progredita.
B) Che queste misure siano adottate dalle legislazioni nazionali nella maniera più uniforme possibile

TABLE DES MATIÈRES

SAINT-AMAND (CHER). — IMPRIMERIE R. BUSSIÈRE — 22-1-1929

www.ingramcontent.com/pod-product-compliance
Ingram Content Group UK Ltd.
Pitfield, Milton Keynes, MK11 3LW, UK
UKHW022101260726
13993UKWH00001B/245